The Anthropological Museum of Nanzan University

南山大学人類学博物館オープンリサーチセンター研究報告第4冊

南山大学人類学博物館所蔵考古資料の研究
高蔵遺跡の研究／大須二子山古墳と地域史の研究

黒沢 浩・西江清高 編

六一書房

序

　本書『南山大学人類学博物館所蔵考古資料の研究　高蔵遺跡の研究／大須二子山古墳と地域史の研究』は、南山大学人類学博物館オープンリサーチセンター事業として文部科学省私立大学学術研究高度化推進事業に2006〜2010年度採択された「学術資料の文化資源化に関する研究」の成果を公開する目的で刊行される研究叢書の一つである。

　大学における研究成果が知的財産として広く共有化されることが求められている今日においては、従来の学問的枠組みを超えた「文化資源学」が有効に機能する可能性は高いといえよう。「文化資源学」を考えるときに欠かせないのは、学術資料・学術標本である。そして、そうした実際の資料に関する研究と公開によって、知的関心を充足させ、より豊かな社会を築いていくための「資源」とすることが、「文化資源学」の主たる目的であるべきだろう。そのような観点にたって、本研究プロジェクトにおいては、南山大学人類学博物館所蔵資料の研究と公開・利活用から、学術資料をいかにして「文化資源」化していくかについての総合的な研究を立ち上げた。また、その目的を達成するために多くの部会が設けられた。

　本書には、そのなかの弥生部会と東アジア部会の研究成果が収録されている。

　弥生部会では、人類学博物館収蔵の高蔵遺跡出土土器の再図化作業を行ない、それをベースとして高蔵遺跡の成立と展開、そして東海地方の初期農耕社会の中への位置づけを試みている。その結果として得られた新知見も少なくない。

　東アジア部会では主に大須二子山古墳に関する研究を行った。その中で、すでに失われてしまった大須二子山古墳の墳丘長が100m超であることが米軍撮影の空中写真から明らかにできたことは、非常に大きな成果であった。また、年代にしても埴輪や副葬品の研究から従来の5世紀後半ではなく、6世紀前半まで下がることがわかったことも重要な成果である。それに加えて、東アジア部会ではGISを使った考古学的な遺跡研究の可能性についても検討を進めてきた。その成果は、近日中にweb上で公開される予定である。

　ここに『南山大学人類学博物館所蔵考古資料の研究』が刊行に至ったことは、人類学博物館オープンリサーチセンターにとっては望外の幸せであり、関係各位のご助力の賜であることを銘記して、感謝の意を表したい。

南山大学人類学博物館
館長　青木　清

南山大学人類学博物館オープンリサーチセンター研究報告第4冊

南山大学人類学博物館所蔵考古資料の研究

目　次

序 …………………………………………………… 南山大学人類学博物館 館長　青木　清

*　*　*

高蔵遺跡の研究／大須二子山古墳と地域史の研究 ……………………………… 黒沢　浩　　1

第Ⅰ部　高蔵遺跡の研究 ……………………………………………………………………… 3

「高蔵遺跡」近現代史序論 ……………………………………………………… 石黒立人　　5

高蔵遺跡出土の弥生前期土器をめぐる諸問題 ………………………………… 永井宏幸　 35

高蔵遺跡夜寒地区の方形周溝墓 SD04 について ……………………………… 宮腰健司　 53

「遠賀川式」の思想 ……………………………………………………………… 黒沢　浩　 67

第Ⅱ部　大須二子山古墳と地域史の研究 ………………………………………………… 85

地籍図にみる名古屋市白山神社古墳群と御器所古墳群
　　──八幡山古墳の前方後円墳としての復元をめぐって── ……………… 伊藤秋男　 87

写真と古地図にみる大須二子山古墳 …………………………………………… 原　久仁子　107

大須二子山古墳金銅装挂甲の持つ意味
　　──五胡十六国・北朝甲冑との関係を中心に── …………………………… 蘇　哲　119

GIS による歴史環境情報基盤の構築と活用事例 ……………………………… 渡部展也　133

歴史的「地域」としての関中平原「周原地区」
　　──考古学 GIS の初歩的試み── ……………………………………………… 西江清高　147

大須二子山古墳をどのように展示するか ……………………………………… 黒沢　浩　163

付編　大須二子山古墳出土埴輪・須恵器 ……………………………………… 黒沢　浩　175

高蔵遺跡の研究／大須二子山古墳と地域史の研究

黒 沢　　浩

　本書は、南山大学人類学博物館オープンリサーチセンター研究報告の第4冊として編集されたものである。人類学博物館オープンリサーチセンターは「学術資料の文化資源化に関する研究」を総合的なテーマとしており、その研究を達成するために大きくは文化資源研究と資料研究の2領域に、そしてそれぞれの専門性によって博物館・情報・歴史・旧石器・縄紋・弥生・東アジア・人類学の8部会に分かれている。本書はこのなかの資料研究の領域に属する弥生部会・東アジア部会の研究成果をまとめたものである。

　人類学博物館には、多くの考古資料が収蔵されており、それらに対する学術的な評価は非常に高い。そのため、人類学博物館をリニューアルしていくときに、それらの資料はやはり展示における中心的なものとして扱われることになるであろう。しかし、資料の学術的価値は研究の進展と必ずしも同期しているわけではない。資料は研究の流れからはずれて眠ってしまったら、その価値は減っていくばかりであろう。逆に言えば、博物館資料のメリットは、モノであるだけに、そのモノが存在していれば何度でも繰り返し研究や議論ができるということである。本研究は、そうした観点から人類学博物館収蔵資料のうち名古屋市高蔵遺跡出土資料と、同じく名古屋市大須二子山古墳とその出土資料の再検討を通じて、新たな学術資料としての価値付けを行ったものである。

　弥生部会では高蔵遺跡出土資料のうち、土器を中心として再図化作業を行い、あわせて遺跡の変遷を明らかにした。石黒立人は縄文時代から中世にいたる高蔵遺跡の変遷を整理し、遺跡の構造的な理解を試みている。われわれは、遺跡を理解するときに、しばしば自分が専門とする時代の遺物遺構のあり方だけを論じてしまうが、遺跡が人間の生活の場であるという観点に立てば、そこでの営みを通時的に把握することも方法論としてはあり得るのである。石黒の研究は、そうしたことを教えてくれる。

　宮腰健司は、高蔵遺跡夜寒地区の弥生後期の方形周溝墓とその出土土器に着目し、永井宏幸は弥生前期の土器群についてまとめている。当該地域の弥生前期は、遠賀川式と条痕文系土器、沈線文系土器として類型的に理解されがちだが、永井の研究は稲作開始期の土器様相が単純なものではないことを示している。黒沢も遠賀川式土器を取り上げるが、土器の分析ではなく、遠賀川式がなぜ九州に起源し、東へと伝播したと考えられたのか、という点を弥生文化の成立をめぐる言説の中で再検討している。

　東アジア部会では、大須二子山古墳の研究を続けてきたが、本研究プロジェクトは大須二子山古墳の理解に大きな進展をもたらした。大須二子山古墳自体は、すでに戦後の道路拡幅工事や大須球場・スポーツセンターの建設によって跡形もなくなっている。そのため、まずは墳丘規模について50m程度とするものから最大138mとするものまで揺れ幅が非常に大きかった。それを今回、戦後に撮影された米軍の空中写真の解析から、100mを超える規模の墳丘を有していたことが明らかにされたのである。この辺の経緯については原久仁子の論文がある。また、今回は大須二子山古墳の歴史的な位置づけとして、蘇哲によって裲襠式挂甲の問題が論じられ、大須二子山古墳の被葬者像にまで迫っている。

　ところで、こうした空間情報を使った考古資料の解析は、東アジア部会のテーマの一つであった。渡

総　論

部展也は空間情報のデータ化とその解析方法を紹介し、考古学における空間研究の可能性に方法的な根拠を与えている。そして、そうした研究の実例を西江清高が中国の事例で示している。一方、伊藤秋男の地籍図を利用した古墳研究は、手法そのものはアナログながらも、発想としては渡部や西江と共通するものをもっており、従来の手法が新しい分析手法と親和性がある点は興味深い。

　高蔵遺跡と大須二子山古墳をめぐるここでの議論が、今後の地域史研究の定点となることを願っている。

（南山大学人文学部）

［第Ⅰ部］

高蔵遺跡の研究

「高蔵遺跡」近現代史序論

石 黒 立 人

はじめに

　戦後世代のわたしたちにとっての「高蔵遺跡」は、戦前には、そして戦後の一時期も「熱田貝塚」もしくは「高蔵貝塚」であった。「高蔵貝塚」の「タカクラ」という音について、研究史的には「高倉」という用字もあったが、現在では「高蔵」に統一されている。

　高蔵遺跡に深く関わったのは、鍵谷徳三郎、小栗鐵次郎、中山英司、田中　稔である。かれらが地元在住者であったのに対して、西志賀貝塚には森本六爾、小林行雄、藤沢一夫らが吉田富夫の紹介で幾度も訪れ、また山内清男や杉原荘介が自ら発掘調査を行ったほど強く外部の人々を引き付けるものがあったのと、高蔵遺跡は何か異なる存在であった。しかし、濱田耕作が「パレース式」と呼んだ赤彩壺が熱田貝塚出土品であったことを思えば、一方は都市郊外にあり、他方は都市内部にあっていち早く開発が進んでしまったことが、その後の評価を大きく変えたと言えなくもない。

　鍵谷徳三郎、小栗鐵次郎は愛知県の考古学草創期に、研究というよりは資料収集段階にあり、戦後、中山は大学教員として学生を組織して緊急発掘にあたり、貴重な資料や記録を後世に伝えた。自立した民間研究者として面目を保ったのが田中　稔であった。田中は高蔵貝塚のA地点からK地点まで詳細な記録を残した。行政発掘が制度化して充実した資料が溢れている現在からみればきわめて不十分ではあるが、自ら積極的に工事現場に立ち会い資料収集に努めた。それは開発が進行する都市域だったから必要な対応策であり、当分は地中に寝かせたまま事足りた西志賀遺跡との違いであったが、その西志賀遺跡も現在では都市域の地下で考古学や埋蔵文化財行政の行方を見守っている。

　田中は濃尾平野の弥生土器研究を精力的に進め、「朝日式」とそれに続く「貝田町式」を明確にして、さらに高蔵遺跡の資料によって「外土居式」を設定するというように、いち早く弥生中期土器の変遷に筋道をつけた。西志賀遺跡出土資料によりながら弥生前期を中心に研究を進めていた紅村弘も、田中の弥生中期土器論について大きく異論を唱えることはなかった。

　一連の田中の業績を久永春男はいちはやく自らが分担した専門書に取り入れたが、残念ながら田中への言及は明確ではない。そして、「外土居式」のつぎに「高蔵式」となるのだが、田中も「仮称」と断っているように、資料の提示や研究報告が無いままに当時の関係者内での情報共有にとどまったようで、しかしいつのまにか「型式」として流布するという奇妙な状況をもたらした。そのことが、結局は「外土居式」の規定をも曖昧にし、豊富な出土資料を誇った朝日遺跡の1975年刊の愛知県教育委員会報告書において、大参義一をもってしても「貝田町式」から「高蔵式」への移行に関して明確な評価ができないという事態を招いたし、紅村も「外土居式」の曖昧さに批判を加えている。

　思い返せば四半世紀前、わたしが土器研究を始めて最初に「外土居式」に引っ掛かったのも、それ故なのだろうか。

　いずれにしても、「熱田貝塚」にしろ「高蔵遺跡」にしろ、高い関心を保ったのは弥生（土器）研究

第Ⅰ部　高蔵遺跡の研究

者であり、古墳時代以降の遺構・遺物について研究対象となることはかつて無かった。この点も不思議ではあるのだが、以下では時代を超えた遺跡の変遷を概観する中で、高蔵遺跡の特質を浮き上がらせることができればと考えている。

1．高蔵遺跡の調査史からみえること

A　竪穴建物跡が見つかるところ

　高蔵遺跡は、これまでの50次を超える調査回数のなかで、竪穴建物跡が見つかるエリアとそうでないエリアに大きく分かれる。もちろん、後述するように調査計画にどの程度まで遺構を検出するのかという課題が積極的に組み込まれていたのか否かも大きく関わってはいるのだが、それでも、基盤層（最終遺構確認面）とされている熱田層上面で検出される遺構の有無にはエリアによって明確な違いがある。

　大きく見れば、熱田台地の東半分では弥生から古代にかけて竪穴建物跡が一定程度見つかるのであり、それに対して西半分では柱穴を除いて竪穴建物跡らしき遺構は見つからない。同時に西半分では中世の遺物が瓦を含めて多岐にわたることが判明しており、竪穴建物から掘立柱建物への転換を含めて人々の生活が古代から中世にかけて大きく変貌したことを窺わせる。

　東部の竪穴建物跡が見つかる地点では概ね熱田層の上部に黒色土層が形成されて、弥生から古代にかけての遺物が乱雑に出土する。しかし、時には遺物が黒色土層中に集積して出土することもあるようで、そうした所見はいくつかの報告に記されている。焼土が伴わないことから住居との関連が想定されることはないようだが、人為的に集積されるという行為の跡とすれば、関連する遺構の形状が不明確であったとしても、視覚的な記録を残す必要がある。

　単に土層の色調や含まれる熱田層ブロックの特徴による識別だけでなく、遺物の含まれ方（向きが一定しない破片群なのか、水平位基調の完全な形に近い遺物なのか）で遺構の存在は推定可能だし、熱田層面で確認された遺構と上部の遺物群との関連を事後的に検証することも可能になる。

　ともかく、一部の調査を除き、熱田層上面までは遺構は無いものと見做し、遺物の出土状況の詳細記録もないままに発掘調査が行われた結果、見つかった竪穴建物跡はほとんど痕跡のような状態となっている。それが20世紀に高蔵遺跡で検出された竪穴建物跡の状況である。

B　調査史上の転換点

　名古屋市域において黒色土層中での遺構検出に積極的に取り組んだのは2001年の瑞穂遺跡第6次・第7次調査からのようで、翌年に刊行された報告書では検出レベルが一定しない多数の焼土面が報告されている。それらが住居に伴う可能性は考えられていたが、プランを把握するまでには至らなかった。おそらく、高蔵遺跡の第34次調査もこうした流れにあり、遺物の出土状況から黒色土層中でのプランの検出につなげることができたことは十分に評価される。21世紀を迎えて調査方式が転換したのである[1]。

C　旧地形の復元に向けて

　これまでわたしはいささか感覚的に高蔵遺跡周辺の地形を見てきた。それはつまり、濃尾平野と同様に平坦ということだが、せいぜい平坦面周辺に浸食による谷地形が形成されるという程度の認識であった。

　そこで、今回、これまでの50ヶ所以上の調査地点で確認された熱田層上面の標高に基づき等高線図を作成した（図8）。本来なら、時期ごとの地表面高度によって等高線図を描くべきだろうが、沖積地と異なる台地・段丘では露出する地表が削平されることが基本であり、時期ごとの遺構面高度は把握できても、旧地表面の判定は絶望的である。また、黒色土さえ遺存しない調査地点もある。とくに西部地区では黒色土の検出頻度が低く、中世の活発な大地の働きかけだけでなく、傾斜面での浸食がより進ん

図1　調査区位置図

図２　第28次・29次調査　主要遺構と遺物

図３　第37次調査遺物

遺構＼時期	中期Ⅲ末	中期Ⅳ-1	中期Ⅳ-2	中期Ⅳ-3	後期Ⅰ	後期Ⅱ	後期Ⅲ	古墳前期	古墳中期	古墳後期	古代
5・10溝	●									●	
1溝	●	●	●			●					●
4溝		●									
2溝		●									
7溝	●	●	●				●			●	
3溝		●	●							●	
6溝						●					
9溝										●	
8溝										○	
12溝							●				
遺構外（グリッド名）											
A										●	○
B1	●	●								●	○
B2										●	○
C1		●								●	○
C2		●								●	○
C3										●	○
D						●				●	○

須恵器等は第2層中位から上位にかけての出土レベルとされるが、遺棄されたものがどの程度含まれていたのか、報告書からは読み取れない。Ⅰ区では遺構の検出が確実な第3層上面までを2週間で掘り下げる中で、「C3グリッドの南壁際で第2層の中間位から須恵器が一括出土し、土師器質の土錘も一緒に出土する」との記載があるものの、遺構との認識はなく、出土状況も報告されていない。焼土塊の記載が無いのでカマド等が存在しなかったとしても、はじめから第2層での検出を放棄していた可能性があり、それは名古屋市教委の調査方式にならったものである。特にⅡ区では表土除去開始が12/29で、1/4には第3層上面で竪穴建物を確認しており、休業日無しで作業を続行しても作業期間は短く、第2層を人力掘削した様子はない。そもそも基本層序を示す第6図で「2溝」埋土と第2層が分離されておらず、調査における技術的問題を端的に示している。

図４　静岡人類史研究所調査区の概要と課題

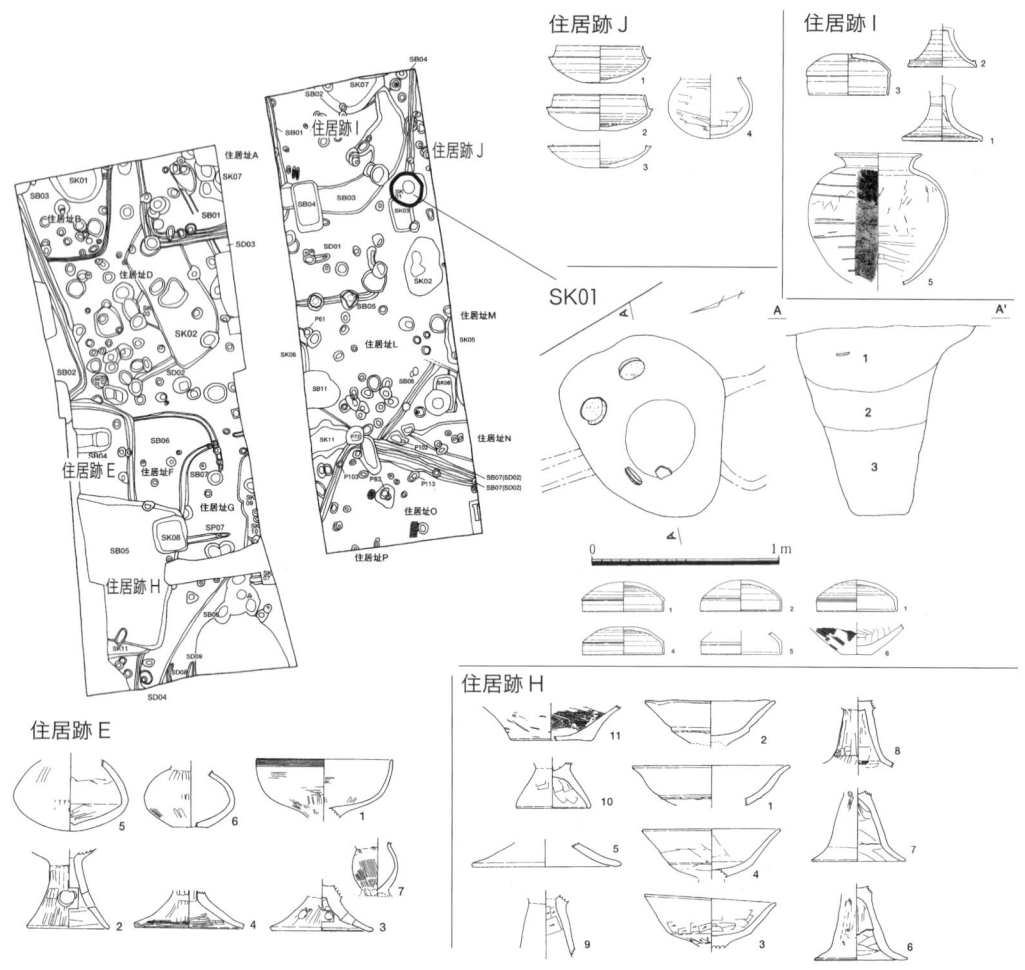

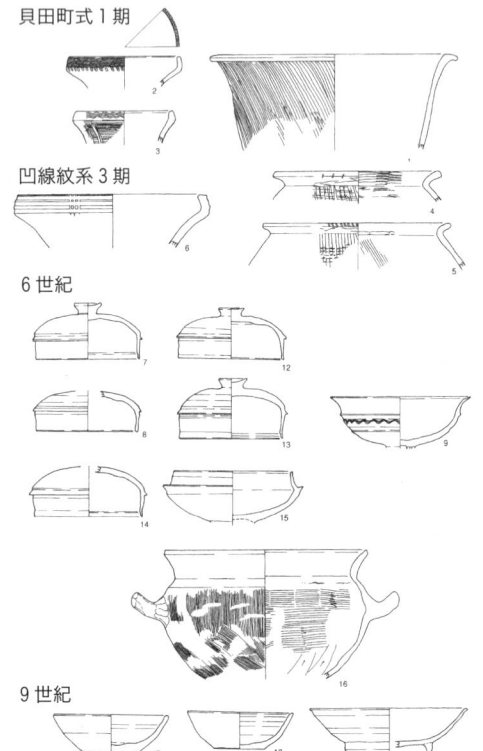

「高蔵遺跡」近現代史序論（石黒立人）

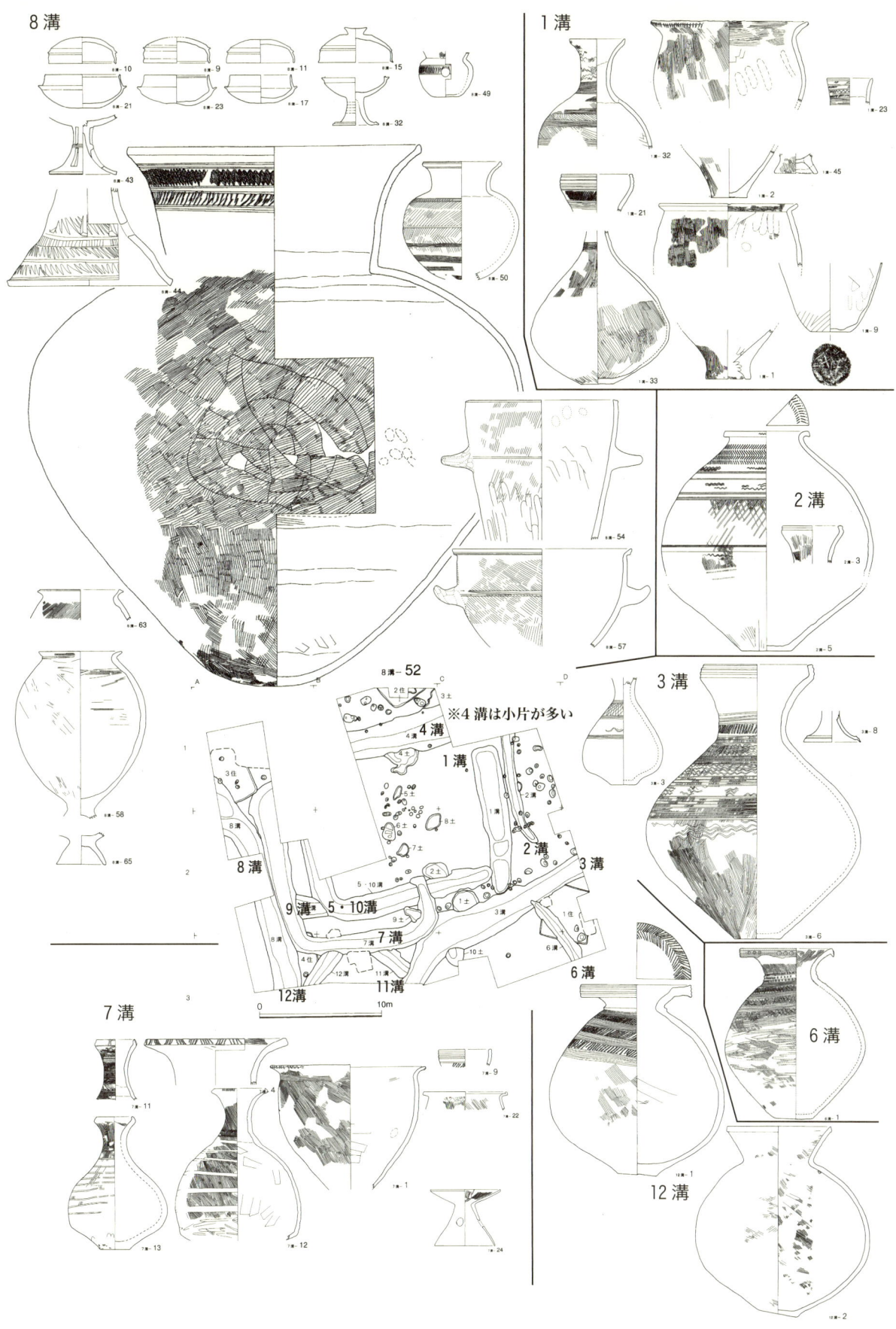

図5　静岡人類史研究所調査区の主要遺構と遺物

第Ⅰ部　高蔵遺跡の研究

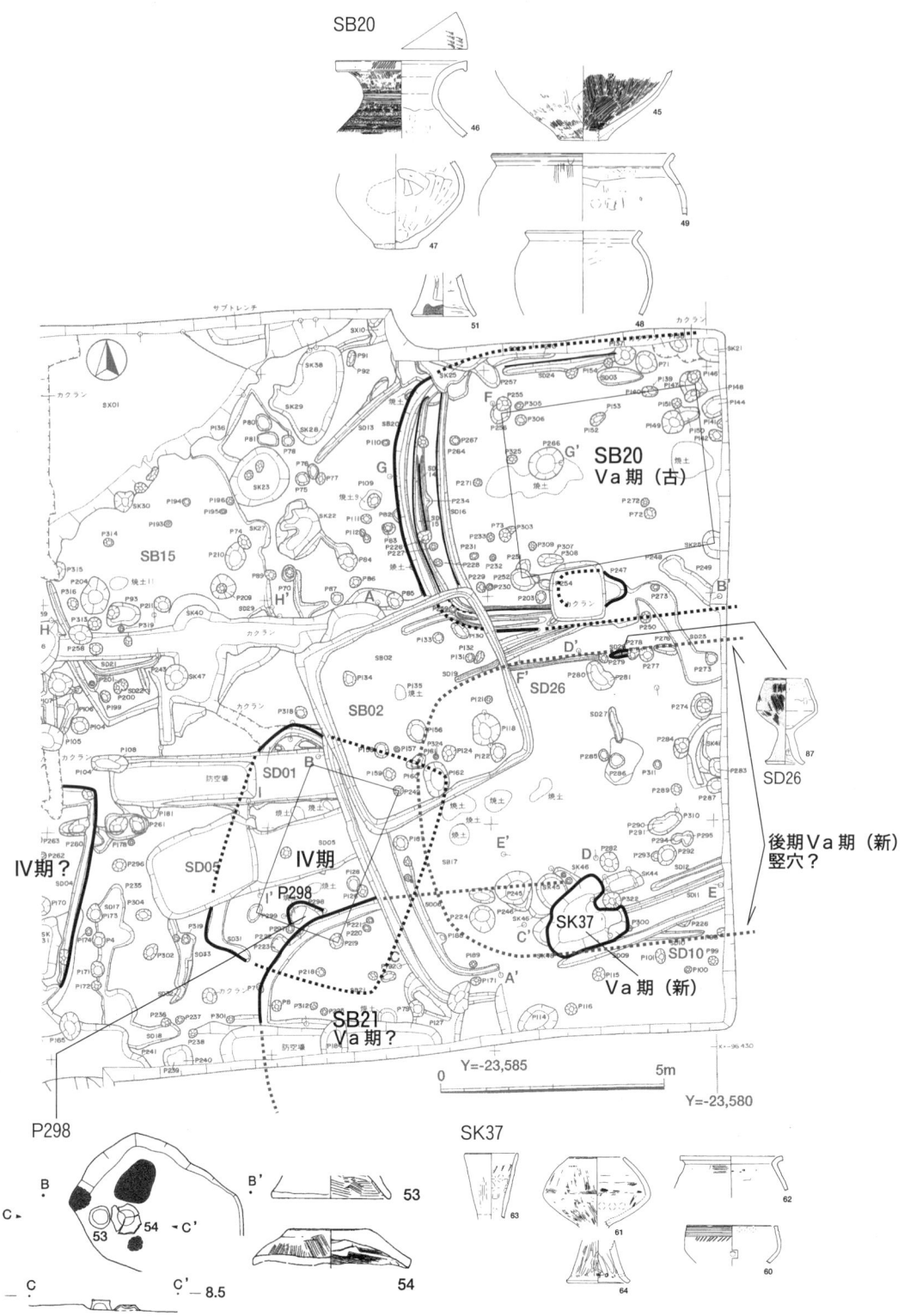

図6　第34次調査　弥生中期末〜後期初頭の主要遺構と遺物

「高蔵遺跡」近現代史序論（石黒立人）

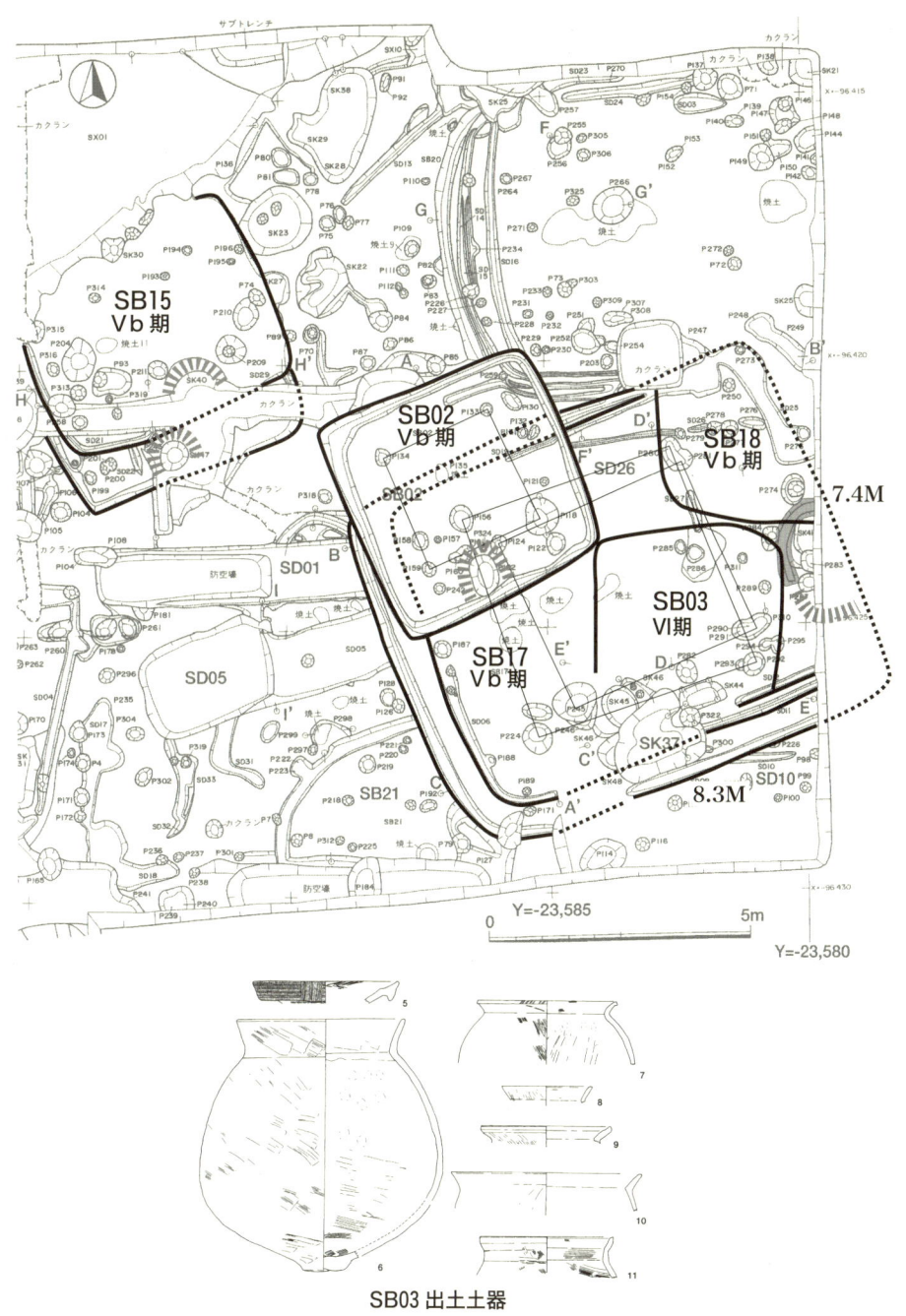

図7　第34次調査　弥生後期の主要遺構と遺物

第Ⅰ部　高蔵遺跡の研究

だ可能性もある。よって、黒色土形成の地点差は不問とし、検出された熱田層上面の標高をつないで等高線図を作成した。上部の黒色土の形成状況と熱田層上面は無関係ではないし、西部のように熱田層まで削平が及んだ地点もあったので、同一時点での高度ではないが、定点を定めようにも他に情報も無いので、あくまで機械的に整理した。

　それでも、結果は予想外に、谷地形が深く入り込む、起伏のある地形であることが示唆された。そして、弥生時代に最高所に居住域が設けられて以降、古代までその傾向が継続し、中世に至って西に向けて突出する高所（9.5m）に瓦葺き建物（寺？）が設けられ、その東隣を南北に宮道が貫くにいたって、人為景観が大きく変貌したことが窺えた。以上の詳細については後述するとして、地形復元が遺跡理解に大きな影響を与えることは、扇状地や沖積低地だけでなく台地・段丘でも明らかになったことは確かだろう。

　さて、今回作成した等高線推定図の当否は、これまでにも増して名古屋市教育委員会埋蔵文化財担当の丹念な対応に待つほかない。55次を超えようとする実績を基礎にして、さらなる成果の蓄積にむけて進むことを願うものである。

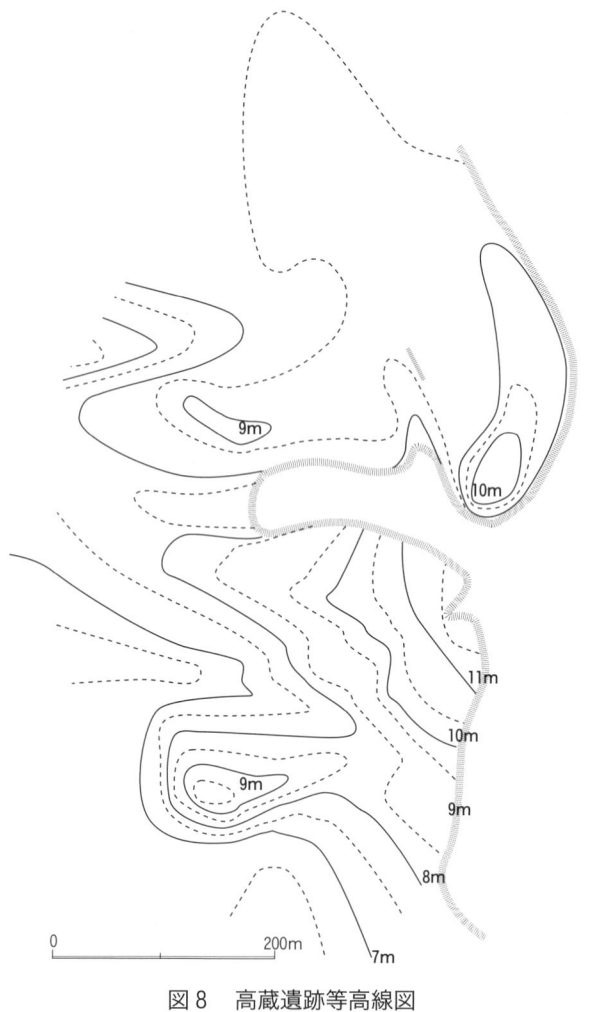

図8　高蔵遺跡等高線図

2．高蔵遺跡史

　以下では高蔵遺跡の変遷を弥生前期から中世まで辿ろうと思う。そこで時期表記について整理しておく。

　弥生時代については前期をⅠ期、中期を朝日式：Ⅱ期、貝田町式：Ⅲ期（前半をⅢa期、後半をⅢb期）、凹線紋系土器期：Ⅳ期、後期の前葉（見晴台式他）：Ⅴa期、中葉（山中式）：Ⅴb期、後葉（欠山式・廻間式1期）：Ⅵ期、古墳初頭（廻間式2期・3期）、4世紀（松河戸1式・2式）、5世紀以降、古代、中世とし、古代以降は必要に応じて世紀表記するものとする。厳密には異論もあろうが、全体の変遷を問題にしているのであり、前後の逆転がなければ了とする。

A　端緒：縄文晩期から弥生前期

大地へ標づけること

　高蔵遺跡が縄文晩期になってようやく玉ノ井遺跡の周辺域として考古学的痕跡を残すことになるのは、谷以北で出土した定角式石斧や7世紀ごろの遺構から出土した小形石棒によってであり（図9）、遺構の存在は不明である。特に後者について、弥生前期まで機能を保ったものと見做す考えもあるが、同時期とするにはいささか不確かである。

囲うこと、区切ること

　高蔵遺跡ではすでに東京大学の調査時に弥生前期の溝らしき遺構が検出されていたが、注目を集める

「高蔵遺跡」近現代史序論（石黒立人）

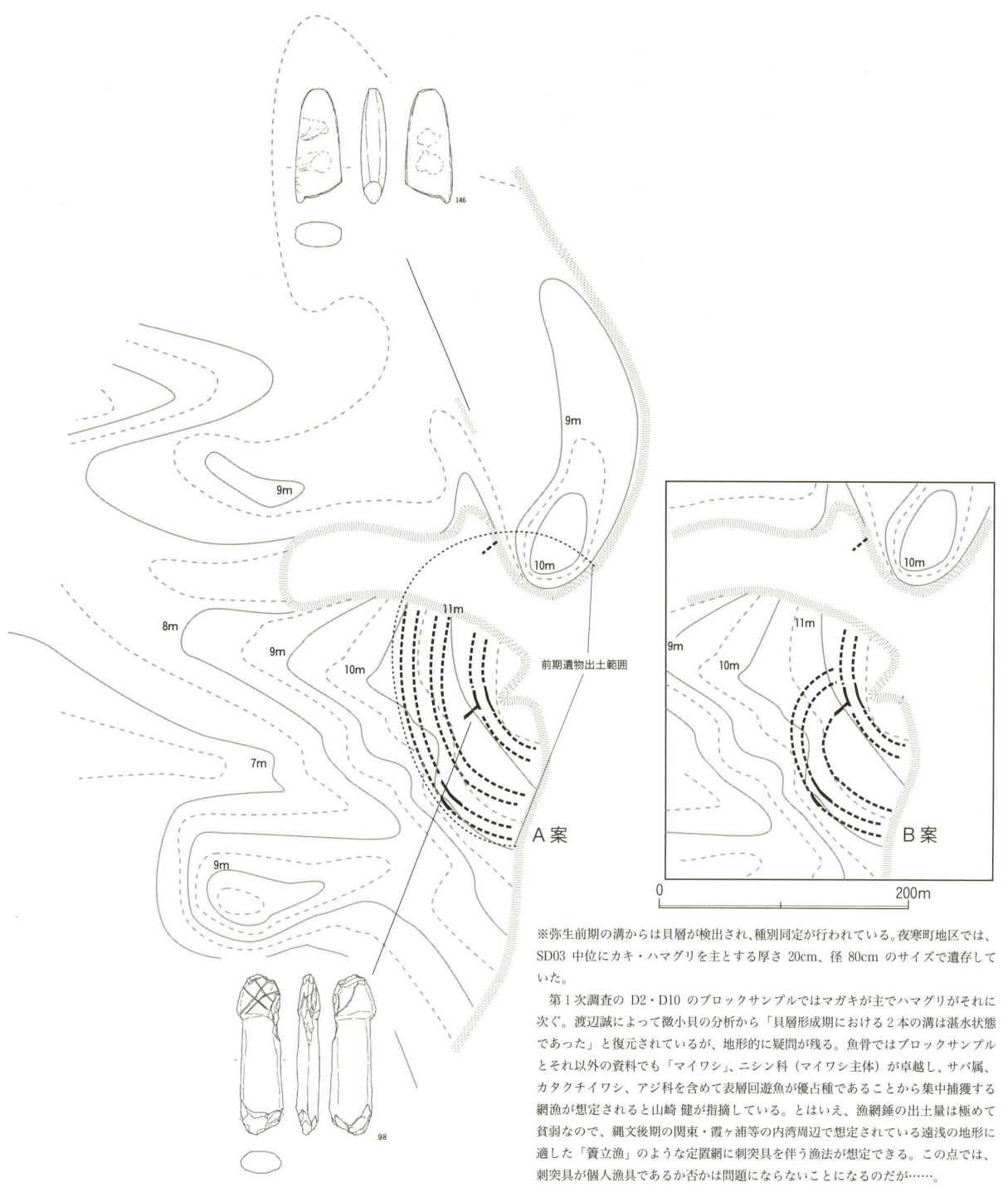

※弥生前期の溝からは貝層が検出され、種別同定が行われている。夜寒町地区では、SD03中位にカキ・ハマグリを主とする厚さ20cm、径80cmのサイズで遺存していた。

第1次調査のD2・D10のブロックサンプルではマガキが主でハマグリがそれに次ぐ。渡辺誠によって微小貝の分析から「貝層形成期における2本の溝は湛水状態であった」と復元されているが、地形的に疑問が残る。魚骨ではブロックサンプルとそれ以外の資料でも「マイワシ」、ニシン科（マイワシ主体）が卓越し、サバ属、カタクチイワシ、アジ科を含めて表層回遊魚が優占種であることから集中捕獲する網漁が想定されると山崎健が指摘している。とはいえ、漁網錘の出土量は極めて貧弱なので、縄文後期の関東・霞ヶ浦等の内湾周辺で想定されている遠浅の地形に適した「簀立漁」のような定置網に刺突具を伴う漁法が想定できる。この点では、刺突具が個人漁具であるか否かは問題にならないことになるのだが……。

図9　弥生前期の遺跡概要

第Ⅰ部　高蔵遺跡の研究

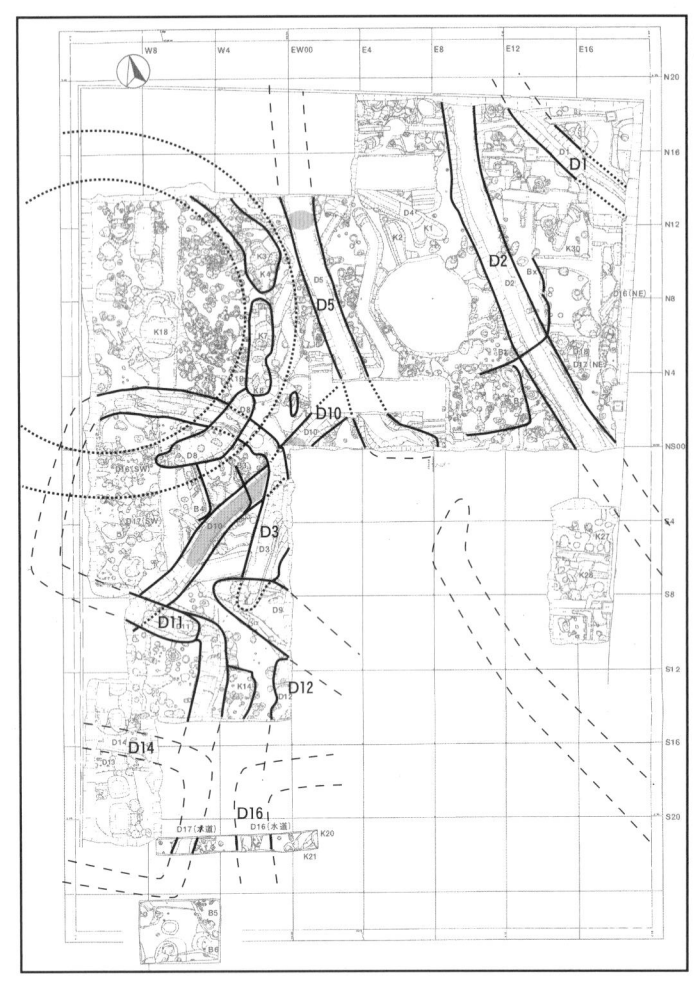

D1：弥生中期前半？

D2：弥生前期

　貝層は上位に形成され、遺物量も多い。

　D2として古代の遺物が取り上げられており竪穴建物が重複していたことが窺える。

D5：弥生前期

　北部の「埋土の上位に地山土による面が形成」されているとされ、埋め戻し→土橋？の可能性もあるが、位置は記されていない（スクリーントーンは推定位置）。遺物の出土量はD2に比べてはるかに少ない。

　南端はやや屈曲して底面が上昇しており、終息している可能性を示している。つまり、切れ目→出入り口か？とすれば、北部の整地層→土橋は難しいか。

D10：弥生前期

　北よりでは、「埋土中に地山土を多く含む黒褐色土によって面が形成」され、同レベルでは「埋土が焼け、炭化物が集中」し、また「貝層が検出」と記載されている（スクリーントーンは推定範囲）。つまり、溝内が整地され、火を用いる行為が行われたことが示されている。

　それに対して南部のD11付近では、「溝の形状に沿うようにU字形に堆積」しており、通常の廃棄による埋没であることが窺える。

D3：弥生後期

　南東部に陸橋部を設ける方形周溝墓。供献土器は弥生後期前半から中頃だが、東部の溝上位には後期後葉から古墳前期初頭の土器群が出土した。墳丘の残存にもとづく後世代の墓葬が行われた可能性がある。

D12

　溝とされているが、詳細は不明。D3上層に併行する土器群が出土しており、方形周溝墓の一部かもしれない。

K3・K4・K7・K8・D8：古墳中期？〜後期

　大甕が出土しており、一連の遺構と考えれば円墳の周溝が相応しい。当該遺構の属すグリッドからも6世紀代の須恵器蓋杯が出土しており、周溝としての認識があれば帰属は変わったであろう。なお、中世陶器もこれら遺構群の外よりから出土しており、他の地区のように弧状溝も無いことから、当該期まで墳丘が残存した可能性もある。

D9：古墳後期

　上層からは7世紀後半の須恵器杯が出土した。上述の遺構に隣接しており、同じく円墳の痕跡であったかもしれない。上位に「黄橙色の地山土を大量に含む土が堆積」しており、埋め戻しにより整地されたことが窺える。その時期は、付近に竪穴建物群が展開する古代であった可能性がある。なお、この遺構から縄文晩期に属す石棒が出土している。

その他：弥生後期

　D3に方位をあわせる方角の溝がいくつか散見される。方形周溝墓の可能性がある。

図10　第1次調査区の概要

までには至っていない。

　確証をもって弥生前期の「環溝集落」として高蔵遺跡が登場したのは、まず1981年の名古屋市教育委員会による第一次調査であった。ただ、残念ながら正式報告が大幅に遅れたために長らく概報が唯一の公式的な情報源であり、他は研究会等における断片的なデータの公表にとどまったこともあって、1985年に行われた南山大学人類学博物館が主体となった高蔵遺跡夜寒地区調査会の調査と1987年の報告が重要なものとなった。今回の報告の核をなす南山大学人類学博物館蔵資料である[2]。

　さて、弥生前期の環溝は、台地東縁が東に向かって開口する谷の南肩と交差するあたりを最高所とするまさにその部分を中心にして、弧状に、2条ずつ並んでいるかのように検出されている。これをもとにA案とB案を想定した（図9）。A案は2条単位の溝が同心円状に並ぶもので、東大調査の溝との接続を考慮した。B案は第1次調査のD10が春日井市松河戸遺跡のように南側の台地東縁よりを囲むというものである。両案とも今後の検証に待ちたい。

　検出された遺構で注目されるのがD10である（図10）。D5から南西にのびる溝で、両者の連続は不確定だが、北よりでは「埋土中に面が形成」「埋土が焼け、炭化物が集中」「貝層が検出」され、D11付近が自然埋没であったのと大きく異なる点が報告書に記載されている。つまり、環濠それ自体も活動場所として利用されていたことで、A案ならD10両側に居住域が存在したことを示し、またB案でも環溝間が活動空間となっていたことが窺える。

　高蔵遺跡の前期環溝は、上部が削平されているために確かな埋没状況を把握できないけれども、少量ながら弥生中期の土器が出土していることから、かなり長期にわたって溝状を呈していたことが窺われる。弥生中期までは現在のブリテン島でも見られる鉄器時代のヒルフォート（hillfort）のように、そして弥生後期には方形周溝墓の軸線を規制しない程度に窪地状であったかもしれない。この点では第1次調査のD1の北部とD2の関係がどのようであったのかが大きく気にかかるところではある。

　高蔵遺跡の環溝が最初は小面積を囲み、後に拡大することは、最初の居住人口が少なかったこと、後に人口増となったことを示している。同様の現象は春日井市松河戸遺跡、同心円状の拡大は伊勢湾西岸の四日市市大谷遺跡・永井遺跡で確認されている。つまり、当初規模から集落が拡大するというもので、それが自然増か、それを超えるものなのかで意味が大きく異なることになる。西岸の松阪市筋違遺跡のように建物の重複が1回の一過性の集落と対で考えれば、定住拠点としての環溝集落と移動する小集落という対関係を考えることができる。高蔵遺跡については、条痕紋系土器がすべて搬入品ではなく自家生産も想定されるから複数の技術系が共存した可能性もあり、その点で自然増を超える人口増、つまり周辺域からの人々の集合があった可能性が浮かび上がる。

　ところで、環溝の掘削を契機に高蔵遺跡に形が与えられたとしても、構成要素が単純に外来とは言えないことは、条痕紋系土器の系譜にかかっている。つまり、北部にある古沢町遺跡が縄文晩期末から弥生前期初頭にかけての条痕紋系土器を主体とする遺跡であり、高蔵遺跡はまさに後続するからである。外来と在来の出会いと協働が高蔵遺跡の始まりとなった、それが弥生文化の始まりの基本形でもあった、ということであろう。とりわけ重要なのは朝日遺跡や西志賀遺跡とも共通する貝層の形成であり、その先に漁撈文化の内在を窺わせるのだとすれば、その確証をつかもことが大きな課題である。条痕紋系土器の自家生産のうちには工具としての二枚貝の採取や技術の継承も含まれており、人々の連係こそが環溝集落の基礎にあることへの確かな眼差しを保ちつつ取り組むことが必要である。

B　転換：弥生中期から弥生後期終末
「長く住むこと」と「集まって住むこと」

　弥生中期になると、居住域は谷の北側に移る（図11）。ただし、II期の資料が薄いので、前期集落が

第Ⅰ部　高蔵遺跡の研究

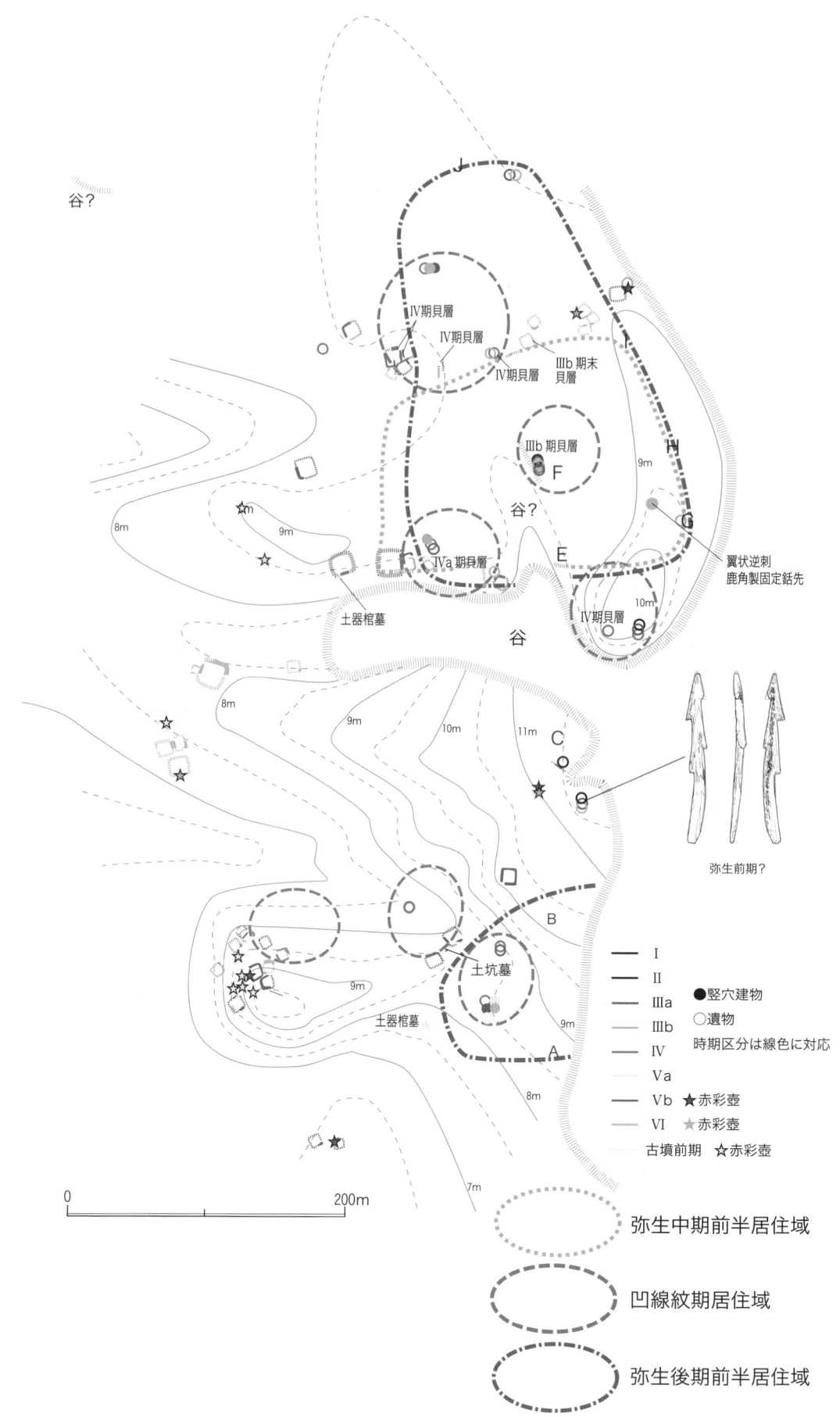

図11　弥生中・後期の遺跡概要

「高蔵遺跡」近現代史序論（石黒立人）

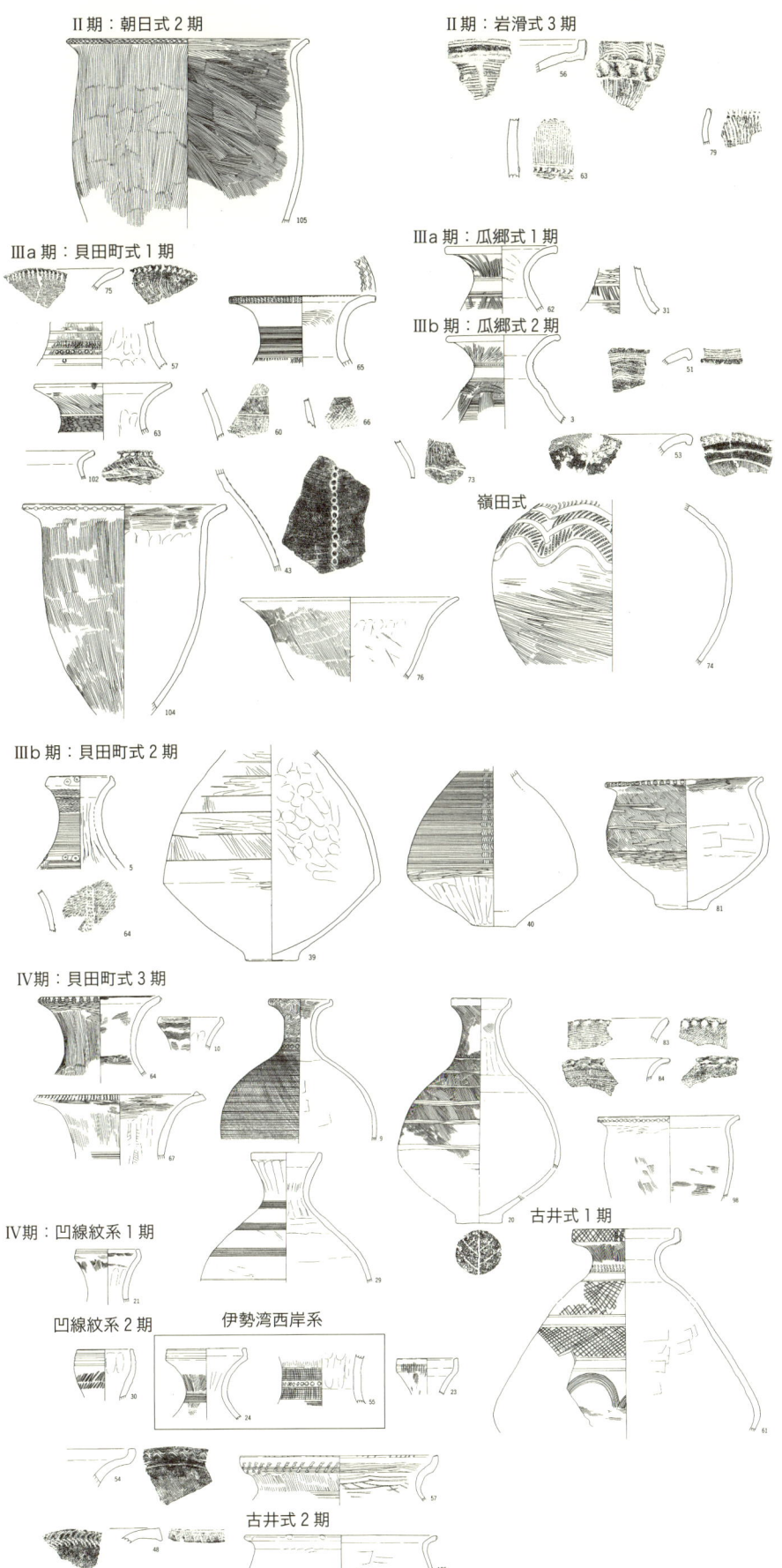

図12　第32次調査区出土弥生土器

第Ⅰ部　高蔵遺跡の研究

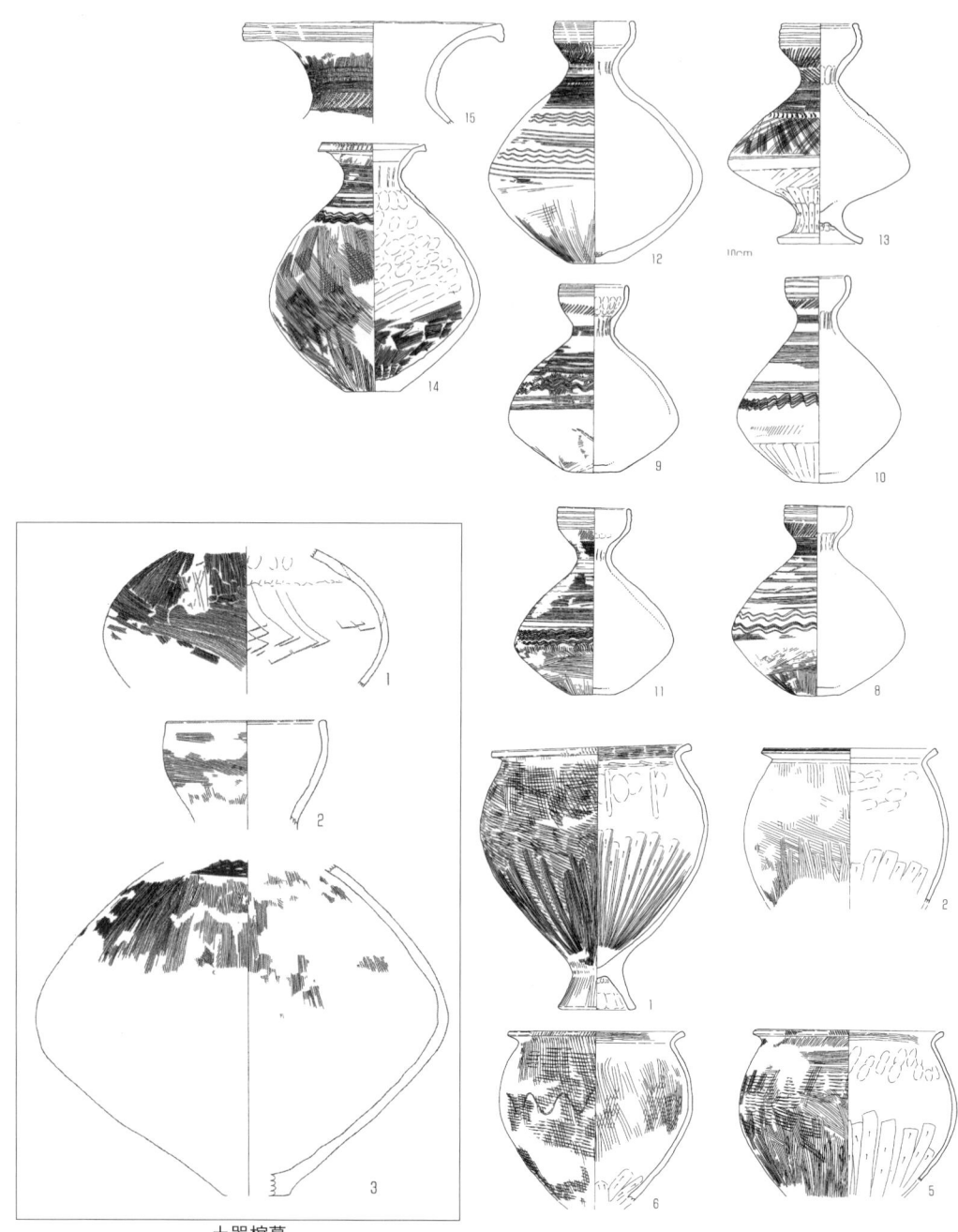

土器棺墓

図13　第15次調査：方形周溝墓出土土器と土器棺墓

そのまま移転した可能性は低い。Ⅱ期でも終わり頃になって居住域が設けられ、Ⅲ期に隆盛を迎える、そんなイメージである。そして凹線紋系土器期のⅣ期へと連続していく過程に、懸案の「外土居式」がある。壺や甕の口縁部に施される指頭圧痕紋などは濃尾平野の阿弥陀寺遺跡に共通しており、同手法の広がりの一端が熱田台地にのびていたことが窺える。そこに凹線紋系土器が重なって「二重構造」が成立する。

　Ⅲb期に属す方形周溝墓が谷から170m程北で東西方向に幾つか検出されている。その位置を居住域外縁と看做せば、谷に面する東西に広がる居住域が想定できる。外縁を縁取る区画溝があったのかどうかはわからない。内部にはほぼ東西の中間に小さな谷が北にのびており、居住域を画していたかもしれない。これまでのところ、居住域の内外から貝層が検出されており、朝日遺跡の様相に似ていなくもない。

　Ⅳ期の遺跡像は一見するところⅢb期を継承しているかのように見えるが、谷の南部でも方形周溝墓や土器出土地点がまとまりなく点在しており、居住地と墓地のユニットが散在していた可能性がある。南山大学人類学博物館資料には環濠出土の凹線紋系土器もあることから、前期居住域跡にもユニットが存在したかもしれない。

　問題は谷以北での「集住」から全域へ散在する過程に「高蔵貝塚E地点濠状遺構」が果たした役割である。わたしはそれを凹線紋系土器出現期に発生した争乱に対応した防備施設と理解しているが、同様の「濠状遺構」が全周するまでは、少なくとも東西北の三方向で部分的にも見つからないことには決着はつかないだろう。

　さて、Ⅳ期には複数のユニットの並存を想定したが、それが後期のⅤa期まで続いたのかどうかはわからない。方形周溝墓1基の他に、Ⅳ期方形周溝墓の周溝内に1基と居住域縁辺に1基の土器棺墓が見つかっており矢作川流域との共通性が認められるので、墓制も転換も窺わせる。これに甕蓋の存在を重ね合わせると、熱田台地を含めたこのエリアが矢作川流域以東と無関係ではないという思いを強くする。

分かれて住まうこと

　後期のⅤb期には、谷北の居住域が東西幅は中期とそれほど変わらないが、大きく北に伸長して面積が1.5倍ほどに拡大する。また、これまで「V字濠」の発見報告がいくつかあり、2条のV字断面濠が囲んでいた可能性が高い。特に厚く堆積した貝層の存在が報告された地点の多くは、濠内に堆積した貝層を発見したものと考えられる。ただ、1.5倍に面積を拡大したといっても、中期の方形周溝墓を削平した可能性は低く、また全域に竪穴建物が密集して営まれる状況であったのかどうか不明である。

　谷以南では、前期居住域跡の南側に設けられた居住域の存在が明確になる。第34次調査ではⅣ期の竪穴建物に重複してⅤa期以降の竪穴建物跡が見つかっており、それらに重複してⅤb期、Ⅵ期の竪穴建物が設けられているというように、ここでは各時期の重複が確認されている。

　ただし、谷以北のようにV字濠が囲むことを示す資料はないし、瑞穂遺跡のように地床炉が重層する様子も無いので、密度的にはどうであろう。核となる谷北居住域の別区として、あるいは外部との接触を行うエリア（市等）として設けられた居住域であったのかもしれない。

　ところで、谷以北では居住域外縁からせいぜい離れても100m以内の範囲で方形周溝墓が見つかっている。それに対して谷以南では居住域近辺にも方形周溝墓は造営されているが、全く関係無いかのように造営されているものもある。このことは何を物語るのだろうか。

　「居住地と墓地の対応関係が最近隣関係に基づく保証はない」ということを大垣市荒尾南遺跡が示し始めている現在、高蔵遺跡の谷南エリアの方形周溝墓の造営傾向も、同様にすべてが高蔵遺跡で完結するものなのかどうか問われることになる。朝日遺跡ではすでにⅡ期の西墓域にその端緒を示しており、そのことが方形周溝墓制に内在する属性であった可能性さえあるとすれば、むしろ、時期ごとの広がり

第Ⅰ部　高蔵遺跡の研究

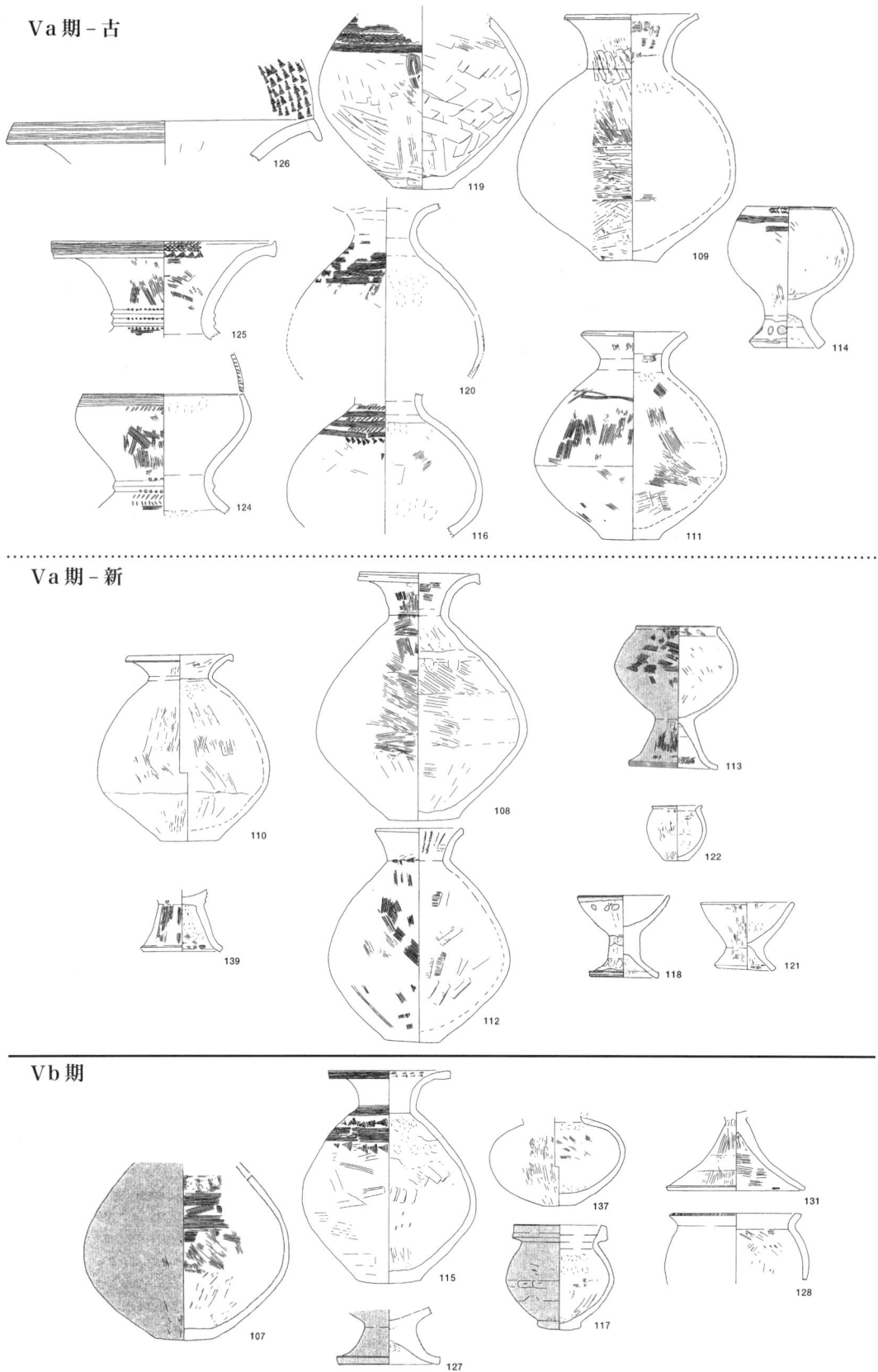

図14　第1次調査区 D3 出土弥生後期土器の変遷

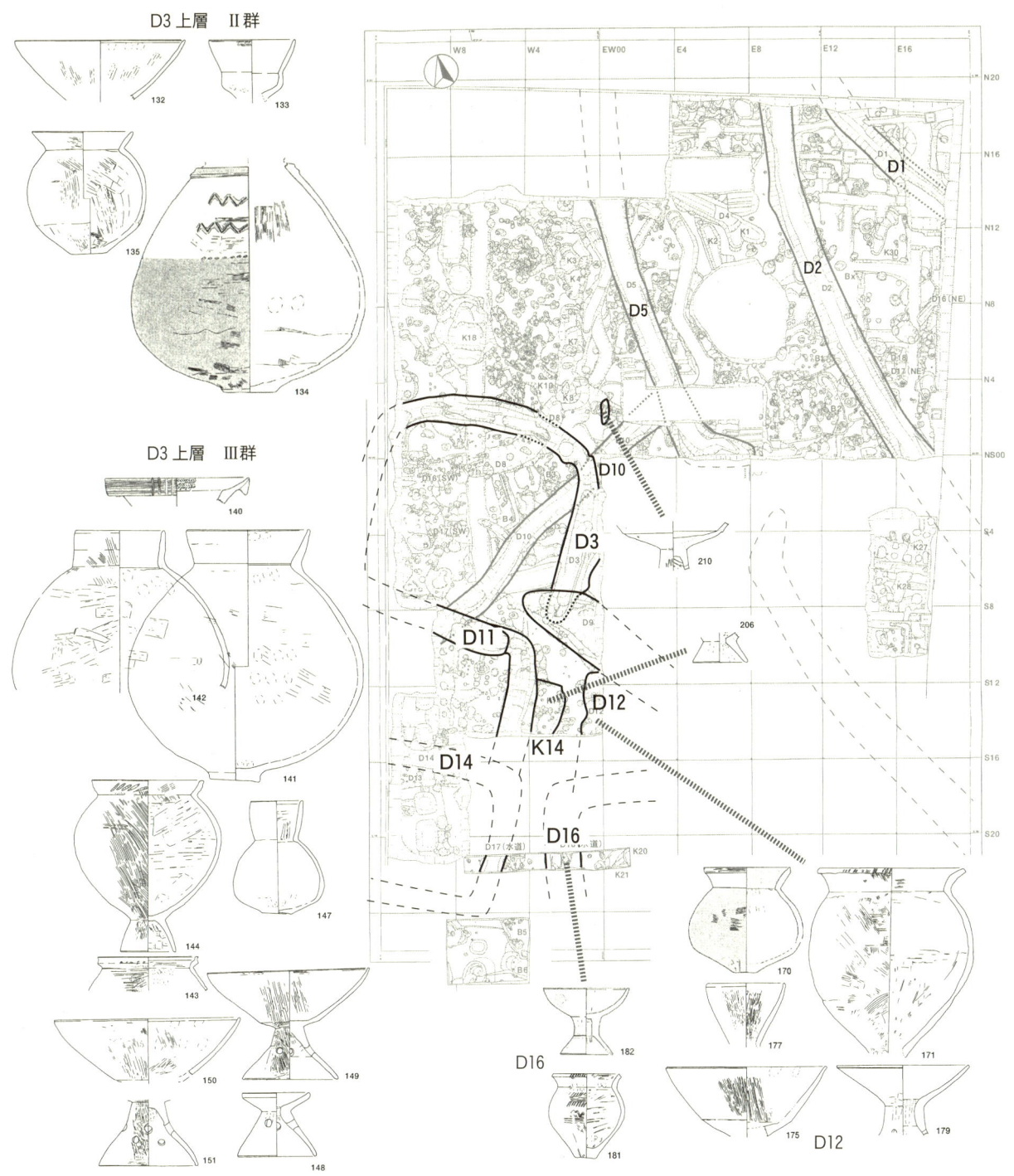

図15 第1次調査区 D3 上層他出土弥生後期土器

第Ⅰ部　高蔵遺跡の研究

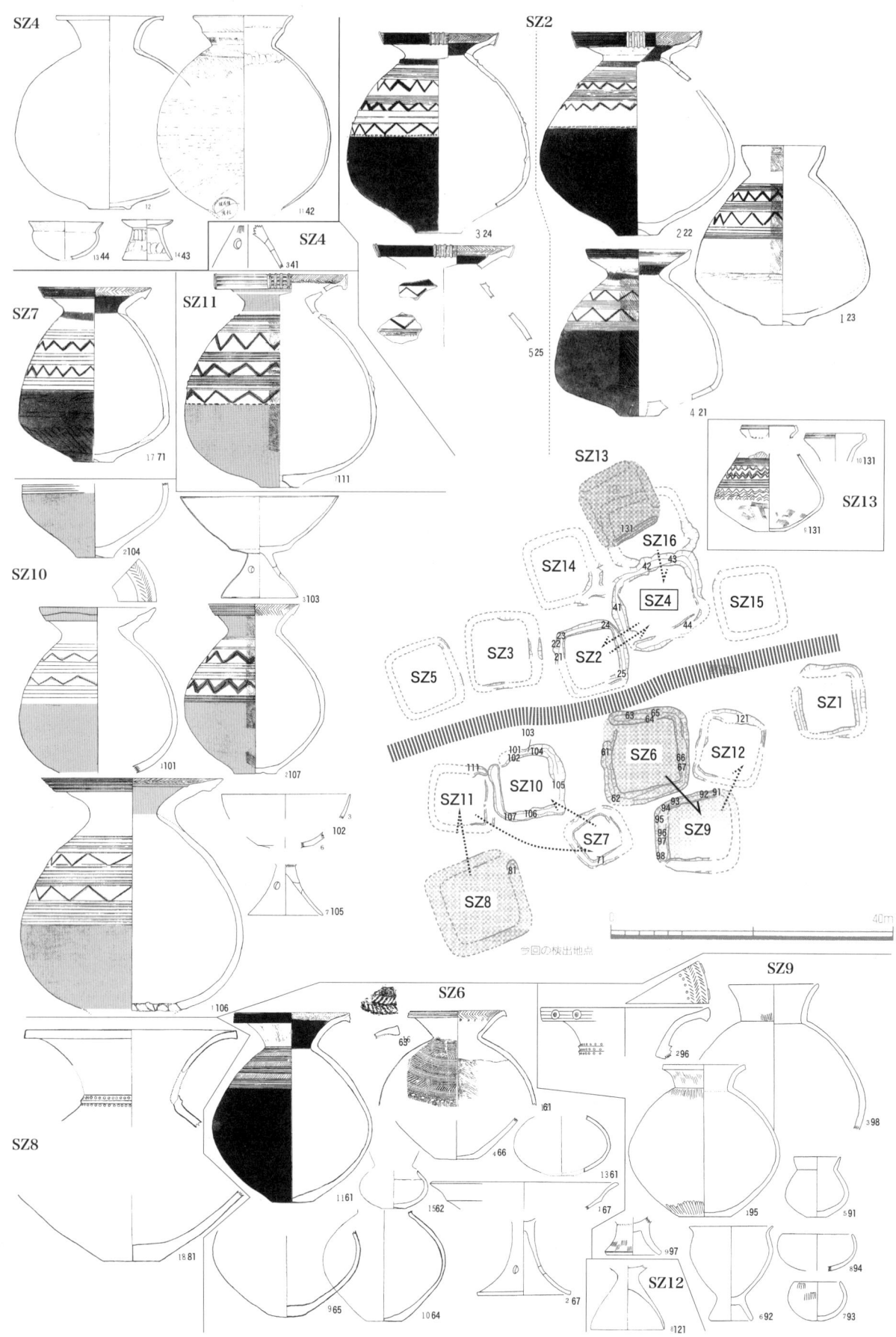

図16　荒木集成館調査区の主要遺構と遺物

を見るだけでなく、前後の連続性から推測する必要性を強く示していると考える。この場合には古墳時代への展開を見通した上で評価を下すことが最善である、ということである。

同様に、第1次調査で見つかったⅤa期造営のD3方形周溝墓の周溝上層に古墳前期初頭土器群が出土するという、200年以上経ても行われた土器群の遺棄がどのような背景で行われたのか（図15）、そしてそれが果たして墓葬に伴うものなのか、この点も短期的視点では解決できない。Ⅵ期の造墓範囲はすでに西部に重心が移っているので、それが墓葬に伴うのか些か疑念もあるのだが、岩倉市権現山遺跡のSZ02に見るように間欠的な土器の遺棄が墓群の出発点の墓を標しづけていたように、D3でもⅤa期に始まってⅤb期前半まで土器が出土しており、土器の遺棄にとどまらず継続的な埋葬が行われていた可能性もある。Ⅵ期の土器群も後半であり多少間隔が開くとはいえ、その延長で無かったとは言えない。

Ⅴb期からⅥ期の方形周溝墓では赤彩壺を伴う頻度が高く、それが古墳前期初頭まで続き、墓制上の断絶は認められない。財団法人荒木集成館を主体に五本松町遺跡調査会が調査した五本松地区からはとりわけ多くの赤彩壺が出土し、"博覧会"の様相を呈している（図16）。報告書で「墓道」とされる帯状の空白を挟んだ南北に方形周溝墓群が展開し、方向は一定しないがⅤb期を起点に順次造墓される多くから赤彩壺がこれも複数出土し、特異な様相を見せている。

中世の削平を考慮すれば赤彩壺の出土頻度差が両群にあるようにはみえないし、むしろ、出土個体相互の型式学的な近さから赤彩壺製作地の中心の一つが高蔵遺跡にあったとさえ思えてくる。

C　彼岸：古墳前期から7世紀

古墳前期以降、居住域はまことに不明確となるが、4世紀には谷南の弥生前期居住域跡から台地東縁の間と谷北の台地東縁よりの一角に集約されたと思われる。南山大学人類学博物館調査区では方形周溝墓を避けて竪穴建物が設けられていることから、先行する方形周溝墓の存在は認識されていた形跡がある。そして、当該期の墳墓は西部で散在している。先行する方形周溝墓に隣接して重複することはなく、弥生後期の延長にある。

これに続く5世紀以降になると居住域は谷以北に点在して、発見される竪穴建物跡やその他の遺構も増加するようになる。

5世紀以降の墳墓は、弥生時代の北居住域の西側から谷南へと分布範囲が拡大し、円筒形や朝顔形以外に、家形や形象等の埴輪を伴うものが出現する（図17）。円形を主に方形に周溝を巡らすのが基本で、大小の規模格差の幅は、朝日遺跡の方形周溝墓とあまり代わり映えしない。埴輪の多くは周溝内に集積しており、個体数から墳丘裾に垣状に樹立される状況ではないが、こうしたあり方は熱田台地以外でも笠寺台地の諸遺跡や牛牧離れ松遺跡、庄内川対岸の勝川遺跡等でも認められている。なかでも第7次調査で出土した5突帯6段以上の大形円筒埴輪は大形墳に伴うものと同類であり（図20）、その評価が課題となろう。

とはいえ、前方後円墳の確実な調査事例は僅かで、墳墓の規模等と埴輪との相関も明確ではない。ただ、濃尾平野低地部と異なる名古屋台地周辺における埴輪出土の高頻度は、庄内川右岸を含めた埴輪を共通項とする墓制が、熱田台地では断夫山古墳を核に編成されていたことを窺わせる。

高蔵遺跡の古墳時代墳墓群が弥生後期の方形周溝墓と切り合うこと無く隣接関係を保っていることは、時代を超えて連続する論理の存在を示唆している。それが系譜関係さえも内蔵していたのかは不明だが、弥生後期から7世紀の横穴式石室墳までの、驚く程の長期にわたって途切れなかった意味とは何であるのか。それを問う方法があるのかどうか……。

これほどの長期にわたる造墓に必要となる大地は確かに広大であった。居住域を浸食することなく周辺へと拡大した結果、集合墓地（ネクロポリス）のような様相を見せることになったわけだが、一方沖

第Ⅰ部　高蔵遺跡の研究

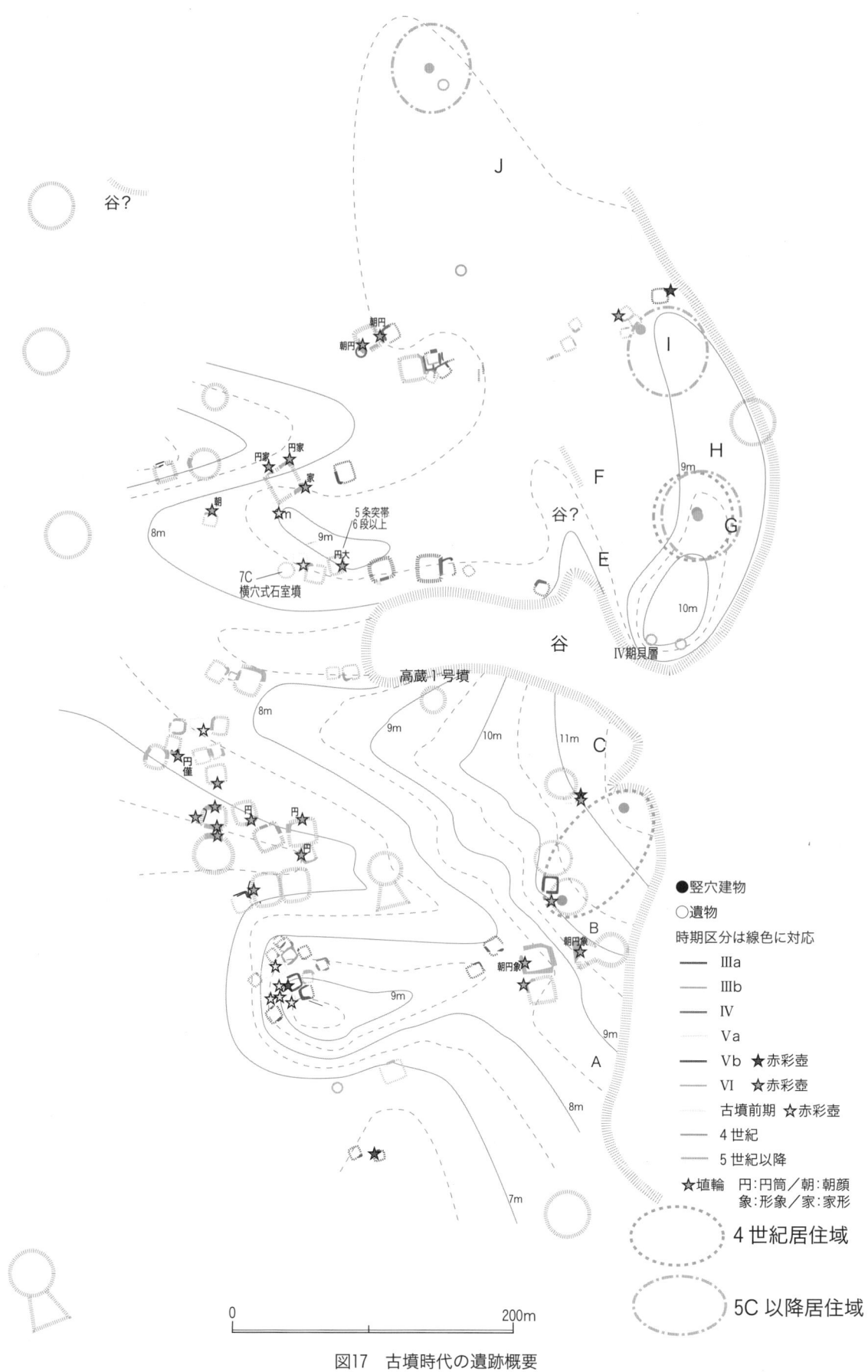

図17　古墳時代の遺跡概要

「高蔵遺跡」近現代史序論（石黒立人）

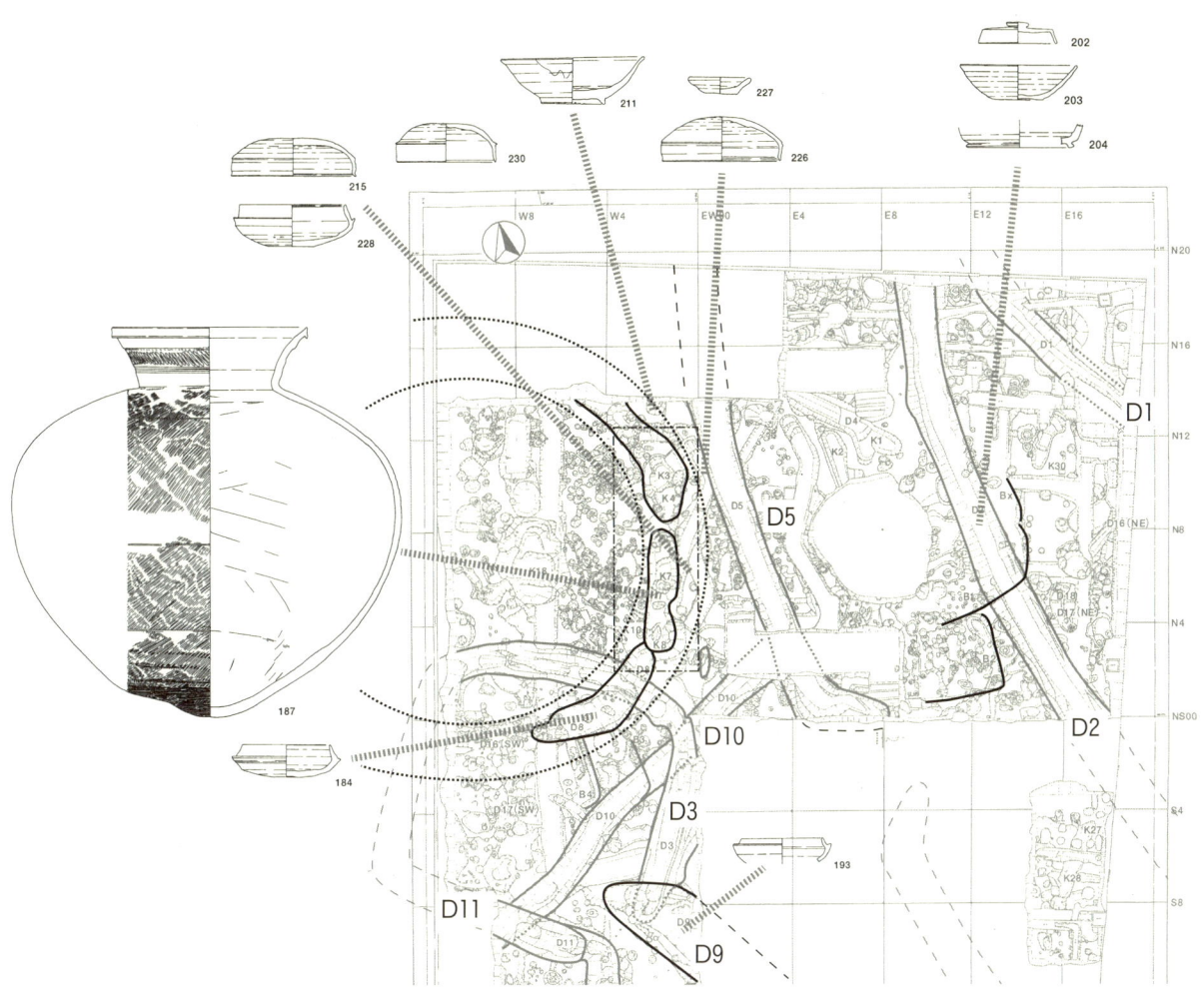

図18　第1次調査区出土の古墳中期以降の遺物

第Ⅰ部　高蔵遺跡の研究

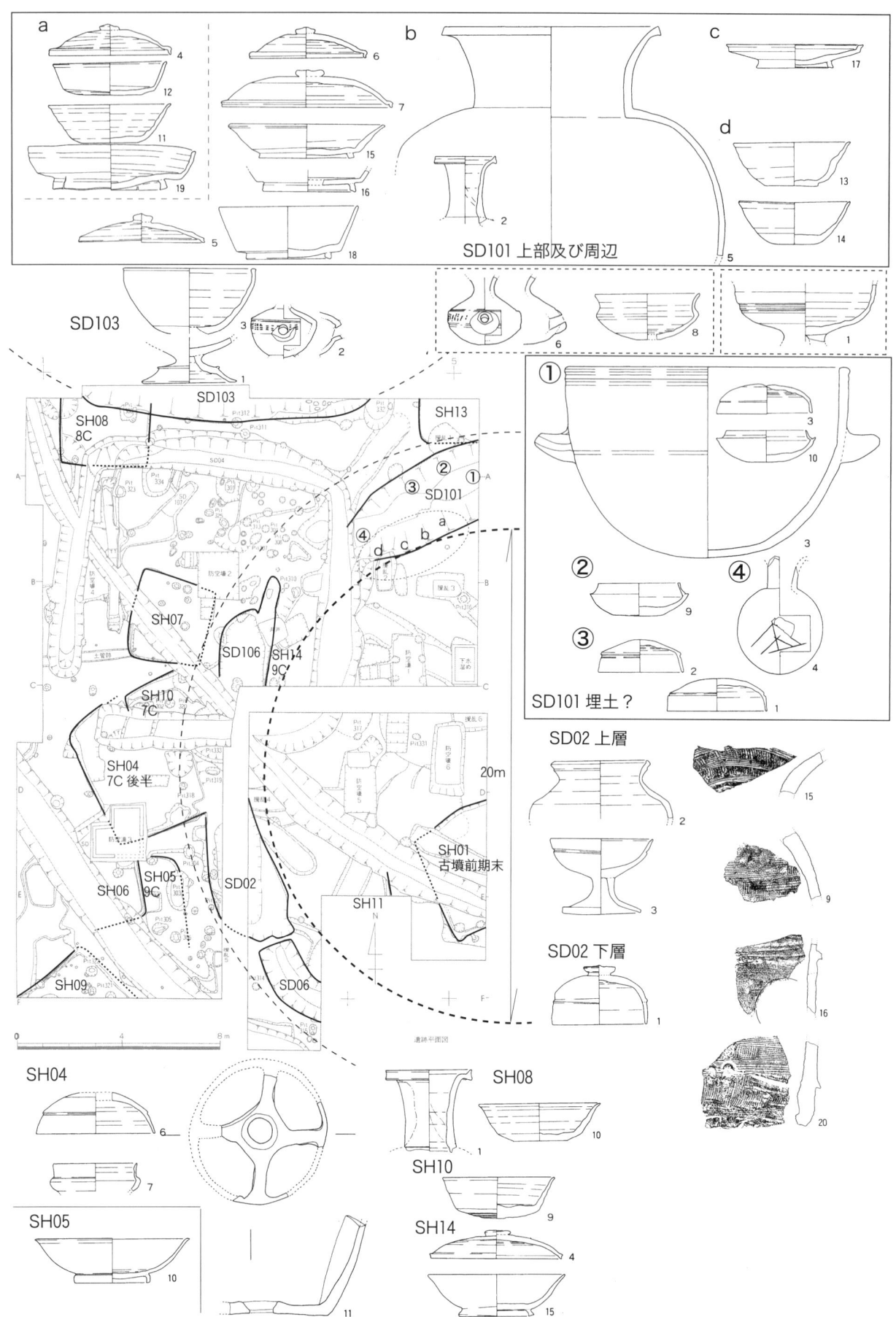

図19　高蔵遺跡夜寒地区調査会調査区出土の古墳中期以降の遺構と遺物

第25次調査

第38次調査

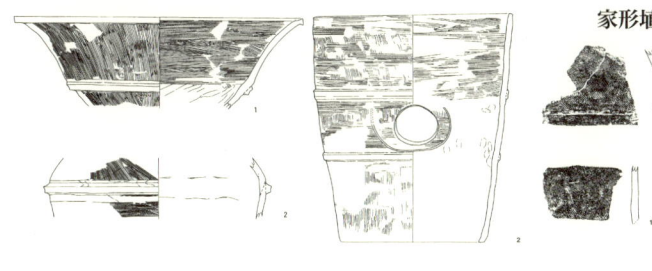
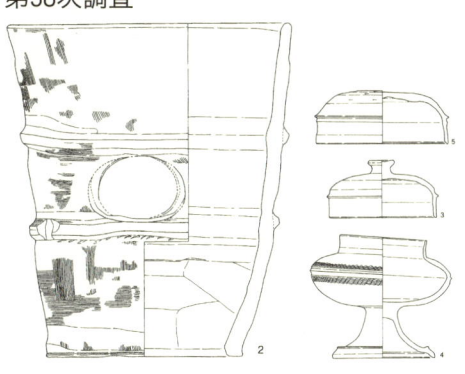

家形埴輪

第7次調査

第26次調査

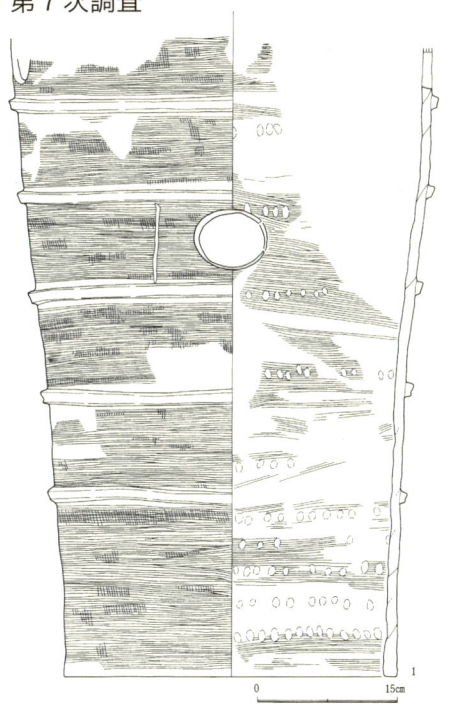
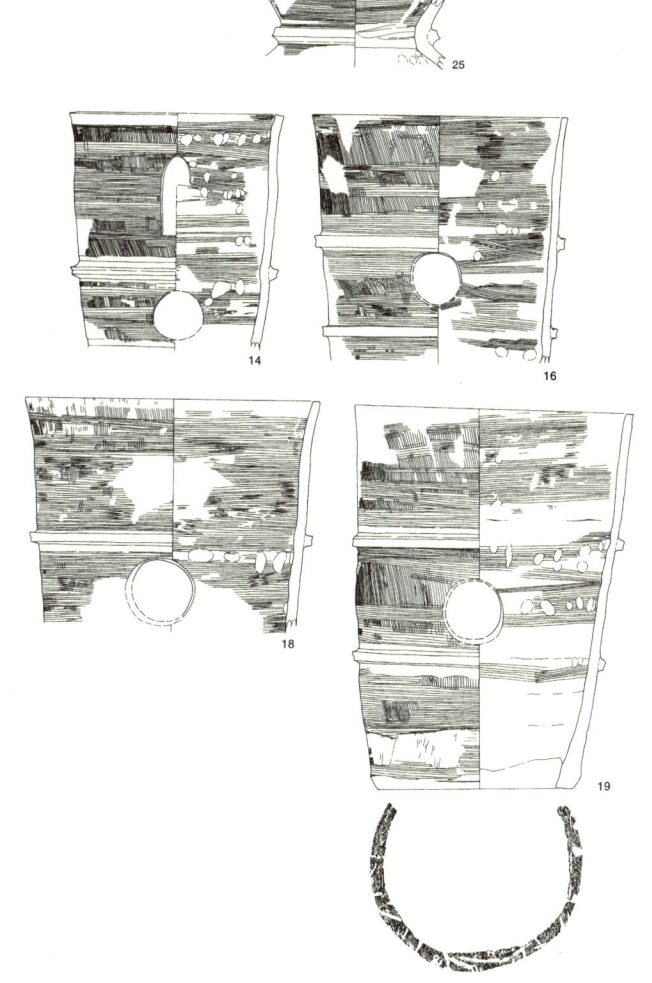

図20　高蔵遺跡出土の主要埴輪

第Ⅰ部　高蔵遺跡の研究

積低地においては居住域を削るか、それが移転した跡地に墳墓を営むことからよほど安定した環境でなければ同様の広大化は認められない。しかし、先述の権現山遺跡のように弥生後期の方形周溝墓群の間に横穴式石室墳が造営される現象も原理は同じなのであろう。つまり、「先行する墳墓は破壊しない」、「溝の再掘削は破壊を意味しない」ということである。

D　静謐：古代

　竪穴建物跡が群として分布するエリアと孤立的に分布する地点が散在する様相が窺え、特に谷以南では古墳時代墳墓の墳丘際に竪穴建物が設けられる事例も見受けられる。だから、墳墓を避けてというより、共存しつつ一体の景観を形づくっていたといえる。竪穴建物群も同時存在を考慮するならかなり棟数は減少するであろうから、通りすがりの人々には墳墓の前景として、あるいは高まりの背後に竪穴建物が見え隠れするような、疎らに点在する散居村としての姿が浮かび上がる。

　このうち、注目されるのが谷以北の、弥生時代以来居住域が設けられて墳墓が面的に展開しないエリアに掘削された8世紀に埋没する溝である。逆L字部分と西の南北溝の間隔は90m程であり、区画溝の状況を呈している（図21）。

　このすぐ東隣には8世紀までの竪穴建物群が展開して、土錘も26点出土している。この北部にも竪穴建物群が展開して土錘75点が出土しており、海に生計の一部を依存する単位が存在したと考えられる。しかし、馬歯の出土は農耕儀礼の存在を示しており、台地縁よりだけでなく中央部にも建物群の単位が存在することから、熱田台地東部の低地に加えて、台地上面西部の低位面（谷筋下位面）における水田開発が進んだ可能性が示唆される（図21）。

　谷以南では9世紀以降まで続く竪穴建物群も展開して、カマドも明確に把握され、遺存状況も以北に比べて良好である。とりわけ34次調査区では移動式カマドや羽釜も出土しており、異彩をはなっている。

　なお、さすがに古代になると弥生後期以前の方形周溝墓と竪穴建物が重複する事例が散見されるようになる。とくに谷以北の居住域縁辺で重複頻度が高いことは、より高い地点（多くは5世紀以降の墳墓）について「墓」としての認識は継続したかもしれないが、より低い地点について「先行する墳墓は破壊しない」との認識が低下したことを示している可能性がある。それには多種の活動によって周溝の埋没が促進されたことも理由の一つであったろう。

E　喧騒：中世から戦国

　古代末から中世になると、それまで建物群が展開した東部は、陶器でも椀や小皿が散布する程度の希薄さに覆われるようになる。それに対して西部では、五本松地区で確認されたように掘立柱建物と井戸、大形土坑（溝の終息部か？）の設置に伴い弥生後期から古墳前期の方形周溝墓が大きく破壊を受ける程の開発が行われ、また瓦をはじめとする各種の陶器・土器類も出土するなど、活発な活動域になっていたことが窺える。このエリアを含め中世の遺構が急激に展開し始める背景に宮道の成立を想像することは容易いが、その前に具体的にみていこう。

　五本松地区では古墳前期までの墳墓が大きく破壊されて、多くの情報を失ったのに比べて、その北部に比較的大形墳の周溝を再掘削している事例も幾つかあり、地表面の大幅な改変は回避されていた感がある。第12次調査区のSD01もその一つである。また北部では墳墓の周溝の内側に同心円状に、12世紀から15世紀にかけて溝が掘削される事例が複数あり、墳丘裾の改変が繰り返し行われたことが窺われる。「先行する墳墓は破壊しない」のかどうか、また用途は不確かなものの、墳墓の削平を回避しながら平坦地の拡大を継続的に進めた結果であるとすれば、それも活発な活動痕跡と捉えることができる。

　そこで重要なのが第12次と第33次の調査成果である。そもそも第12次SD01が墳墓の周溝の再掘削とはいえ、それが何の為なのかという点で、第13次調査区をかすめて南へ折れたその先に第33次SD05

が位置していることを改めて重視したい。SD05に墳墓周溝の再掘削であった様相は窺えないので、南北軸に沿う溝として掘削され、位置関係から両者が接続した可能性が高い。このことは、墳墓の周溝を再掘削することは目的ではなく結果であり、墳丘をさけて東西南北の溝を掘削することが本来の目的であったと考える必要がある（図21・22）。

　問題はこの地点が方形区画の北東コーナーであったのかどうかである。しかし、瓦をはじめとする各種陶磁器類、土器類の分布範囲の南に中世墓、それから少し南の下ったあたりに井戸と鞴羽口・鉄滓が出土した第46次調査区があることは、中心域と周辺域といった空間配置を窺わせており、無計画に中世空間が広がっていたわけではないように思える。宮道がそれを貫いて、あるいは空間を固定する基本軸となっていたのであれば、熱田宮へと視線を移す必要もある。

　この点で、「これらの埋土から出土する遺物が山茶碗を主体としながらも、工房を思わせる鉄滓、寺社に関わる古代、中世の瓦、埋納容器としての事例が多い白磁合子、青白磁瓶子片などが要素としてあり、これらの結びつきが古墳群とどのように関連した事象であったのか、にわかに説明できず課題としておきたいが、当時、熱田の地で活躍したであろう中世の宮鍛冶や鋳物師たちと、遺跡の北方に位置する金物鍛冶の神である金山社ともあわせて考えるべきであろう。」（水野 1997）という報告書小結での指摘は重要である。古墳群との関係では説明できないと明言して寺社との関連を重視しており、極めて短い文章だが卓見であった。問題はその広がりへの視座をどのように確保するかにあったといえようし、それを詰めていく作業は、まさにこれまでの、またこれからの埋蔵文化財行政にかかっている。

おわりに

　今回、高蔵遺跡の全体像を明らかにしようとしたことは、本当のところは副産物であった。本来の企図は、まずは南山大学人類学博物館収蔵資料の再整理・評価と、それをふまえて農耕社会の成立過程の解明を目的としたものであった。

　しかし、そもそも高蔵遺跡とは何であるのかと考えた時、わたし自身、弥生時代研究においてそれなりに対象化してはいたものの、以後の時代については正直に言って無関心であった。名古屋市教育委員会をはじめとする諸組織によってこれだけ多くの調査報告書が積み重ねられていたにも関わらず、まず弥生時代関係の報告が掲載されていなければ、せっかくの記述をさらっと流してしまうのが常であった。

　そのことは、翻ってみれば、わたしは遺跡を理解するといいながら、実は便宜的に時代ごとに切り取って遺跡を考えている、つまり遺跡の断片化をもたらしている当の張本人ではないのか、という後悔にも近い思いにつながった。埋蔵文化財行政の一端を担っているものとして、記録保存によって消失していく遺跡に対してまことに不誠実なのではないのか[3]。

　今報告に貢献できる部分があるとすれば、自らの反省なのかもしれない。もちろん、高蔵遺跡をめぐる近現代史が再構成できてはじめて本当の意味での遺跡史になるのだとすれば、その意味で本稿は序論となるものである。高蔵遺跡をめぐる現代史として、これだけ多数の報告を積み重ねた名古屋市教育委員会埋蔵文化財担当に対して、衷心からの敬意と謝意を表すものである。

第Ⅰ部　高蔵遺跡の研究

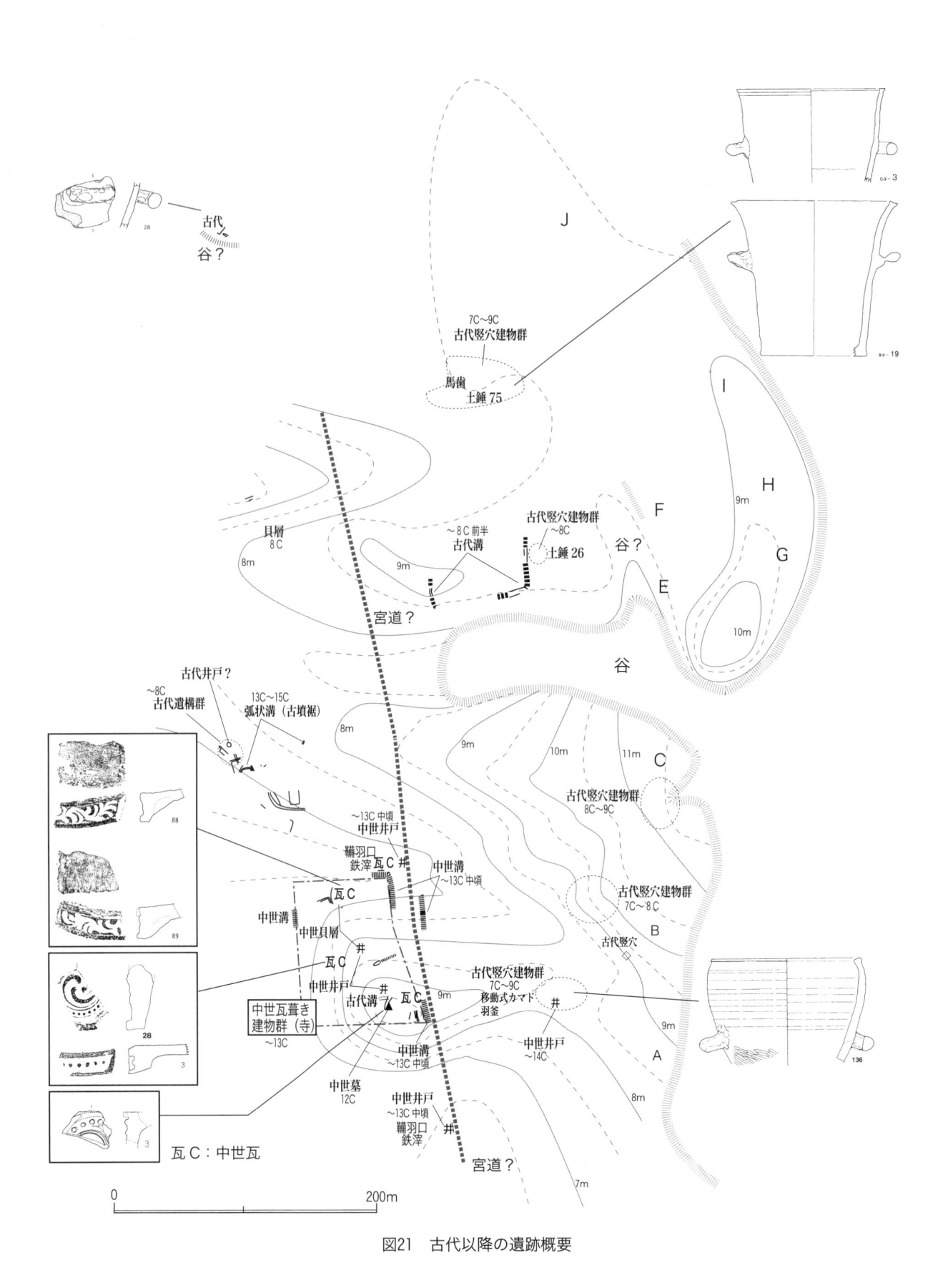

図21　古代以降の遺跡概要

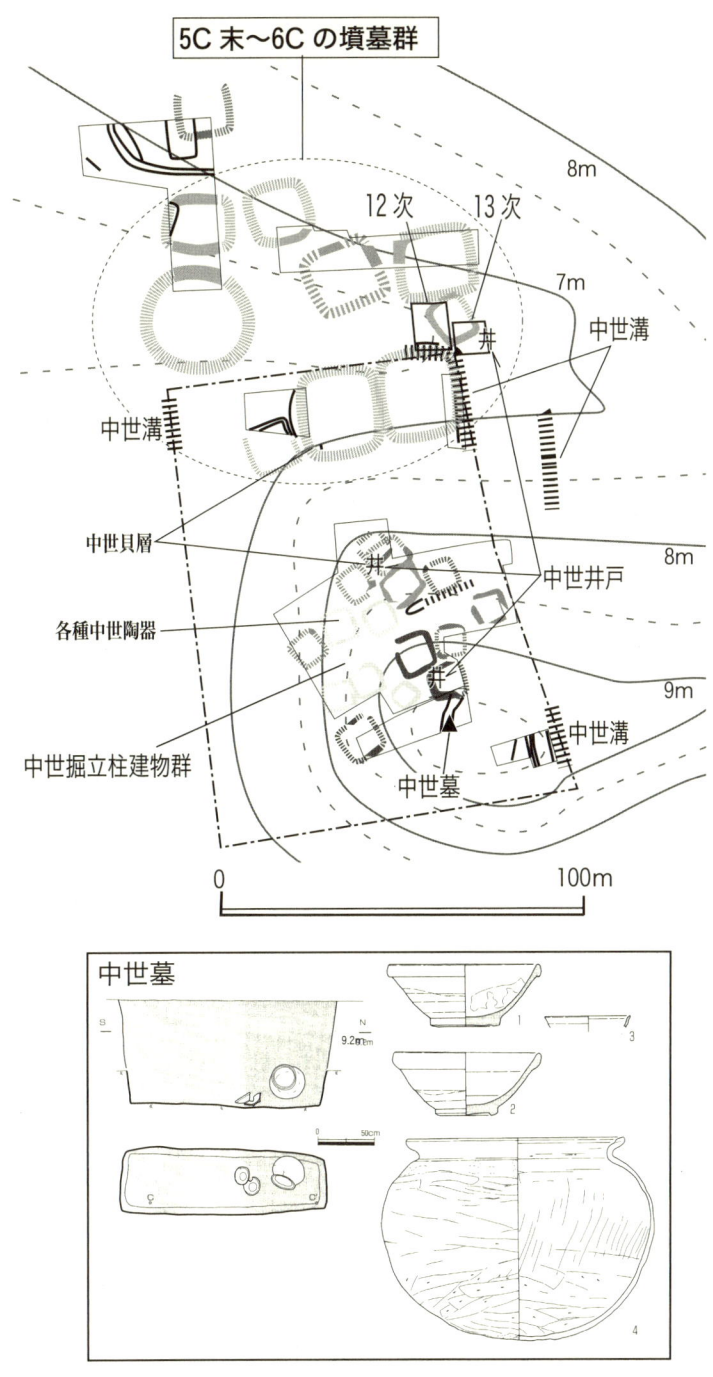

図22　中世瓦葺き建物群（寺？）周辺図

第Ⅰ部 高蔵遺跡の研究

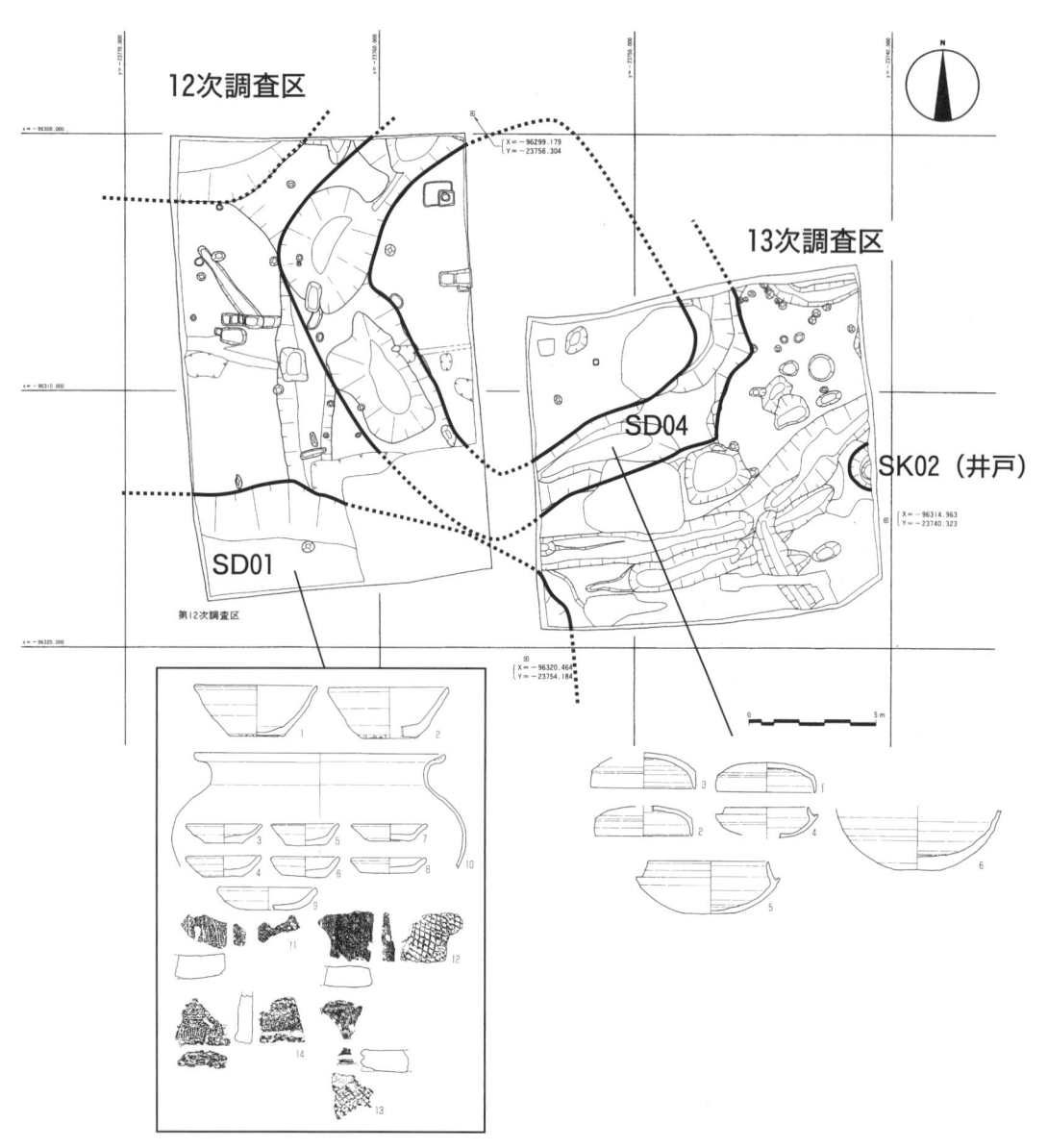

図23 第12・13次調査区の主要遺構と遺物

註

1） 本稿で敢えて取り上げた静岡人類史研究所の調査内容はそうした認識が共有される前であり、それを批判するのは酷な面もあるが、しかし遺構の内外で層位が識別できないという諦めが許されるとも思えない。また、こうした努力に対して、遺跡が保存されて公園化されつつあるなかで、本来は記録保存に向けた調査が不必要な見晴台遺跡で同様の努力が果たされているのか、あるいはそうしたことに配慮しないあり方での「市民発掘」となっているのか、どのように質を確保、維持するのか、21世紀を迎えて新たな段階に移行した調査方法の広がりをみるなら、今から見直しても遅くはないだろう。少なくとも、不完全な報告書が刊行されたままの現状は改善される必要がある。

研究者の特権的発掘から市民の手に解放したゆえの「市民発掘」ならば、同時に負うべき責任として報告の重要性も合わせて説くべきである。大学等の特権的な発掘が報告を免れるという特殊事情はすでに20世紀で終っており、現在は正式の報告をもって発掘調査が終了となることが常識になっている。とはいえ、「遅れ」という事態もまま認められることではあるのだが、それはまさに怠慢以外の何ものでもない。それがとりわけ重要な遺跡についてのことであれば、学術調査であるか否かに関係なく、それこそが「特権にあぐらをかいている」と言わずして何であろう。

遺跡の価値が遺跡に内在するのではなく、その評価者と一体である場面にしばしば出会うことを思い起こせば、むしろ価値を高める機会は速やかな報告によって開かれるのであって、遺跡の客観的価値はそこにしかない。遺跡を評価する能力は考古学に関わった年数にはなく、自らが最終判定者であるかのような態度は考古学にとっての害悪以外の何ものでもない。

さて、発掘調査がしばしば警察の鑑識作業に例えられていることを重視するなら、初心者である「市民」が担える発掘作業は限られている。開発に伴う記録保存のための事前調査の発掘作業員と異なるところは無い。発掘調査の経験にそれ以上の価値を求めるのなら、そして「遺跡が取り替えのきかない国民共有の財産である」との理念に照らせば、その都度多数の市民から選別された少数者による経験の蓄積や継承の無いその場限りの発掘を継続する根拠はどこにあるのか、疑問を抱くのはわたしだけではないだろう。

かつて「悪」とされた行政発掘を担った公的機関は職務として遂行しているのであって、趣味ではないし特権的でもなく、ゆえに国民に報告する義務がある。だから、報告書とは成果ではあるが業績なのではない。そこに誤解がある。その一方で、記録保存がそもそも不必要な発掘への参加者（賃金雇用された発掘作業従事者ではない）が報告の義務から免れている、あるいはそれを果たさなくてもよいというのであれば、その根拠はどこにあるのだろうか。無根拠であれば、まさに特権となろう。これは論理ではなく倫理の問題である。

2） 1987年に刊行された報告は、その形式上、データから遺跡像を再構成するために多くの困難を伴うものであった。遺物実測図においてさえ、何を表現したいのか不明確で、今回の報告でも修正作業を必要とした。そもそも、当該の報告書では断片的な基礎データの掲載に終始して、基礎データから何が組み立てられるのか、外部には伝わりにくいものとなっている。最低限の調査区の全体像を構築する意図さえ不十分であったと言わざるをえない。整理作業を進める側のデータとしての意味合いが強く、それを受け取った側が即座に了解できないものになっている点に、報告対象への配慮を欠いたものになっている。それを主に担ったのが初心者であった現役の学生やOBだからというのは何ら弁護にはならない。参加者の一部はいまだに同様の形式を保持して、理解不能な報告書を作成していることは何とも不思議なことではあるのだが。

3） 遺跡から自分の研究対象のみを切り取って満足しているのであれば、それを特権的と言われても仕方が無いかもしれない。

確かに、かつての研究計画に基づく発掘調査は、特定の対象にのみ焦点を絞って報告が行われても、それでとくに問題視されることはなかった。しかし、埋蔵文化財行政における記録保存は全てを記録するものであって、断片化は許されない。報告の活用を考えても同様で、部分的に切り取って考察を加えるだけでは報告者の自己満足に過ぎず、やはり全時代を対象にしなければ意味がないことになろう。

1970年代には、行政発掘は破壊を前提にした、倫理的に極めて問題のあるもので、記録保存とは名ばかりの、貴重な遺跡を開発などの経済活動を優先して処理するものであると非難され、当時、行政発掘に参加する学生に対する反対者の視線には厳しいものがあった。あるいは、発掘調査をする権利を考古学を実践する多くの人々から奪うものだと看做されもした。そういう面が決して無かったとは言わないが、発掘調査にとどまらず、整理・報告、さらには研究という一連の流れを考えた場合、考古学の「民主化」がもたらしたものとは何であったのか、改めて考えてみることも必要だろう。発掘調査は研究課題と一体であってこそ質が維持できるのであり、ただ発掘調査をして報告を提示することが研究である、あるいは実証するなどというような錯覚は21世紀に持ち越すべきではない。

発掘調査が実証する事柄自体は僅かなものであって、むしろ発掘調査という破壊を経て将来に対してどのように適切な課題が提示できるのかという点とともに、どうしたら質の向上につながる有効な、効果的な連鎖が維持できるのかが問われるべきである、とわたしは想う。学術調査とは名ばかりの低劣な調査をみるにつけ、むしろ膨大な報告書から何を読み取るのか、何が明らかになり、未だ何が未解明なのか、それを明確にすることが今後の研究の基礎を固めることになるのだという倫理が発掘主体を問わず確保できなければ、20世紀の不毛な対立が形を変えて21世紀にも続いてしまい乗り越えられない危険がある。埋蔵文化財をめぐる公・民の競合は如何にしたら質的向上につながり

第Ⅰ部　高蔵遺跡の研究

考古学に貢献できるのかを現在的課題と思ってしまうのは伊勢湾岸域の、いやわたしの個別考古学歴にともなう特殊事情ではあるのだが。

引用・参考文献

鍵谷德三郎　1908　「尾張熱田高倉貝塚實査」『考古学界』7-2
　　　　　　　　　　「尾張熱田高倉貝塚實査」『東京人類学雑誌』23-266
田中　稔　1954　『高倉貝塚』豊橋市瓜郷遺跡調査会
伊藤秋男篇　1979　『高蔵貝塚Ⅰ』南山大学人類学博物館
南山大学人類学博物館編　1985　『高蔵貝塚Ⅱ』南山大学人類学博物館
南山大学人類学博物館編　1988　『高蔵貝塚Ⅲ』南山大学人類学博物館

　高蔵遺跡に関連する名古屋市教育委員会から刊行された第1次調査以降の発掘調査報告書については割愛した。ご容赦頂きたい。考察上、報告書に掲載された必要な文献のみ列挙する。

水野裕之　1997　「第2章　第12次調査の概要　Ⅲ．小結」『高蔵遺跡（第12次～第15次）』名古屋市文化財調査報告34、名古屋市教育委員会
岡本敦子　2002　「第4節　田中稔コレクション高蔵遺跡F地点調査資料整理報告」『高蔵遺跡（第31次・32次・33次・立会）』名古屋市文化財調査報告42、名古屋市教育委員会
渡辺　誠　2003　「高蔵遺跡出土の自然遺物」『高蔵遺跡（第1次）』名古屋市文化財調査報告59、名古屋市教育委員会
山崎　健　2003　「高蔵遺跡ブロックサンプル採取地点以外の動物遺存体」『高蔵遺跡（第1次）』名古屋市文化財調査報告59、名古屋市教育委員会
村木　誠　2003　「弥生時代の高蔵遺跡」『高蔵遺跡（第34次・第39次）』名古屋市文化財調査報告60、名古屋市教育委員会

（愛知県埋蔵文化財センター）

高蔵遺跡出土の弥生前期土器をめぐる諸問題

永 井 宏 幸

はじめに

　弥生部会の主な作業は、南山大学人類学博物館所蔵の高蔵遺跡（重松ほか 1988）を中心とした土器資料の再点検であった。ここでは土器資料のうち、弥生前期を対象として、研究の現状と課題をいくつかとりあげてみたい。

　『弥生土器の様式と編年 東海編』（石黒・加納編 2002）の刊行後、弥生時代前期の遺跡調査は増加し、新たな編年も提示されている（石黒・宮腰 2008、山田 2010など）。まず、尾張編年第Ⅰ様式（本稿では1期として進める）を対象に再検討する[1]。とくに壺の器形変遷を基軸に段階設定を確認する。そして、西志賀式土器の成立に注目することで高蔵遺跡の集落形成を土器の側面から示しておきたい。つぎに、今回再提示することになった高蔵遺跡SD03資料から派生した課題をとりあげる。

1．弥生前期土器編年の現在

(1) 壺の器形による段階設定

　佐原眞（1967）の指摘以来、近畿地域を中心とした遠賀川系土器の区分紋様から帯紋様への変遷が有効とされてきた。現在も紋様帯の変遷については、段（古段階）→削出突帯（中）→貼付突帯と篦描直線紋多条化（新）をたどることに異論はない。ただし、一個体での紋様の組み合わせや新旧紋様の共存関係が多く、明確な段階設定の基準にはならない。

　一方、石黒立人は尾張平野の遠賀川系壺頸部紋様の変遷を段系列、削り出し突帯系列、沈線系列の3系列に整理した（石黒 2010）。石黒の分析によると、前期Ⅰ-1（貝殻山式古）：段系列は無沈線、削り出し突帯は1条、前期Ⅰ-2（貝殻山新）：段系列は1→2条の沈線を段の上位に加える、削り出し突帯は沈線1条を加える。前期Ⅱ-1（西志賀式古）：段系列は3条の沈線を段の上位に加えるようになり、貝殻山式新から加わった沈線紋様は2条から西志賀式以降、多条化傾向になる。

　豆谷和之（2008）は、「型式」的方法である紋様変遷を踏まえた上で、「様式」的方法として壺用蓋の有無に着目し、「蓋（無）段階→蓋（有）段階→蓋（失）段階」の3段階設定を提唱する。壺は壺用蓋の組み合う孔が口縁部に穿たれており、壺用蓋の共存資料が保証されなくても壺自体で判断できる視点は有効である。そして壺用蓋の有無を段階設定の基軸に据えたことは、「器種の消長にこそ土器様式変化の本質を見出そうとする立場」であり、その発端は古・中段階における古相の分離にあるという（豆谷 2008、97頁）。

　私はかつて全形の確認できる遠賀川系壺形土器を通して、「型式」的方法を紋様帯の変遷ではなく器形の変遷から段階設定を試みた（永井 2000）。器形変遷の注目点は壺形土器における胴部最大径の位置である。いま一度確認しておこう。（図9）

　器形A　胴部最大径が器高の中位にあり、そこから頸部にむけて緩やかにすぼまり、頸部から口縁部

第Ⅰ部　高蔵遺跡の研究

にかけて短く折れる。

器形B　口縁部の外反度が器形Aより大きく、胴部最大径の位置が下方になり、下膨れとなる。

器形C　頸部が直線的にのび、胴部最大径の位置が器高の中位となる。

器形D　口縁部が大きく開き、頸部は器形Cよりさらに長く直線的にのび、胴部最大径の位置は中位あるいはやや下位になるものもある。胴部の形が扁平になり突出する。

器形E　口縁部がほぼ水平に開き、頸部は直線的にのびる器形を保ちながら胴部が張らず撫肩となり球胴に近い丸みを帯びた器形、胴部最大径の位置は中位あるいはやや下位となる。

　胴部最大径の位置を抽出すると、中位（A）→下位（B）→中位（C）→中～下位（D・E）、4段階の変遷をたどる。型式学的検討であるため、共存する分類が当然存在する。概ね器形AからCに1期4段階までの貝殻山式が、器形DとEに1期6段階までの西志賀式が相当する。高蔵遺跡SD03の場合、胴部の張らない撫肩となり球胴に近い丸みを帯びた「器形E」が中心となるので、1期6段階の西志賀式が相当する。

⑵　西志賀式の成立からみた高蔵遺跡の評価

　高蔵遺跡弥生前期の既出資料を縦覧すると、西志賀式を中心とした資料に注目できる。発掘調査報告書からまとまった資料をあげると、名古屋市教育委員会による1981年調査（市教委第1次）と高蔵遺跡夜寒地区調査会（南山大学人類学博物館重松和男代表）による1985年調査の2つある。これら報告の注目点は、環濠と想定されている溝出土資料である。弥生前期の高蔵遺跡は環濠の形成過程を中心に集落域の範囲が注目されてきた。2条1単位の同心円拡張型環濠の根拠は溝の配置と出土土器の細別時期である。1981年調査地点土器が古く、1985年調査地点土器が新しいと指摘されており、概ね現在も大きな変更点はない。1981年調査の本報告が2003年に刊行（村木2003）され、ようやく1985年調査との比較検討が可能となった。1981年調査資料が提示されたことから、溝D5に直交する溝D10の時期が判明したことと、溝D10は1985年調査の溝SD03とほぼ同時期の土器が出土していたことを追認できた。これによって、2条1単位の拡張型環濠の間に配置された溝D10、さらに名古屋市教育委員会による1982年調査（市教委第2次）溝D.Aとの位置関係を再検討する必要がでてきた。つまり拡張のあり方が三重県永井遺跡や大谷遺跡のように同心円拡張型か、それとも松河戸遺跡や兵庫県大開遺跡のように付設拡張型なのか、選択肢が増えた。溝D10は溝D5から分岐していることから後出する可能性は高い。再検討の詳細は石黒立人の報告にゆずることにし、ここでは台地の入り江を囲むように形成された環濠帯が、溝D2と溝D5に先行し、その後溝D10あるいは溝D.A、溝SD03とSD105が後出することを確認できればよい。

　ここで土器型式の併行関係を確認しておく。西志賀式と金剛坂式あるいは水神平式の成立時期がほぼ併行関係にあるとすれば、尾張編年の1期5段階に相当する。そして存続時期もほぼ同じと想定でき、尾張編年1期5～6段階と置き換えられよう。

　広域土器様式である遠賀川系土器様式の地域型式に相当する西志賀式の成立は、汎西日本規模の土器組成変化を受容する。高蔵遺跡に関する土器から事例を抽出してみよう。

　一対の把手が付く小型の鉢（PL10-1）は、近畿以西では西志賀式成立以前から一定量存在するが、尾張地域では西志賀式になってから組成する。口縁直下に貼付突帯をめぐらせる小型鉢（PL2-2）は前期後葉の「瀬戸内型甕」に相似する器種で、尾張地域に散見する東部瀬戸内との交流を示す好資料である。高蔵遺跡の出土ではないが、朝日遺跡と松河戸遺跡では朝鮮系無紋土器の模倣土器も西志賀式の新器種である。鉢形の可能性がある特徴的な器形である資料（PL7-2・3）について触れておく。いずれも胴部下半から底部の資料であるが、胴部は筒状に直線的、胴部と底部の境界に刻目貼付突帯がめぐり、

ここを稜線として底部にいたる器形である。前期の事例はないが、曽野遺跡（名古屋市博物館蔵）の鉢に後続器種が存在する。胴部は直線的にのび、筒形の胴部のまま口縁部にいたる器形である。胴部に二枚貝腹縁による直線紋＋波状紋＋直線紋をめぐらせる、高蔵遺跡と同様に胴部と底部の境界に刻目貼付突帯がめぐる。紋様構成から尾張編年2期2～3段階の貝殻描紋系土器と考えられる。

新たな器種ではないが、頸部に多条化した沈線をめぐらせる壺の頻度が高くなる現象は、近畿地域と連動している。その後展開する櫛描紋系土器様式の布石が西志賀式の後半に顕在化する。

冒頭の編年研究で触れた壺用蓋について、近畿地域で（失）段階に突入している西志賀式は壺用蓋、壺の紐孔ともにある。蓋（失）段階は、尾張地域の場合、尾張編年2期である。つまり、遠賀川系土器が尾張地域で消滅する時期まで壺用蓋は確認できる。名古屋台地に位置する高蔵遺跡SD03資料（PL01-3～6、PL02-6、PL10-2、PL12-2・3）は壺用蓋および口縁部有孔壺があり、一方、尾張平野に位置する朝日遺跡Ⅵ SD101新相も同様に、1期6段階まで壺用蓋はある。「様式」的方法という観点からすれば、尾張地域も段階こそ後出するが、壺用蓋による器種の消長を追認できる。ただし、1期6段階を2期に下らないことが前提である。つまり、貝殻描紋系土器が出現する2期に併行する、あるいは共存する資料がない立場からの見解である。実際、高蔵遺跡では、大地系壺の破片（市教委1次100）は2期の遺構がない前期遺構群近辺から出土している。もうひとつ、めずらしい事例として水神平式の口縁部有孔壺（PL20-18）がある。条痕紋系壺の焼成前穿孔は類例がなく、もちろん条痕紋系壺用蓋もない。遠賀川系土器と同一胎土であることがこの土器の存在を物語っているのであろうか。

一方、甕用蓋は2期に消失する器種のひとつである。もちろん土製品の器種が欠落することで煮炊用の蓋そのものの欠落を意味するわけでない。むしろ遠賀川系土器の消失とともに当地域から凹線紋系土器出現まで欠落することを指摘しておきたい。甕用蓋がコメを炊く道具の必需品であったとしたら、当地域はコメの調理法、加熱する方法が近畿以西と異なっていた可能性もある。もちろん蓋の有無だけでは議論できない。甕の煮炊痕跡なども比較検討しなければ身もふたもない机上の空論である。同時期の遺跡による保有差があるのならば、と思い点検してみるも、遠賀川系土器が主体となる遺跡はほぼ確認でき、地域の核となる遺跡に多いともかぎらない。むしろ元屋敷遺跡に個体数が多いことは三ツ井型深鉢の優位な遺跡で遠賀川系甕がどのように使用されていたのか、あるいは甕用蓋とセットなのか検証する必要がある。

高蔵遺跡の土器群を観察すると、遠賀川系土器と条痕紋系土器が同一胎土であることは一見して理解できる。つまり前期土器2系統の土器が高蔵遺跡で製作され使用されていたことになる。おそらく、尾張地域で遠賀川系土器（西志賀式）が出土する遺跡の大半が条痕紋系土器（水神平式）を搬入品として共存する。両者の製作者が接近している状況証拠となるか、あるいは後述する「細密貝殻条痕調整土器」の成立に関与する条件となりうるのか。

以上、高蔵遺跡から派生した西志賀式の検討課題をもとに議論を重ねた。ここで『弥生土器の様式と編年』に提示した資料を使い、1期の段階設定を図に示す（図10）。尾張編年1期における前期土器の組成をとおして、遠賀川系壺の器形変遷をあらためて示しておく。

2．高蔵遺跡SD03資料の再点検と派生した課題

(1) SD03資料の再点検と図化について （図3～10）

弥生部会は高蔵遺跡SD03の再点検する機会を得た。前期資料に関連する破片を含めた土器は、今回一通り再点検の対象とした。掲載資料の全てを再度図化したのではない。図化するにあたって、現在の弥生前期資料として重要な土器を中心におこなった。したがって完形品に近い資料を優先し、検討材料

第Ⅰ部　高蔵遺跡の研究

の対象土器については破片資料も積極的に図化した。図の掲載順序は西志賀式土器の壺蓋、壺、甕、鉢、金剛坂式土器の壺、甕、その他の系統土器、最後に条痕紋系土器の壺と深鉢とした。前報告書の図版番号を（　）で括り対照できるようつとめた。

　資料の再点検および図化にあたって、オープンリサーチプロジェクト弥生部会のメンバーが中心に行ない、以下の大学院生（当時）の協力を得た。

　　　名和奈美・嶋田奈緒子・三浦里紗・後藤麻里絵

(2)　細密貝殻条痕土器の検討

　三ツ井式（石黒・宮腰 2008）の主体をなす三ツ井型深鉢（紅村第4類）に均質で整った貝殻条痕調整の深鉢を高蔵遺跡SD03出土土器から抽出した（図11左）。三ツ井型深鉢は従来、削痕遠賀川土器1類の削痕深鉢（紅村 1987ほか）として見出され、尾張平野部における特殊な事情が紅村弘により指摘された土器である（紅村 1956）。

　口縁端部を面取りしない、口縁部下に条痕調整がみられる深鉢がある。一見、条痕紋系土器として見過ごしてしまう。この条痕紋系土器に近似する土器について、条痕紋系土器との相違点を確認する。以下に示す土器群がごく限られた遺跡間の現象に留まらず、実は広範囲にまたがる現象の一端を示す、つまり広域現象として問うことが可能な事例であると認識した。

　まず、口縁端部の特徴をみてみると、丸みを帯びるものa類、少し尖り気味に端部処理をするものb類がある（図11）。通常、条痕紋系土器の口縁端部処理は、樫王式の場合、強いナデ調整により面を持ち、水神平式の場合、面取り部分に押引紋あるいは条線を入れる。つまり口縁端部処理に注目すると、条痕紋系土器との相違点は端的である。器形は三ツ井型深鉢に類似する。頸部は胴部界付近でくびれる程度の器形が指摘でき、甕のようにならない、深鉢器形に近い。さらに口縁部下に目を向けると、概ねヨコ方向の貝殻条痕調整を施す共通点が見いだせる。

　次に、貝殻条痕の原体に注目すると、明らかに条痕紋系土器の貝殻原体と異なる。サルボウやハイガイのように条間3ミリ以上の深く粗い条線ではなく、条間2ミリ以下の浅く整った条線である。この条線の特徴を観察すると、砂粒が器壁を移動した痕跡、擦過痕と判断できる。つまり、通常の貝殻条痕紋ではなく、ケズリ調整を志向する貝殻原体の調整具を使用している可能性を指摘しておきたい。

　貝殻を用いた調整具であるが条痕紋様ではない、そして口縁端部処理に面取り手法を用いない。この2点の特徴から、条痕紋系土器の特徴から逸脱することは明白であろう。そうすると、先に指摘した口縁端部の特徴、a類とb類に共通する土器を示せばよい。しかも、ケズリ調整を備えている土器群である。月縄手遺跡の煮炊具は、削痕系土器の比率が高い。削痕系土器は深鉢器形で中部高地に系譜を想定する「氷式系削痕深鉢」とかつて指摘した土器である（永井 1999）。

　ここで注目する土器群は、貝殻条痕調整である点を省けばまさに削痕系土器である。a類は口縁端部処理が丸みを帯びる特徴から、条痕紋系土器に接近するが、基本的には削痕系土器に近似する。再度器形に目を向けると、樫王式深鉢のように砲弾形でもなく、水神平式深鉢のように口縁部が緩やかに外反することもない。口縁部下にわずかなくびれ、頸部をもつ削痕系深鉢の器形に接近する。

　以上の特徴を有する深鉢をここでは「細密貝殻条痕調整深鉢」と呼んでおく。類例は、高蔵遺跡SD03（図11-左）のほか、名古屋市1次調査資料（村木ほか 2003）溝D5（図11-右）からも抽出した。管見によると月縄手遺跡（図12）、松河戸遺跡にもみられる。現状では三ツ井型深鉢の分布と重複する傾向がある。山中遺跡（図13左）と三ツ井遺跡（図13右）は、これら類例のプロトタイプあるいは条痕紋系土器と三ツ井型深鉢の折衷土器であり、尾張編年1期4段階以前の事例として注目できる。

　ここで改めて、月縄手遺跡の条痕紋系土器と認識していた一群の条痕原体に注目する。月縄手遺跡2

次調査報告（樋上1994）の壺（図14左下）は、かつて条痕調整の原体に注意することなく、樫王式の壺と認識していた。ところが、ここで取り上げるケズリ調整に接近する原体としてみた場合、条間が均質に整った浅い条痕と考えられる。口縁部の部分が欠損するので、口縁部に突帯がめぐるのか、口縁部突帯が1条なのか複数条なのか、押圧紋なのか素紋なのか、従来の視点をそのまま慣用することは不可能である。そこで、器形に注目してみよう。頸部は内傾気味、胴部が張り出す器形が想定できる。樫王式の壺であれば、口縁部に1条の袋状突帯がめぐる壺を想定するが、器形に相違点がありそうだ。月縄手例は頸部が内傾気味で、直立しない。胴部はやや張り球胴形ではない。

さらにもう一つ、この条痕調整と共通する原体、つまりハイガイでもサルボウでもない、二枚貝肋条を利用した条痕の壺にも注目する。尾張平野から出土する樫王式・水神平式壺形土器として認識していた壺のうち、細密貝殻条痕調整深鉢と共通する貝殻調整をもつものに注目した。具体的には月縄手遺跡2次調査報告SK147（図14左下）、さらに可能性として山中遺跡SD01下層（図14右）、西浦遺跡（図14左上）がある。これらの壺についてもう少し広域に目を向けると、突帯紋系土器様式の東端で生成した琵琶湖東岸域から北陸地域を含めた変容壺に共通する要素は、貝殻条痕調整および調整具の指向性を共有する広域基盤として指摘できよう。

まとめ

高蔵遺跡SD03の再評価を通して、以下の議論を展開した。まず、遠賀川系壺の器形AからEに分類し、これをもとに胴部最大径の位置に注目して変遷過程を提示した。そのうえで、あらためて『弥生土器の様式と編年』の基準資料による尾張編年1期の段階設定を提示した。ついで、西志賀式の成立事情を弥生前期高蔵遺跡の遺構と遺物の事実確認から派生した問題点を整理して、環濠の配置が拡張型と付設拡張型の2通り想定できることを確認した。そしてこれら遺構と遺物の展開は、西志賀式の存続期間であることも追認した。個別具体的な事例にSD03資料を議論の中心に用いて西志賀式の実像に迫った。最後に、今回の再点検によって新たな問題提示をした。「細密貝殻条痕調整土器」の抽出である。深鉢形土器の観察から、従来条痕紋系深鉢とみなされていた深鉢を細部の要素を点検することで、三ツ井型深鉢と条痕紋系深鉢の折衷土器から派生した特定遺跡間の交流により成立した深鉢の可能性を指摘した。そしてこの深鉢に伴う壺も想定でき、壺についてはより広域的交流も視野にいれる必要を付言した。

以上の成果とは別に、今回触れることがなかった水神平式壺の成立事情について、水神平式土器成立は矢作川流域の様相が重要であると指摘されている（増子2000など）。増子康眞は上流域の成立を説くが、安城市域以南の中下流域を再点検することも必要であろう。水神平式の広域海上交流の要はまさに沿岸域から発信しているからだ。前田清彦は水神平式の成立過程を西部型（西三河以西）と東部型（東三河以東）に整理して、地域色を再整理した（前田2010）。前田は伊勢湾西岸地域の遠賀川系土器との交流が顕在化する東部型に核地域を想定する。結論を急げば、私は前田の「西部型」を核地域と想定したい。馬見塚式から樫王式の地域色が強くなった土器群を払拭して成立するのが水神平式であることは否定できない。西志賀式や金剛坂式など明確な土器型式の対峙関係と混成することによって成立する折衷土器は、各遺跡間の伝達思考が分離していないことを改めて知ることができる。矢作川流域の新出資料は条痕紋系土器の混成した要素の宝庫である。東西に隣接する土器群から諸要素を確認し紐解ければ、矢作川流域の事情が明らかになるはずだ。

注
1）本稿は『弥生土器の様式と編年 東海編』（石黒・加納編2002）で示した尾張編年を基軸とし、第Ⅰ様式を1期に、

第Ⅰ部　高蔵遺跡の研究

細別様式を段階と呼びかえて使用する。様式は例えば遠賀川系土器様式、突帯紋系土器様式など広域にわたる土器群を示す場合に使用する。したがって、遠賀川系土器様式の土器型式に貝殻山式、西志賀式を使用する。

参考文献

石黒立人　2010　「高蔵遺跡に関する事実報告」『高蔵遺跡に始まる弥生前期の諸関係』（南山大学人類学博物館オープンリサーチセンター弥生部会シンポジウム資料）南山大学人類学博物館

石黒立人・宮腰健司　2007　「伊勢湾周辺における弥生土器編年の概要と課題」『伊藤秋男先生古希記念考古学論文集』、同論文集刊行会、129-189頁

加納俊介・石黒立人編　2002　『弥生土器の様式と編年　東海編』木耳社

紅村　弘　1956　「愛知県における前期弥生式土器と終末期縄文式土器との関係」『古代學研究』第13号、古代學研究会、1-9頁

紅村　弘　1987　『西日本・中部日本における弥生時代成立論』私家版

佐原　眞　1967　「山城における弥生式文化の成立」『史林』第50巻第5号、史学研究会、109-120頁

重松和男ほか　1988　『高蔵貝塚Ⅲ』（人類学博物館紀要第10号）南山大学人類学博物館

山田　猛　2010　『伊勢の突帯文土器』

永井宏幸　1998　「弥生時代前期の諸問題　三ツ井遺跡からの検討」『三ツ井遺跡』（愛知県埋蔵文化財センター調査報告書第87集）170-185頁

永井宏幸　2000　「弥生時代前期「遠賀川系土器」をめぐる諸問題　朝日遺跡Ⅰ期をめぐって」『朝日遺跡』Ⅵ（愛知県埋蔵文化財センター調査報告書第83集）577-596頁

永井宏幸　2010　「遠賀川系土器とその周辺」『高蔵遺跡に始まる弥生前期の諸関係』（南山大学人類学博物館オープンリサーチセンター弥生部会シンポジウム資料）南山大学人類学博物館

樋上昇ほか　1994　『貴生町遺跡Ⅱ・Ⅲ・月縄手遺跡Ⅱ』（愛知県埋蔵文化財センター発掘調査報告書第55集）

前田清彦　2010　「条痕紋系土器とその周辺」『高蔵遺跡に始まる弥生前期の諸関係』（南山大学人類学博物館オープンリサーチセンター弥生部会シンポジウム資料）南山大学人類学博物館

豆谷和之　2008　「近畿前期弥生土器再論」『考古学研究』第55巻第3号、考古学研究会、86-101頁

増子康眞　2000　「水神平式土器の研究」『古代人』第60号、名古屋考古学会、51-87頁

村木誠ほか　2003　『埋蔵文化財報告書　高蔵遺跡（第1次）』45（名古屋市文化財調査報告59）名古屋市教育委員会

（愛知県埋蔵文化財センター）

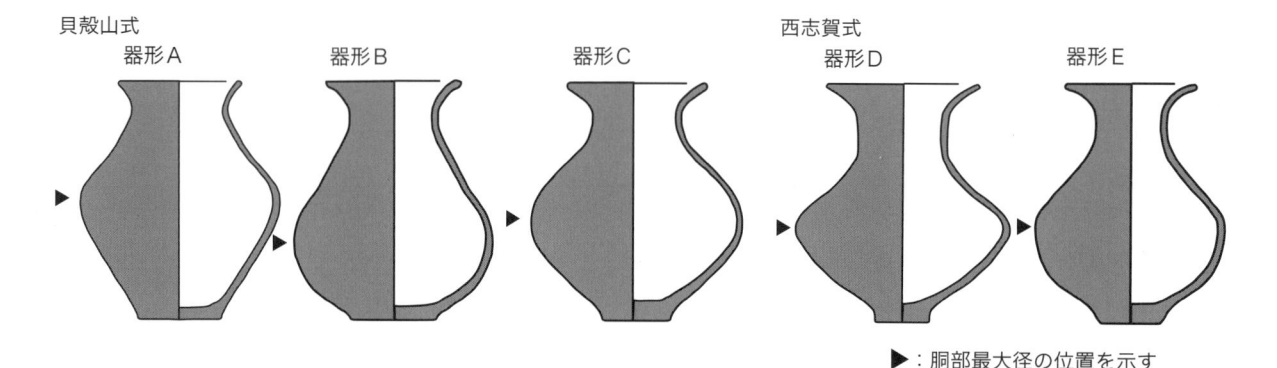

図1　壺の器形変遷

貝殻山式：器形A、器形B、器形C
西志賀式：器形D、器形E
▶：胴部最大径の位置を示す

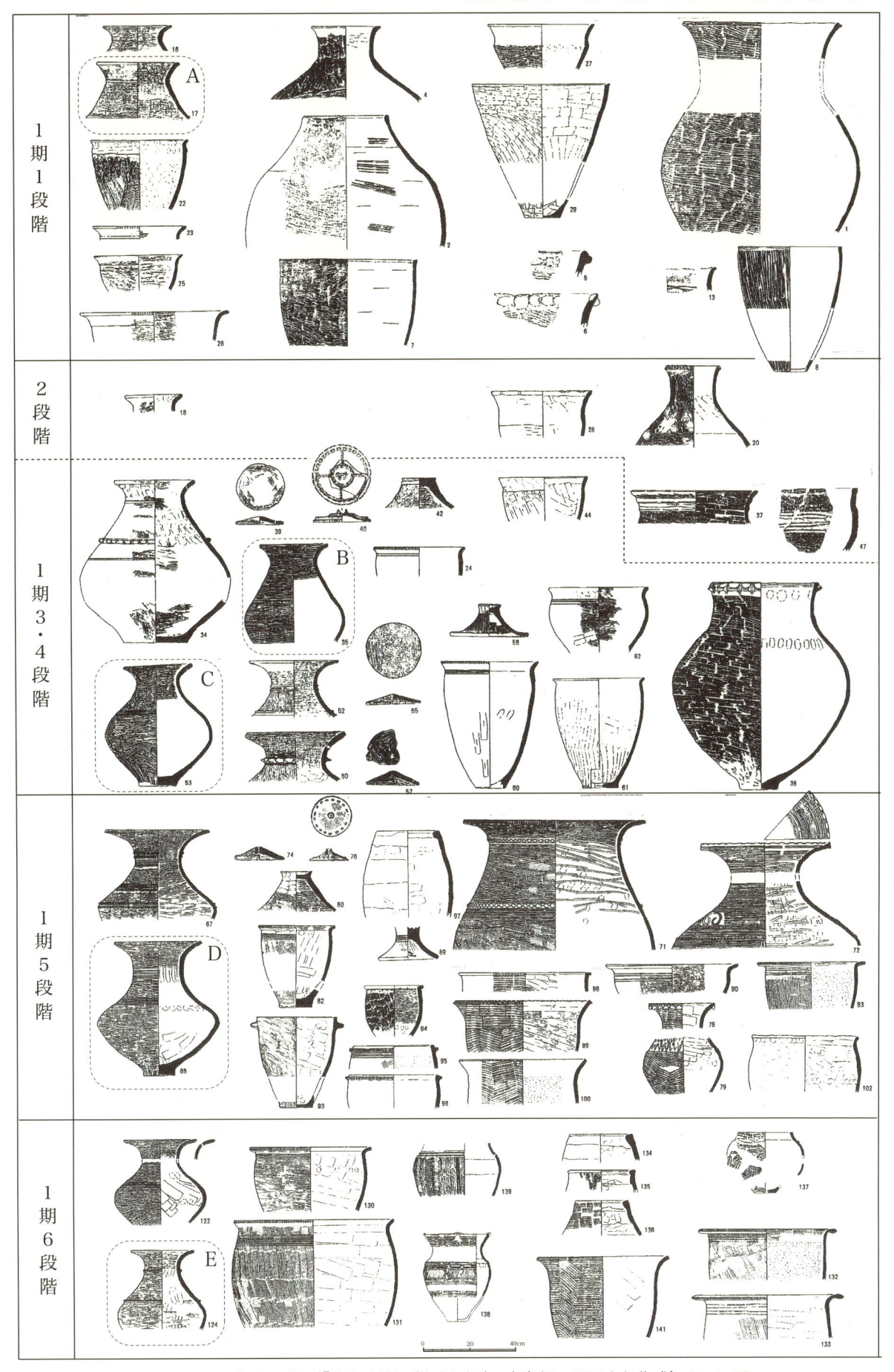

高蔵遺跡出土の弥生前期土器をめぐる諸問題（永井宏幸）

図2　尾張編年1期（『弥生土器の様式と編年　東海編』2002より作成）S＝1:12

第Ⅰ部　高蔵遺跡の研究

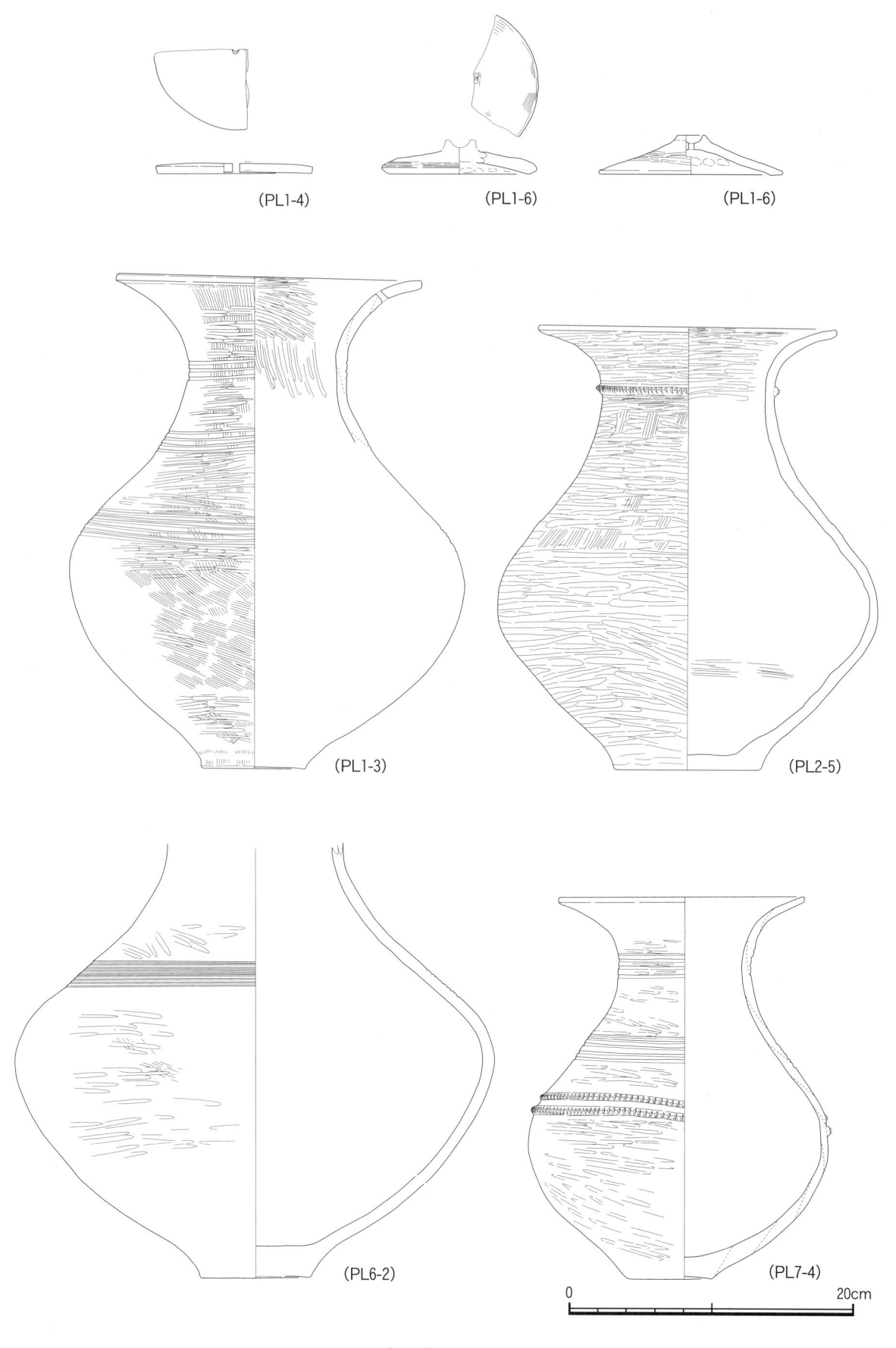

(PL1-4)　　(PL1-6)　　(PL1-6)

(PL1-3)　　(PL2-5)

(PL6-2)　　(PL7-4)

図3　高蔵遺跡 SD03 出土土器 (1)

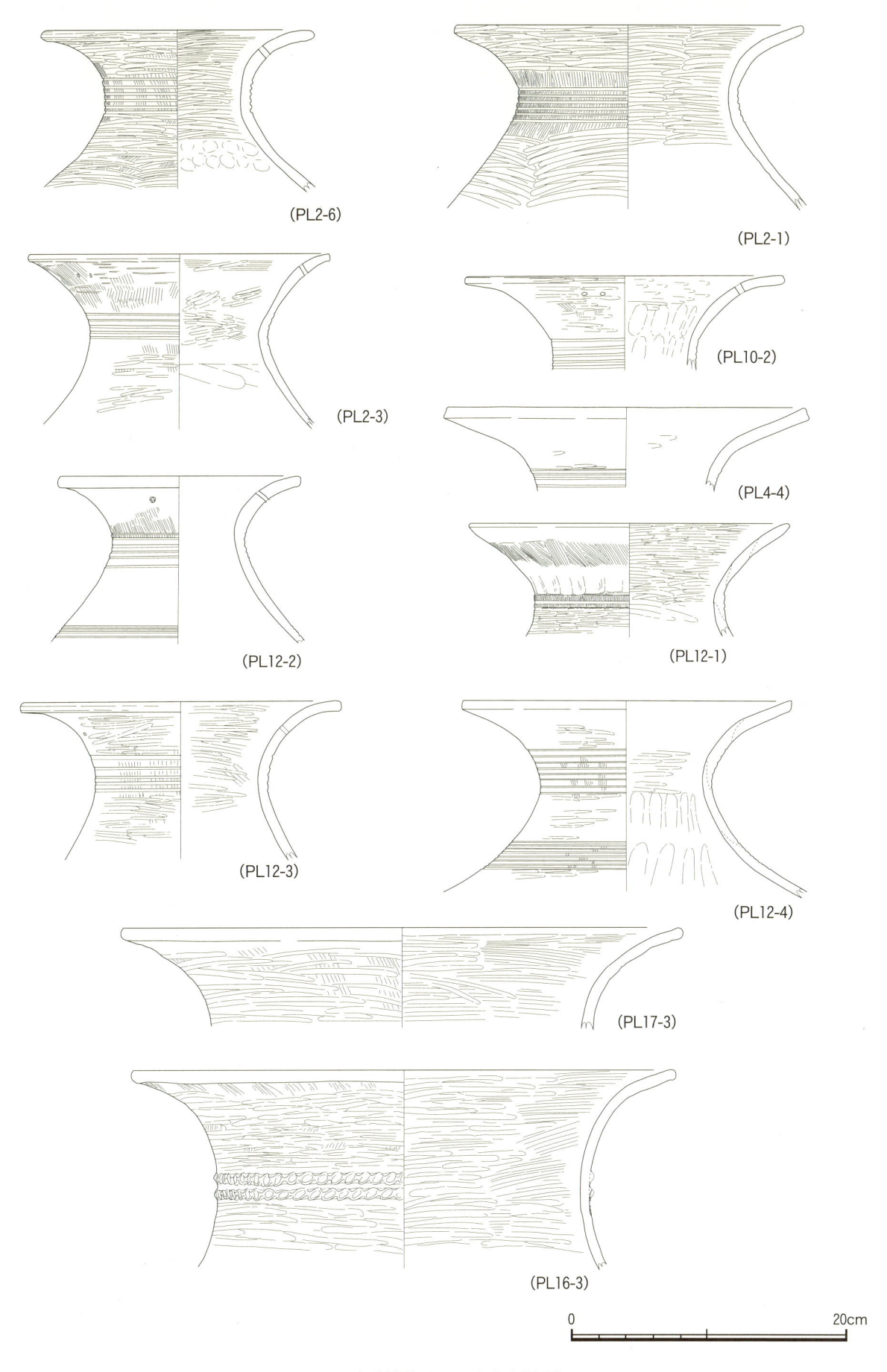

高蔵遺跡出土の弥生前期土器をめぐる諸問題（永井宏幸）

(PL2-6)
(PL2-1)
(PL2-3)
(PL10-2)
(PL4-4)
(PL12-2)
(PL12-1)
(PL12-3)
(PL12-4)
(PL17-3)
(PL16-3)

0　　　　　　20cm

図4　高蔵遺跡 SD03 出土土器 (2)

第 I 部　高蔵遺跡の研究

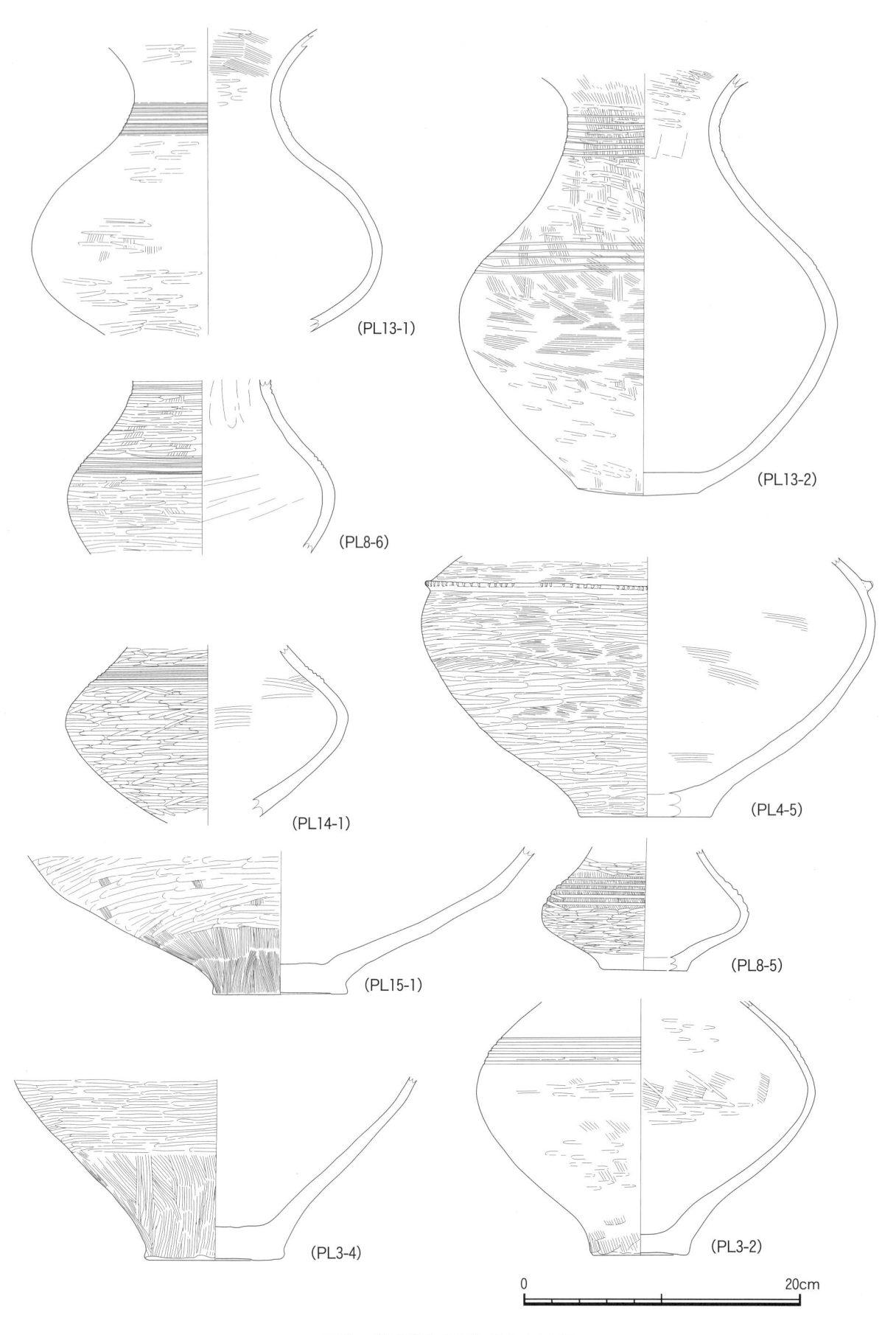

図 5　高蔵遺跡 SD03 出土土器 (3)

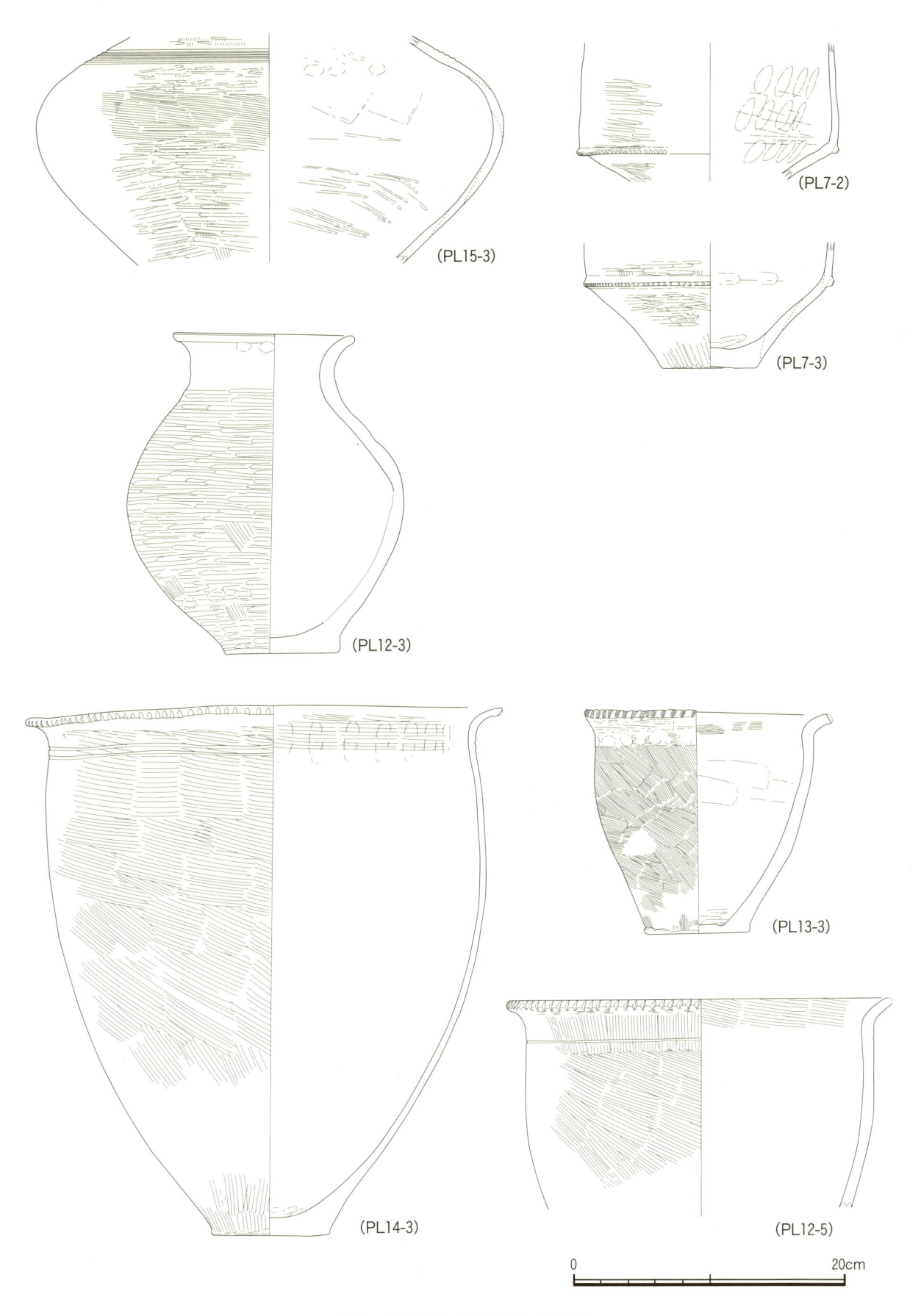

図6 高蔵遺跡 SD03 出土土器 (4)

第Ⅰ部　高蔵遺跡の研究

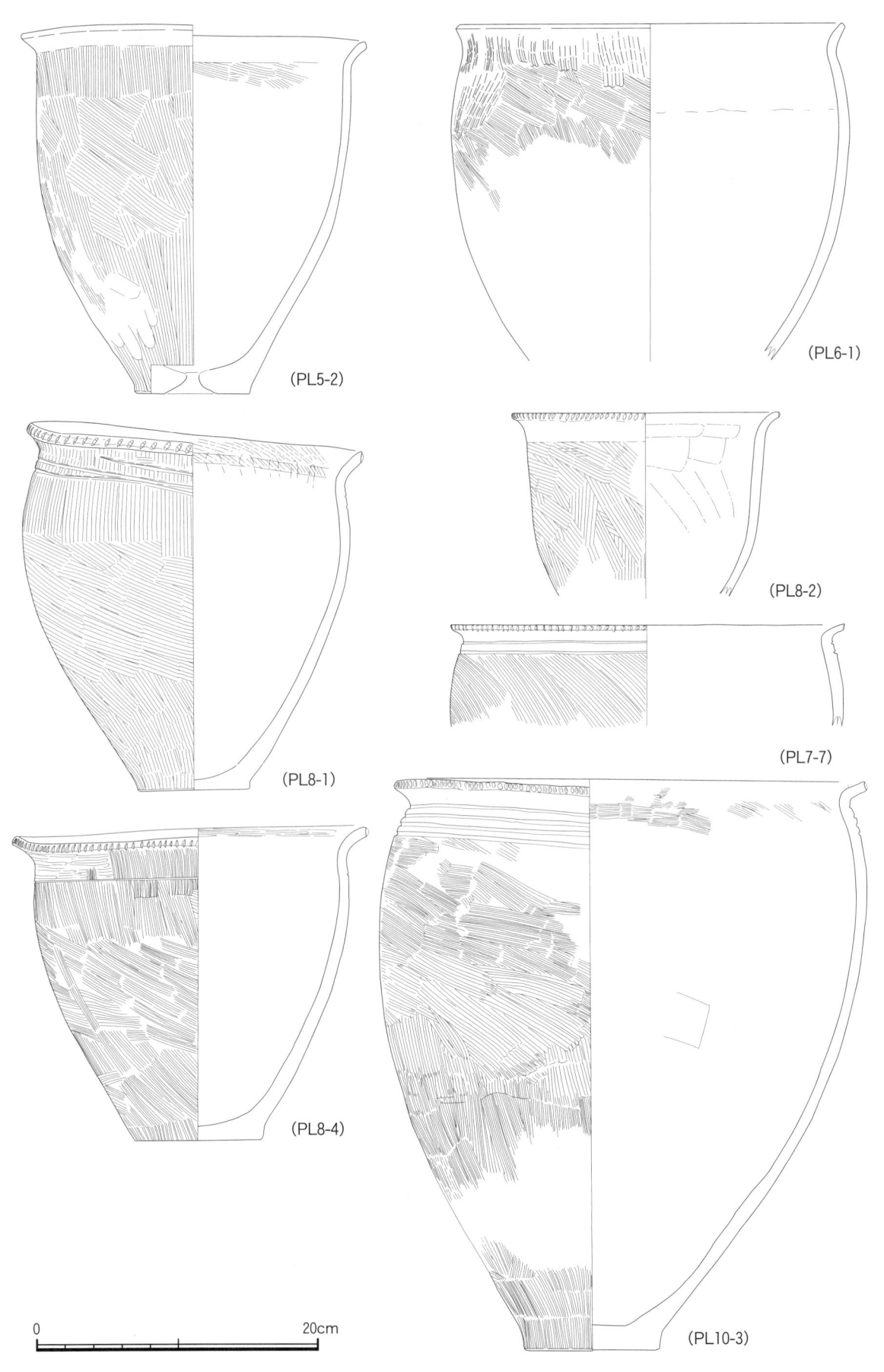

(PL5-2)

(PL6-1)

(PL8-1)

(PL8-2)

(PL7-7)

(PL8-4)

(PL10-3)

0　　　　　　　　20cm

図7　高蔵遺跡 SD03 出土土器 (5)

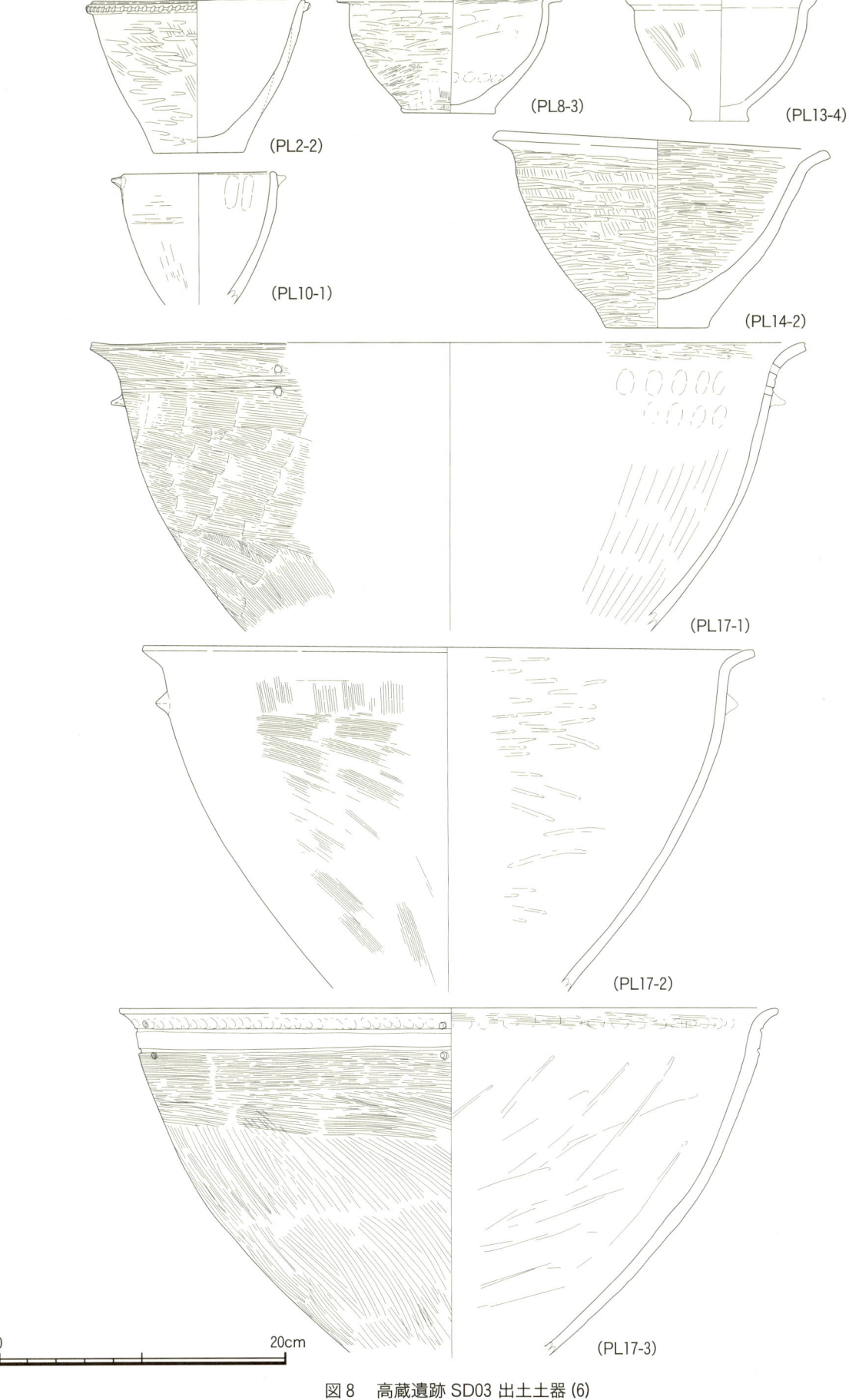

高蔵遺跡出土の弥生前期土器をめぐる諸問題（永井宏幸）

(PL2-2)
(PL8-3)
(PL13-4)
(PL10-1)
(PL14-2)
(PL17-1)
(PL17-2)
(PL17-3)

図8　高蔵遺跡 SD03 出土土器 (6)

第Ⅰ部 高蔵遺跡の研究

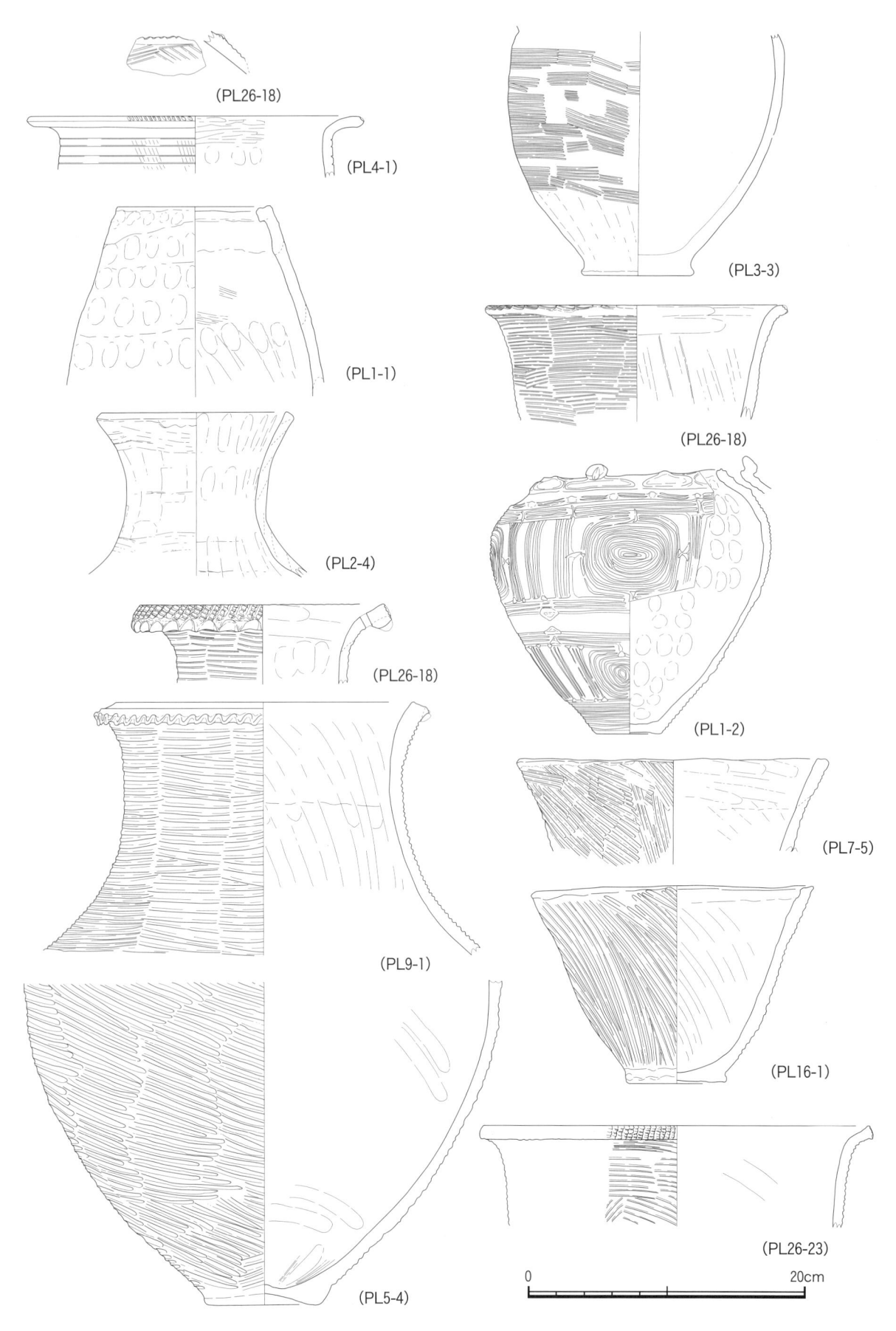

図9 高蔵遺跡 SD03 出土土器 (7)

高蔵遺跡出土の弥生前期土器をめぐる諸問題（永井宏幸）

(PL3-1)
(PL11-3)
(PL16-2)
(PL9-2)
(PL4-2)
(PL26-5)
(PL26-10)
(PL11-1)
(PL11-2)

0　　　　　20cm

図10　高蔵遺跡 SD03 出土土器 (8)

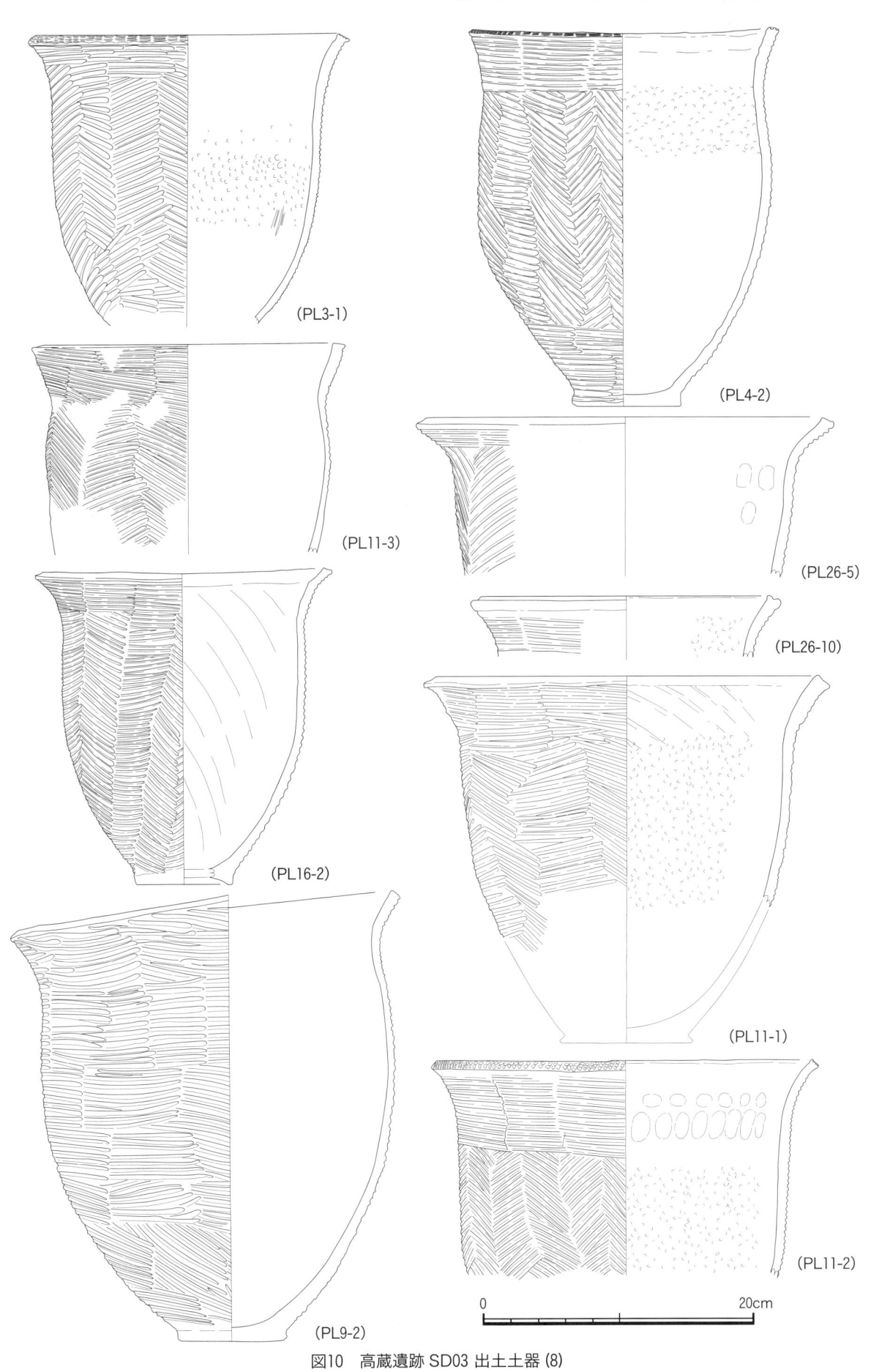

第Ⅰ部　高蔵遺跡の研究

a種　　　　　　　　　　　　　　　　　b種

（南山大 SD03　PL26-18）　　　　　　（市教委 D5 92）

図11　高蔵遺跡出土の細密貝殻条痕調整深鉢2種
（実測図1:4、拓本図1:3）

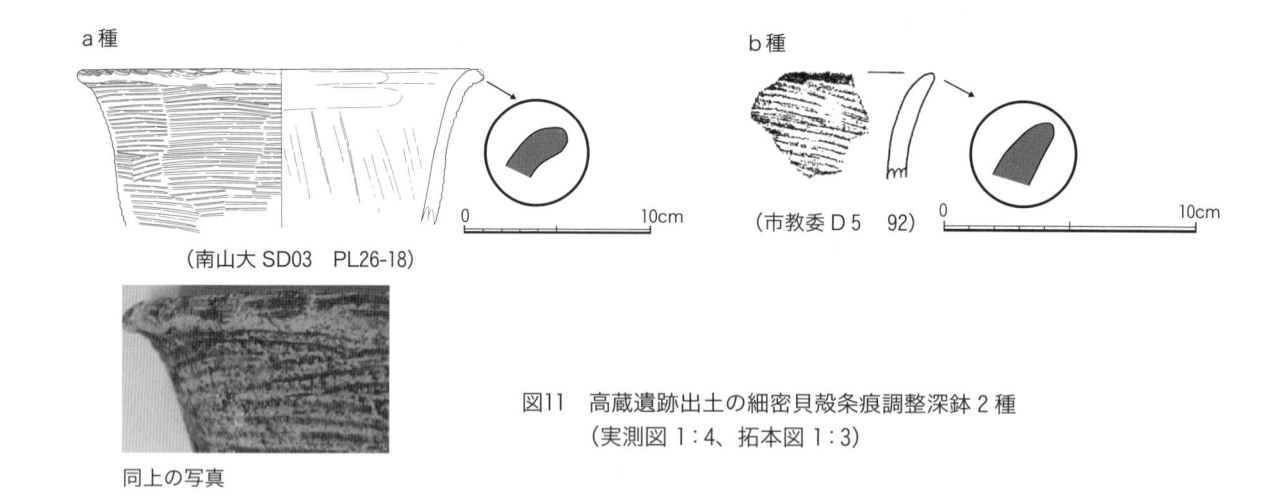

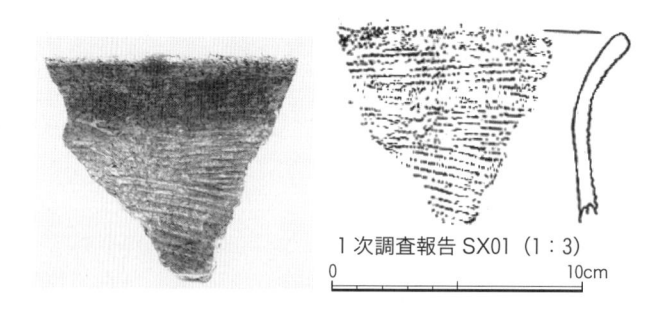

同上の写真

1次調査報告 SX01（1:3）

図12　月縄手遺跡出土の細密貝殻条痕調整深鉢a種

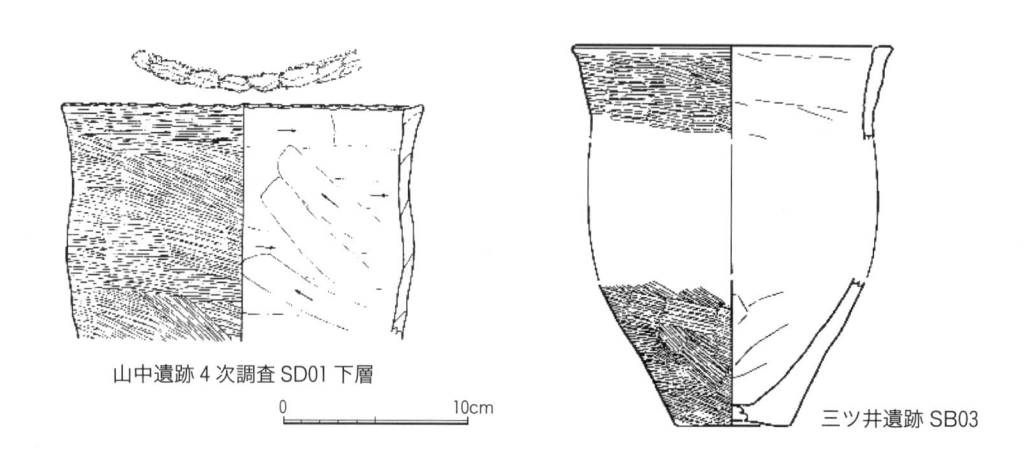

山中遺跡4次調査 SD01下層　　　　　三ツ井遺跡 SB03

図13　条痕紋系深鉢と三ツ井型深鉢の折衷土器（1:4）

50

西浦遺跡

月縄手遺跡 2 次調査報告 SK147

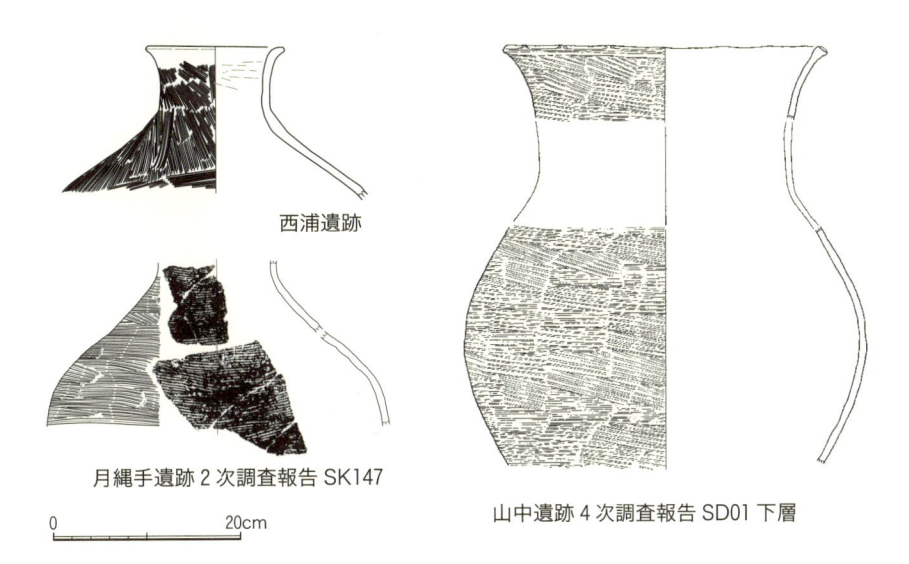

0　　　20cm

山中遺跡 4 次調査報告 SD01 下層

図14　細密貝殻条痕調整壺（1：8）

高蔵遺跡夜寒地区の方形周溝墓SD04について

宮 腰 健 司

1．はじめに

　本文では、1985年に行われた高蔵遺跡夜寒地区の発掘調査において検出された、方形周溝墓SD04について検討していきたいと思う。この調査は南山大学を中心にした高蔵遺跡夜寒地区調査会によって進められており、調査結果は1987年に名古屋市教育委員会より刊行された『熱田区夜寒町・高蔵遺跡発掘調査報告書』名古屋市文化財調査報告XXと、同内容のものが南山大学人類学博物館より1988年に『高蔵貝塚III―1985年度夜寒地区発掘調査―』人類学博物館紀要第10号として刊行されている。

　本文に掲載した遺構図版は前者の報告書を元にして加筆しており、元図については文中にPL番号を付け示している。遺物図版については一部を除き、再実測・トレースを行っており、報告書の遺物番号をPL○○-○として示した。資料調査および図化はオープンリサーチセンター弥生部会のメンバーが行い、大学院生（当時）の後藤麻里絵・嶋田奈緒子・名和奈美・三浦里紗氏の協力を得た。

2．概　要

(1) 調査の概要

　調査は住宅建設に伴うもので、長方形を呈する約400m²の部分が調査対象となっている。遺物は4mグリッドに分けて取り上げられており、北から南へA-G、西から東へ1-6という区分けがなされ、北東角グリッドよりA-1区という名称が付けられている（図1、PL112に加筆）。

　基本土層は上位より第1層-表土及び攪乱、第2層-茶褐色土、第3層-黒褐色（腐食）土、地山-黄褐色粘質土（砂質シルト）という堆積をしている。第2層は、「粘質の強い極めて堅くしまった土層で」、「弥生以前、あるいは江戸以降の遺物はない」と報告書では記述されており、古墳時代～中世の堆積になるかと推定される。第3層について報告書では、「遺物の出土状況からみて、かなりの遺構はこの層から切り込み、あるいはこの層内で形成されていると思われるが、全く確認できなかった」と記述されており、検出された遺構の掘り込みが第3層内にあると想定されてはいるが、明確な遺構の掘り込みレベルが判明できなかったようで、土層断面図（図7・8、PL113・114）ではほとんどの遺構が第3層下に掘り込み肩があることになっている。また報告書では第3層は上下2層に分かれ、「その差は場所によって異なり、遺物も特に差がない」と記述されているが、これも土層図では区分されていない。

(2) SD04の概要

　SD04については溝のみが検出されており、墳丘部や埋葬施設、周辺の同時期の遺構・堆積は全く確認されていない。報告書でも改めて墓としての遺構番号が与えられることはなく、調査時そのままにSD04と記述されている。SD04は地山面において確認されているが、「溝は地山に切り込んだレベルで確認された。北溝等では地山のレベルより上でもほぼ同時期の土器多数が溝に沿って集中している。このことは黒土内のため確認出来なかったものの、本来の溝の掘り込み面は黒褐色土層内にあったことを

第Ⅰ部　高蔵遺跡の研究

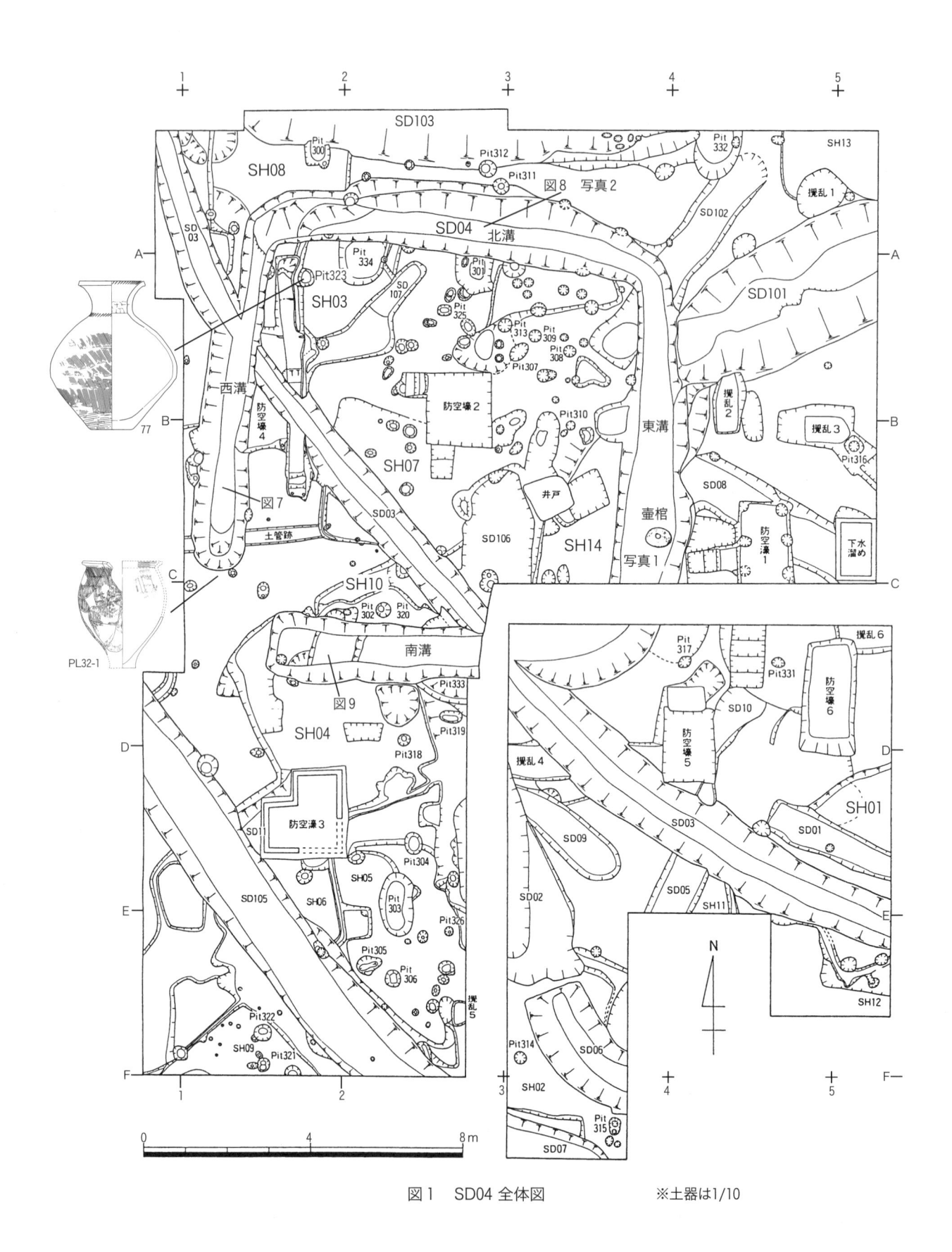

図1　SD04 全体図　　※土器は1/10

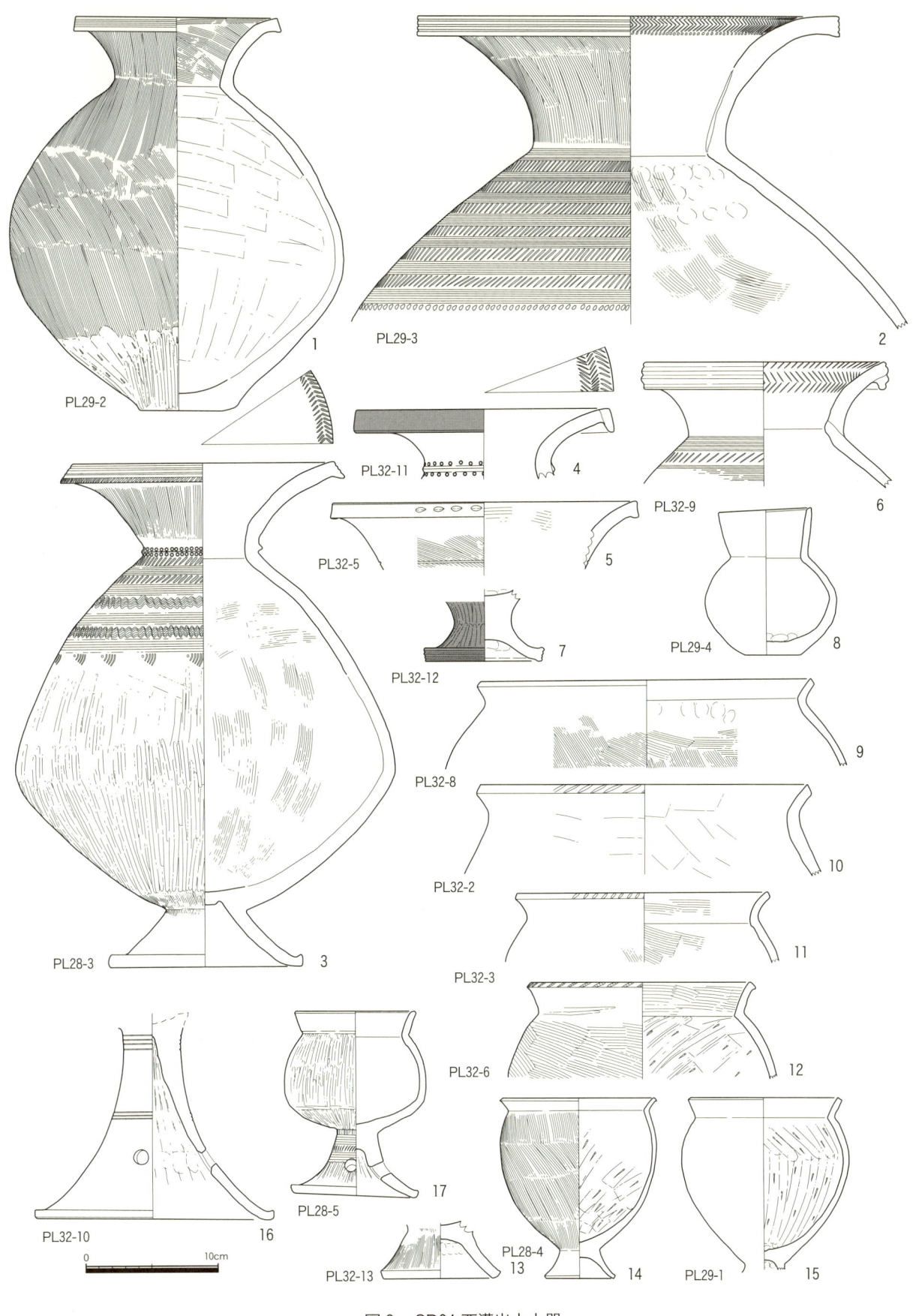

図2　SD04 西溝出土土器

第Ⅰ部　高蔵遺跡の研究

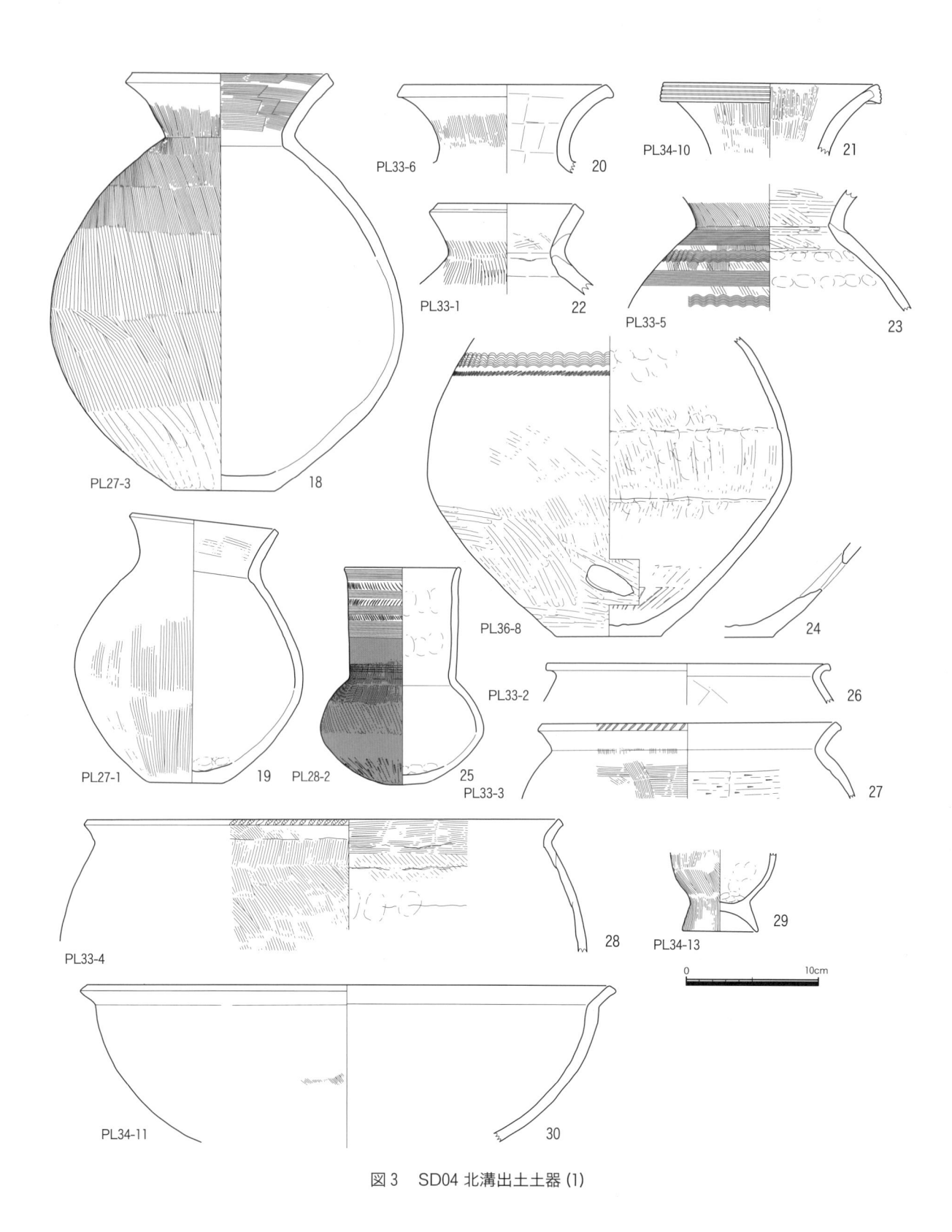

図3　SD04 北溝出土土器 (1)

図4 SD04 北溝出土土器 (2)

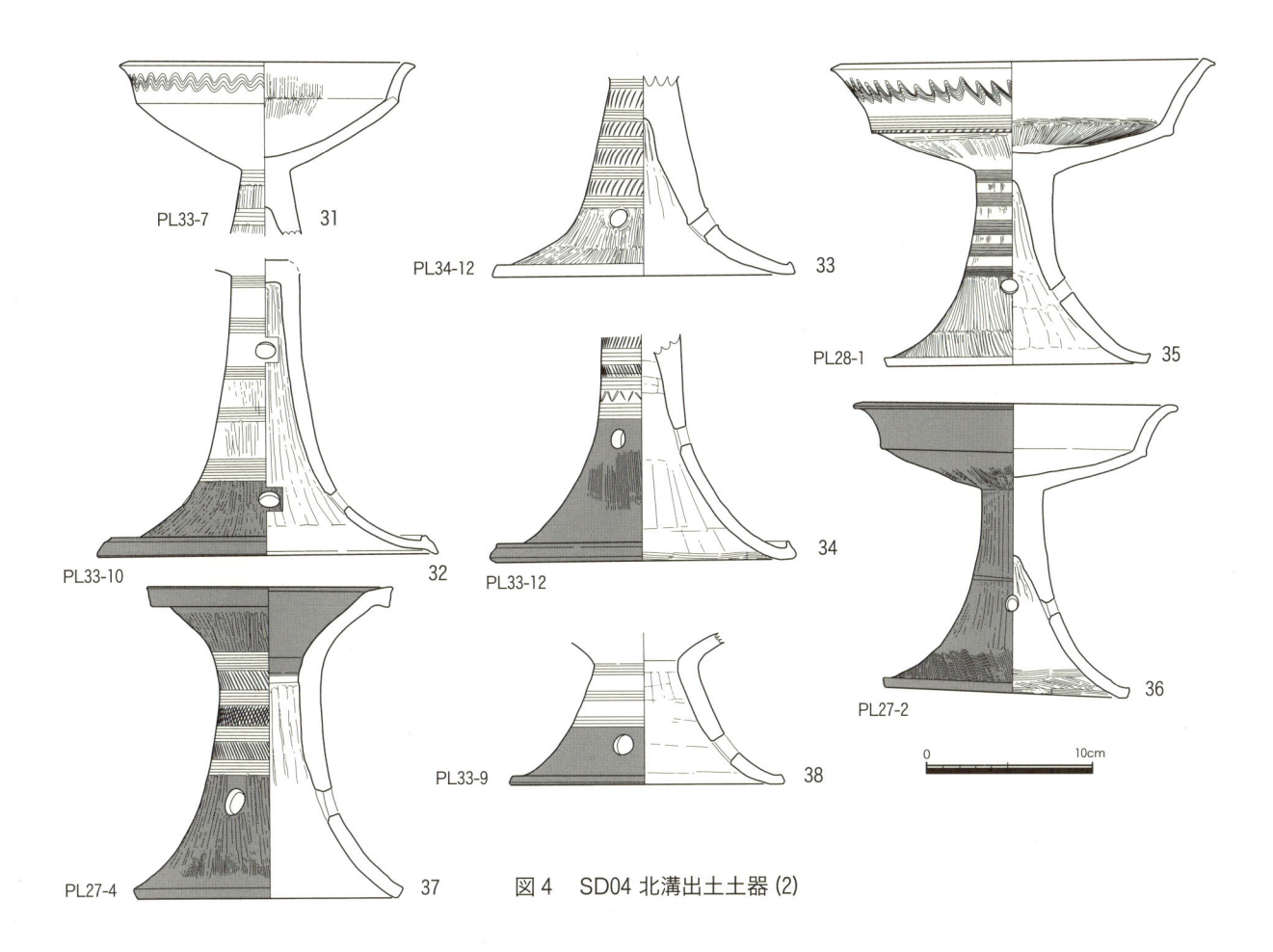

第Ⅰ部　高蔵遺跡の研究

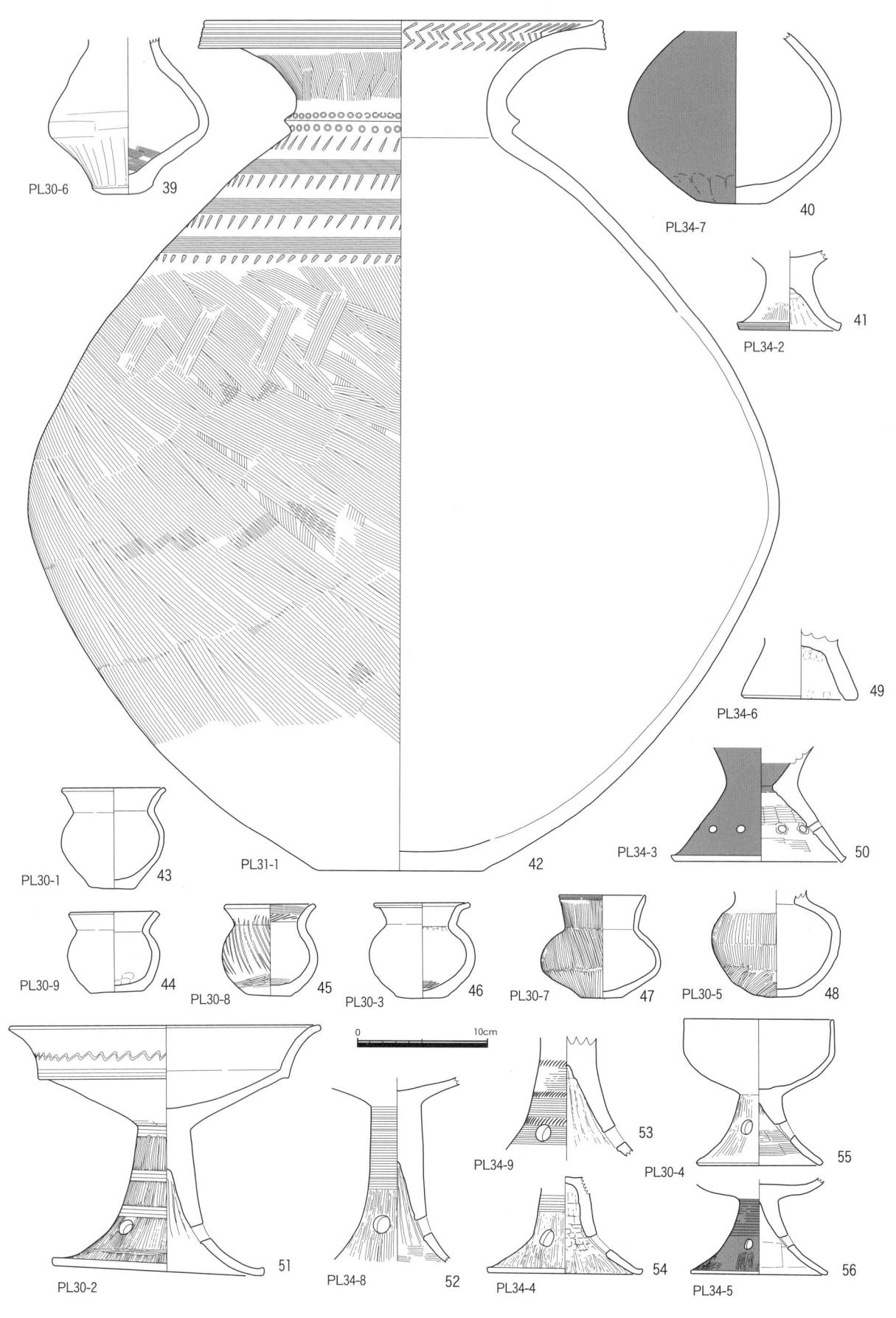

図5　SD04 東溝出土土器

図6 SD04 南溝出土土器

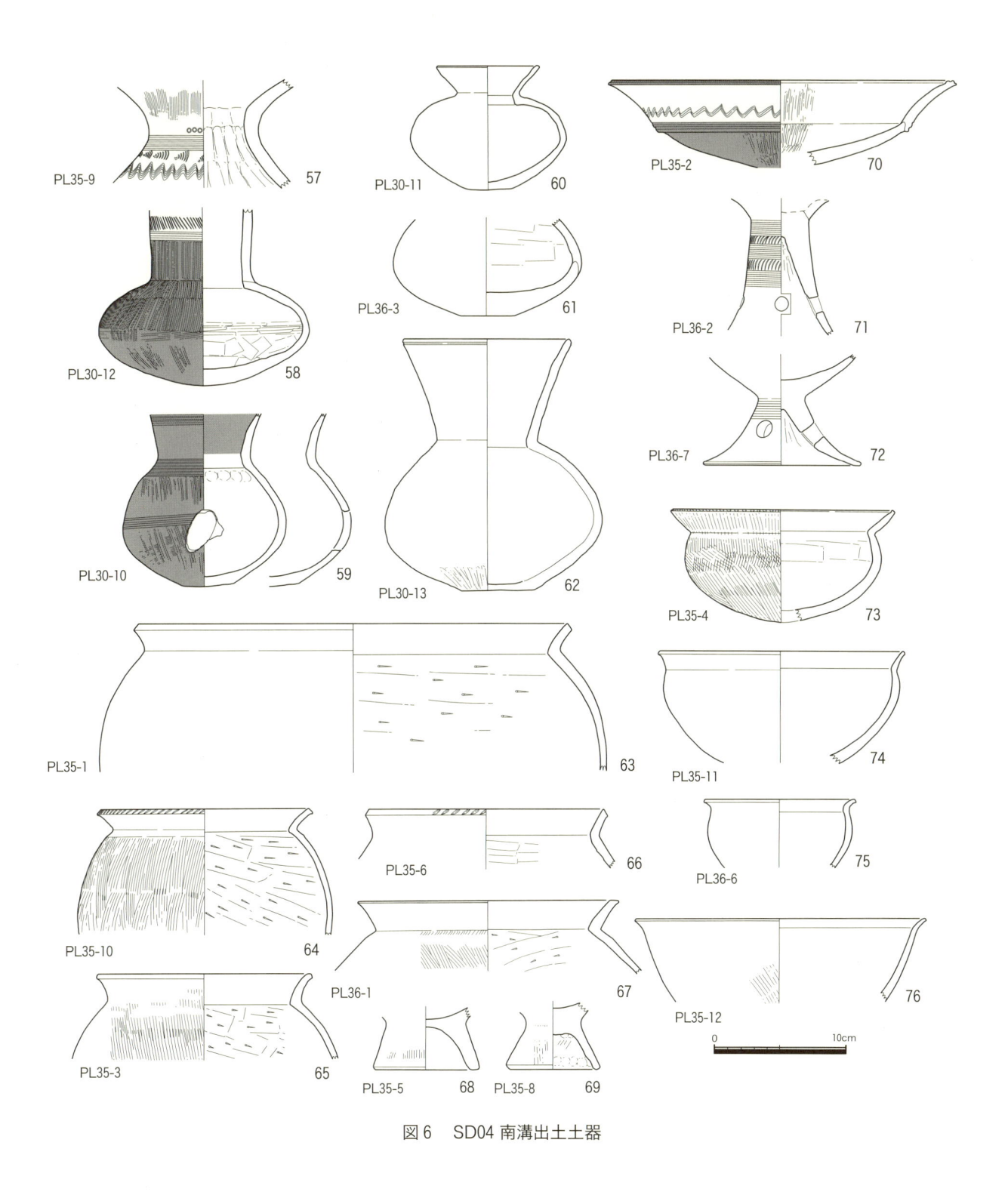

第Ⅰ部　高蔵遺跡の研究

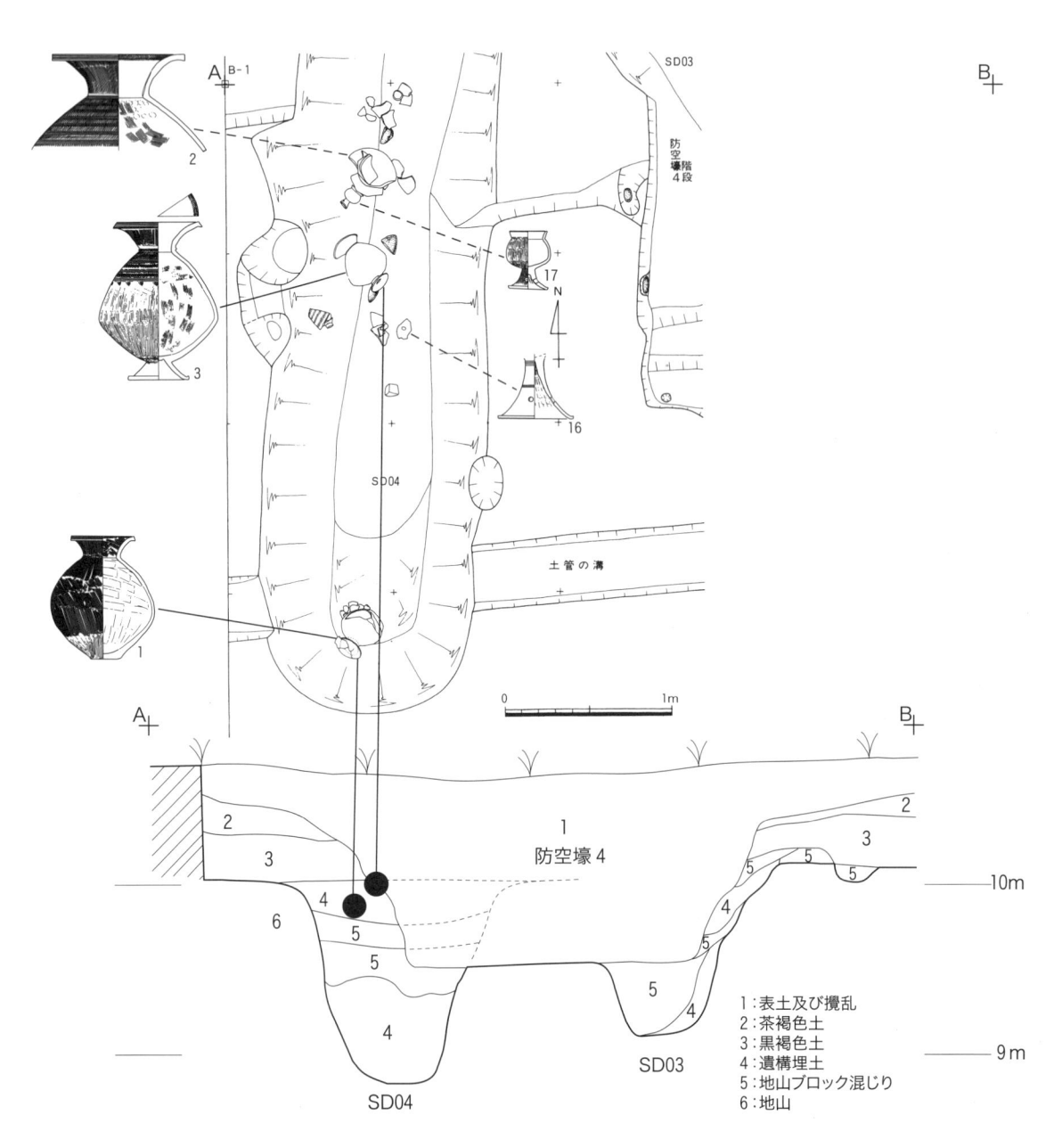

図7　SD04西溝土器出土地点・東西セクション　※土器は1/10

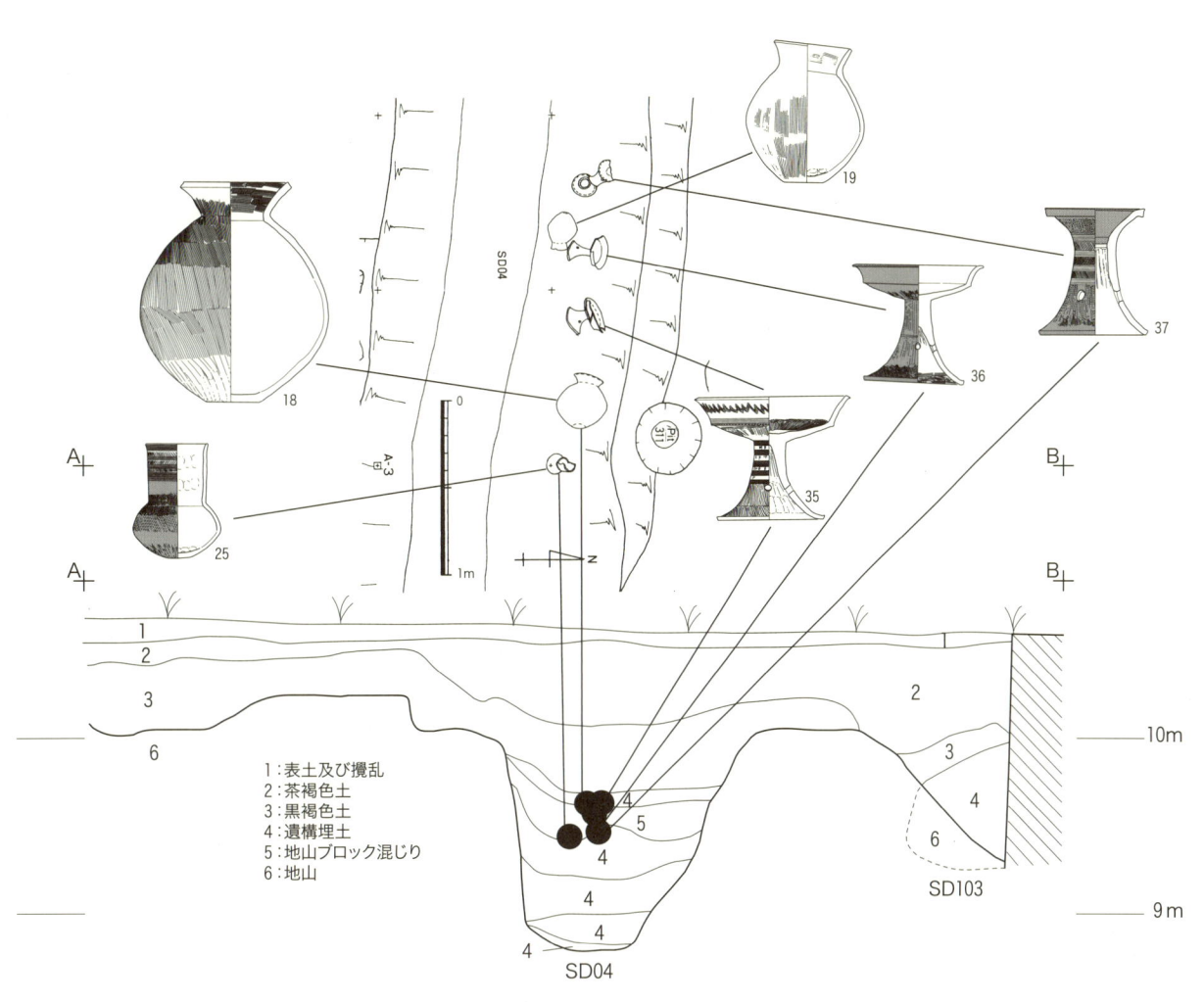

図8 SD04北溝土器出土地点・南北セクション　　※土器は1/10

1：表土及び攪乱
2：茶褐色土
3：黒褐色土
4：遺構埋土
5：地山ブロック混じり
6：地山

第Ⅰ部　高蔵遺跡の研究

示していると考えてよいであろう」と記述されているように、掘り込み肩は検出面より上位にあったと推定できる。また地山面では南西隅のみが途切れているが、「東南、東北、西北の隅は切れてはいないが底（地山）がコーナーに向かって両側から浅くなっている。このためSD04構築当時の掘込み面が地山より上にあったとすると、南西隅も陸橋であったとは言い切れない」として、現況の１隅切れ周溝の平面形態についても確実なものではないことが指摘されている。

　SD04の周溝は方位にほぼ沿っており、外周で東西12.1m、南北12.3m、周溝下端幅は東西9.9m、南北9.8mを測り、平面形はほぼ正方形を呈する。溝の形状は報告書によると「各溝は、幅約0.9～0.7m、深さ約0.7～1.3mの、上部がやや開いたかたち即ち、中段より上はやや傾斜が緩くなるU字溝で、底の幅は約0.5～0.9m、全体に底の中央は平坦である」とされる。

　周溝埋土については、「埋土の上層は黒褐色でより上の層に比して粘質の強い土層であり、大部分に共通してさらに上部と下部に分層される。中層は黄褐色粘質土層で地山ブロックを多く含んでいる。埋土下層は埋土上層以上に黒くさらに粘質の強い土層である」と記述されているが、土層断面図では中・下層は分層されているが、土色の表記が遺構埋土とされるのみで、地山ブロックが混じること以外詳細は不明である。

　周溝出土遺物は、西・北・南溝については出土状態図面があるが、遺物が特定できるものは少なく、出土レベルが表記されているものはさらに少ない。また報告書の記述では「遺物は、上層もしくは上層から中層にかけて多く出土しており、中層より下の層からは、出土量が減っている。特に完形土器に関しては、東溝出土の壺棺2473を除いて、大部分が埋土上層のレベル的には、9.4mから10.1m位で出土している」とされ、図示された遺物を含め方形周溝墓に関連すると思われる遺物は、上層から出土していることがわかる。またこれら「完形土器」とされる土器群のさらに上位に「溝の埋土上層の上部に土器片が多量に出土していることが特徴の一つとしてあげられるが、これらの土器片は一個体がその位置で割れたものはほとんどなく、互いに関連のない土器片が集中して出土している」、「これらの完形土器の大部分は土器片群より下層（埋土の上層下部）から出土しているが」という土器群と呼べるような出土状態を示す土器の出土があったことがうかがえる記述があり、「埋没過程の最終段階で、両側の土手状の部分の土で溝を埋め」たとの見解が示されている。

　次に各辺の溝をそれぞれ西・北・東・南溝とし、出土状況・土器をみていきたい（図２～６、図７・８）。

A　西溝

　報告書では「完形土器の大部分が溝の南部のC-１区で出土した」とされ、図７・PL56に出土状態図が示されている。確実に出土地点とレベルが判明するのは１・３の太頸壺のみで、グリッドB東西ラインに沿った土層図（PL113を反転トレース）に出土レベルを落とすと、周溝埋土上位（報告書では「埋

写真１　SD04 東溝土器(42)出土状態　　　　　　　　写真２　SD04 北溝土器出土状態

土上層（黒褐色土層）」）の9.8～10.02mの位置から出土していることがわかる。それ以外にも出土状態写真などを参照すると、2の大型太頸壺や16・17の高坏が破線で示した地点の遺物になる可能性があるが、出土レベルも不明で、断定はできない。西溝北側は防空壕の撹乱を受けているようである。その他の図化した土器全てC-1区より出土している。

1の太頸壺は口縁部端面にヘラ・棒状工具による浅い凹線がめぐり、体部外面下半にヘラケズリ後にミガキ調整がなされる。2の加飾太頸壺の口縁部内面下半では、著しい器面の剥離がみられる。4の加飾太頸壺の垂下する口縁部外面端面には赤彩が施される。7の台付壺脚部の外面には赤彩が施される。14・15は体部内面がケズリ成形・調整されるほぼ同形の小型甕であるが、体部外面が14はハケ調整、15はナデ調整がなされる。16の高坏脚部には、4条・3条のヘラによる沈線が巡る。

B　北溝

図8・PL55・写真2に示された出土状態図の土器群は、A-2区の東端で北溝の中央部にあたる場所から出土している。このうち18の太頸壺、25の長頸壺、35・36の高坏、37の器台は出土地点・レベルが、19の太頸壺は位置のみが判明している。出土レベルがわかる5点をグリッド3南北ラインに沿った土層図（PL114をトレース）に出土レベルを落とすと、周溝埋土上位（報告書では「溝埋土上層下部（黒褐色粘質土）」）の9.38～9.77mの間で出土していることがわかる。これら6点の土器（19は36の上に載せられたか）は一定の間隔をもって並んでおり、周溝内に意図的に配置された可能性が高い。その他の図化した土器全てA-2区より出土している。

19の短頸壺は、口縁部内面から外面全体にかけて赤彩されている可能性がある。24の加飾太頸壺の下体部には焼成後の穿孔がみられる。25の長頸壺は口縁部外面にクシによる直線紋と二枚貝による連続刺突が施され、その下位に赤彩が塗られる。32～34の高坏脚部は、端面が上下または上に延びて面をなすもので、32・34は外面紋様下位に赤彩が施される。紋様は32がクシ直線紋、33がクシ直線紋と二枚貝による連続刺突、34がクシ直線紋とヘラ・イタによる連続刺突がなされる。33の脚部端外内面には煤・炭化物の付着が認められる。35の有段高坏は、外面に赤彩が施されている可能性がある。36の有段高坏は、外面全体に赤彩が施され、脚部中位に極細い沈線が2条巡る。37の器台は受部内面と外面の紋様帯上下に赤彩が施される。紋様はクシ直線紋とヘラによる斜線・斜格子紋で構成される。

C　東溝

主要な土器は「全て南寄りで出土している」。その中で唯一太頸壺（42）のみが出土地点（図1・PL112）とレベルが判明する。この太頸壺は報告書で「溝埋土下部（黒褐色粘質土層）より底を上に向け、口を下に向け、倒立した形で出土した。壺は胴の一部を故意に叩いて破壊した後、逆さになった頸部の孔を破片でふさぎ、底部を逆さにしてその上を覆っていた。上下間には土はほとんどなく、中空であった（LV＝9.38～9.62m）」という記述のもと壺棺とされているが、出土状態図はない。この器高65cmを測る大型の太頸壺42は前文のように倒立した状態で出土しているが、周溝底に置かれたものではなく、溝底から約18cm上位で出土している（写真1）。また土器胴部を観察しても、確実に「故意に叩いて破壊した」という痕跡は確認できないし、口縁部などを部分的に打ち欠いたり、胴部を穿孔した痕跡もみられない。さらに口縁部や穿孔部を覆う場合、別個体の破片を用いることが一般的であるが、この事例では頸部の孔を同じ個体の破片が用いられている。このようにみると、壺棺として据え置かれたとするよりも、転落して倒立した状態になったと考える方が妥当であろう。また、小型壺（43～48）が多いのも特徴である。出土グリッドは41がB-3区、40・44・45・48・49・51～56がC-3区、39・43・46・47・50がC-4区になる。

39はナデ調整される歪みの大きい壺、40は外面に赤彩がなされる壺。43～48の小型壺のうち、47・

第 I 部　高蔵遺跡の研究

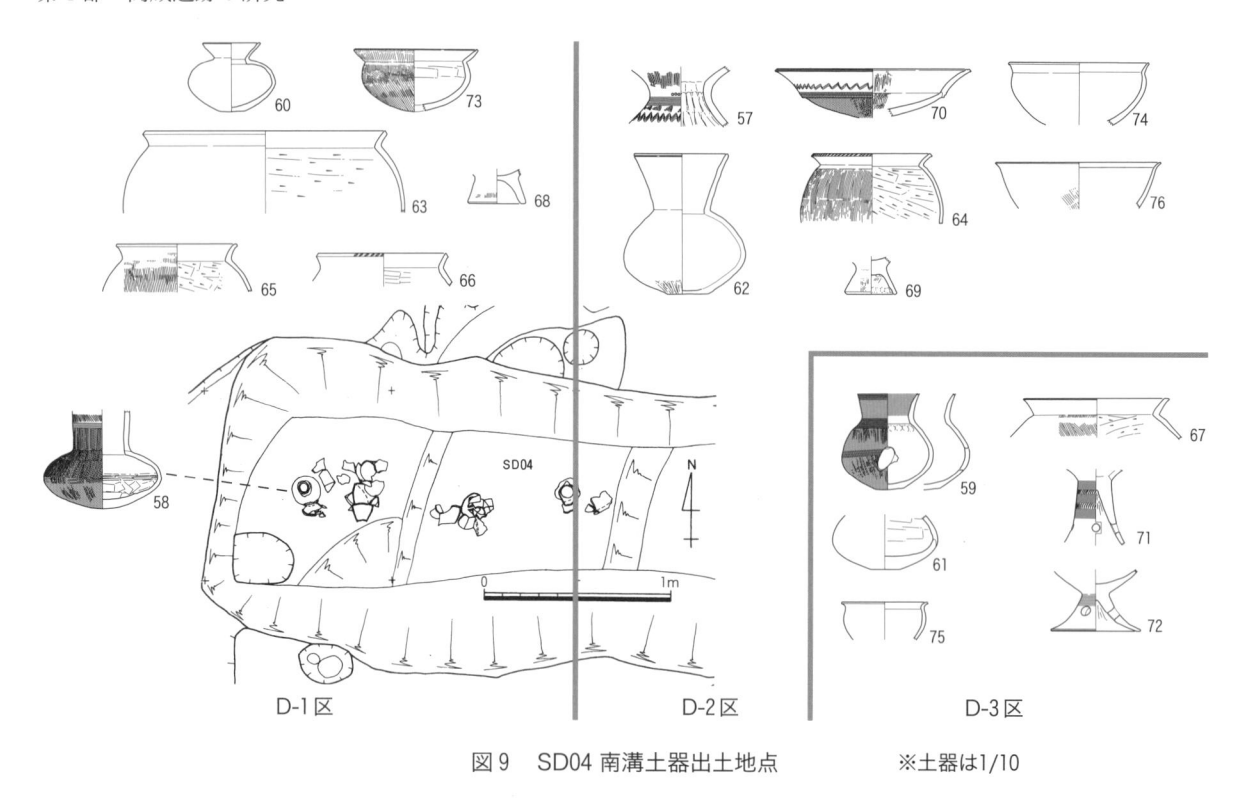

図 9　SD04 南溝土器出土地点　　　　　※土器は1/10

48はミガキ調整、45は2本1単位の粗いハケ状の工具による調整がなされている。50の器台は、受部内面と外面に赤彩が施され、12方向に透孔が設けられる。51の有段高坏の脚部内面には煤・炭化物の付着が認められる。

D　南溝

　出土状態図（図9・PL55）は提示されているが、どの土器がどれに対応するのかは不明で、レベルも判明しない。図面に描かれた土器の形状からみると、58の長頸壺が破線の地点の土器に対応すると考えられるが、断定はできない。出土グリッドは、58・60・63・65・66・68・73がD-1区、57・62・64・69・70・74・76がD-2区、59・61・67・71・72・75がD-3区になる。

　57の加飾太頸壺にはクシによる直線・扇形・波状紋が施され、その上位に1方向のみに3個の竹管刺突がなされる。58の長頸壺は外面の紋様帯下位に赤彩が施され、クシによる直線紋と細く鋭い工具による斜めの連続刺突がなされる。59の長頸壺も口縁部内面と外面全体に赤彩が施され、体部中位に焼成後の穿孔がみられる。62の直口壺は、口縁部外面端に1条の沈線が巡る。外面には赤彩が施されている可能性があるが、現状でははっきりしない。65の甕は口縁部端面が丸くなり、67は水平の面をなす。70は口縁部端面がやや肥厚して延び、凹線が巡る有段高坏で、口縁端面と受部外面に赤彩がなされる。口縁部外面には半裁竹管による波状紋が施され、この部分にも赤彩が施されていた可能性があるが、明瞭ではない。

3．築造時期

(1)　築造以前・以後

　まずSD04の築造以前の状況についてみていきたい。SD04は弥生時代前期の溝SD03上に造られているが、築造に際して溝を埋めたという痕跡は確認できず、築造時にはSD03は完全に埋没し痕跡が認められない状況であった思われる。またSD04西溝の南側からPL32-1の甕が、墳丘部北西隅のPit323から77（図10）の加飾太頸壺が出土している（図1）。PL32-1は凹線紋系土器3期、77は八王子古宮

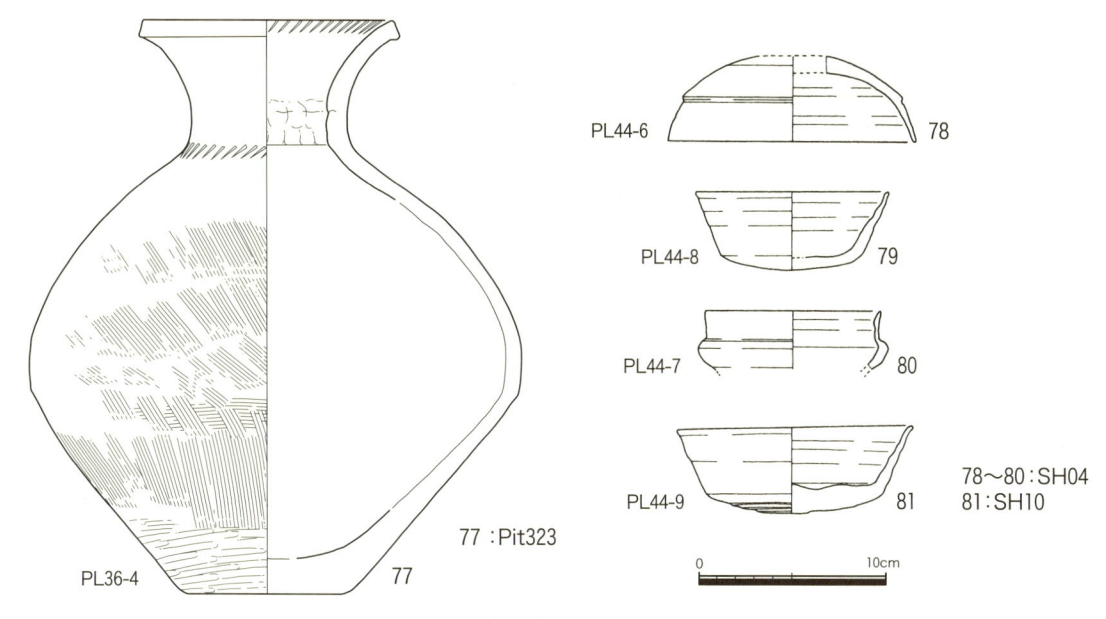

図10 SD04 掘削以前の土器と埋没以後の土器

式1期に属する土器で、築造推定時期より先行する土器群と考えられる。両者とも破片ではなく完形土器に近い状態で出土しているので、偶然に持ち込まれてものではなく、生活の痕跡があったことになる。つまり調査地点は中期中葉までには前期の溝SD03は埋没し、中期後葉以後再び生活域になったと想定される。

次にSD04が埋没する時期であるが、これは墳丘・周溝上に竪穴建物SH03・04・07・08・10・14が造られるI-17〜C-2号窯期、7世紀後半から8世紀前半には完全に埋まっていたと思われ、墳丘も削平されている。以降9世紀頃にかけて調査地点は居住域として利用される。この間の古墳時代については不明であるが、SD04の南東約5.4mのところにこの時期の竪穴建物SH01がある（図1）。出土遺物（PL37〜40）は松河戸Ⅰ式後半からⅡ式にかけてのもので、4世紀後半にあたると考えられる。SD04周溝上位にあたる黒褐色土部分において古墳時代の遺物が確認できれば、この時期までは周溝は窪地状になっていたことが判る。あるいは前述した「溝の埋土上層の上部」で多量の土器片となって出土したものがそれにあたるかもしれない。今後の検討課題としておきたい。

(2) 築造時期

周溝より出土した土器を時期ごとに分けると図11のように3時期に分けられる。山中式1期には、前代の八王子古宮式の特徴を受け、頸部が大きく延びて扇形・波状文がなされる加飾太頸壺2〜4・57や口縁端面が拡張する面をなす高坏、口縁部が短く立ち上がる甕9・63がある。山中式2期の太頸壺42は口縁部が逆八字状に延び、体部が中位で横に張り出す。甕は口縁端面に連続刺突が施され、内面がケズリ成形・調整される。山中式3期には逆ハ字状に直線的に延びる口縁部をもつ直口壺62や口縁端部が丸くなる甕65、口縁部端面が水平な面をなす甕67、深い坏部をもつ高坏51がある。また、周溝において出土した土器群（図7〜9）ごとにみると、西溝→北・東溝という変遷が考えられる。

SD04の築造時期については、西溝の土器群が示す山中式1期であり、山中式2期まで土器の供献が続いていたと思われる。その後山中式3期では出土遺物が減少するため、墓に対する供献が継続するかは不明であるが、例え何らかの儀礼が行われてとしても、前代に比べかなり縮小されたものになっていたと考えられる。

高蔵遺跡では、中期後葉の凹線紋系土器期には遺跡北部や南西部に方形周溝墓群が存在し、八王子

第Ⅰ部　高蔵遺跡の研究

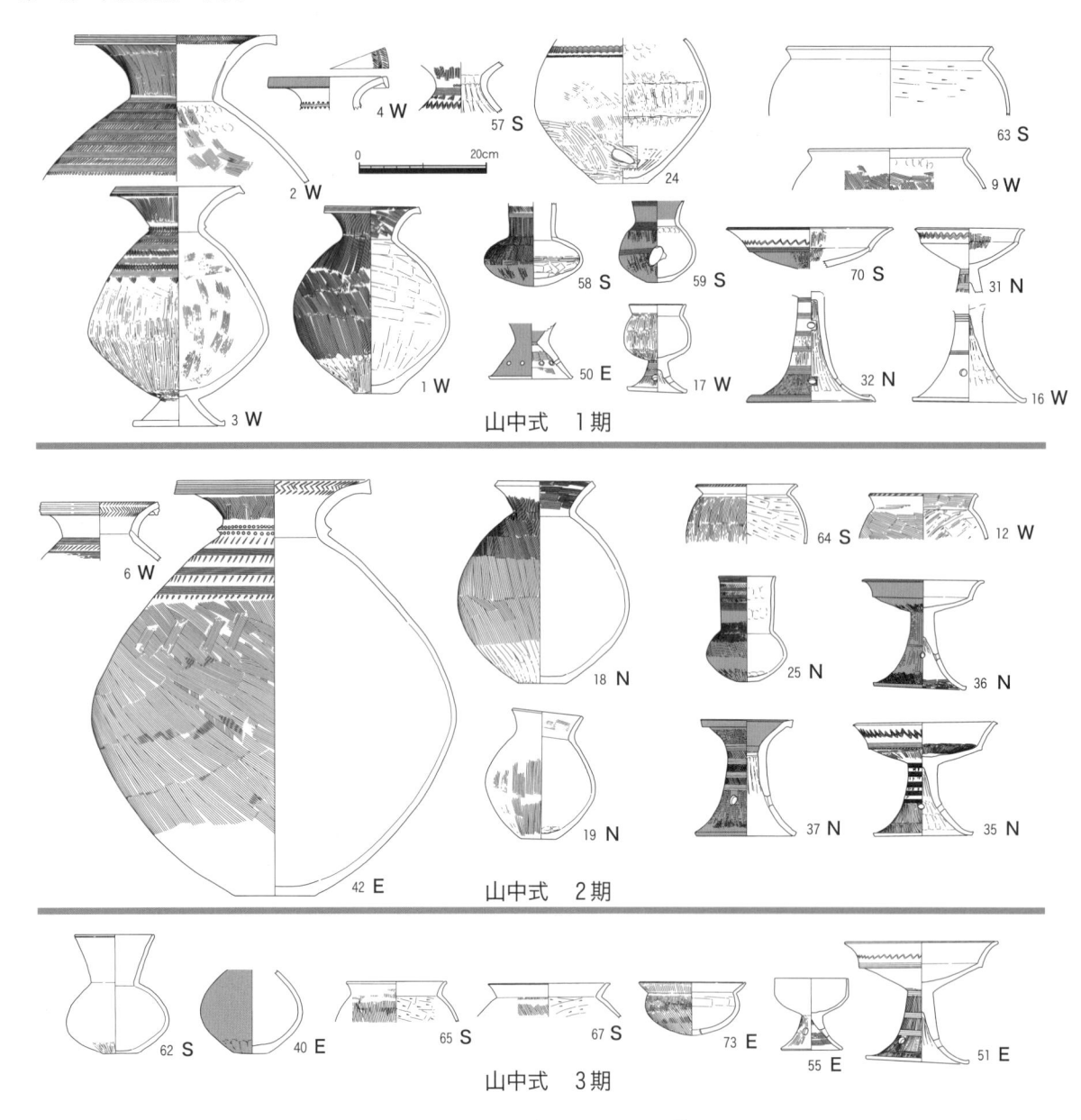

図11　SD04 出土土器の時期差　※W：西溝、N：北溝、E：東溝、S：南溝出土

古宮式期になると谷を挟んだ南東部にも造られるようになる。現在のところこの時期にあたる方形周溝墓は名古屋市教育委員会1次調査で検出されたD3のみであるが、この方形周溝墓は今回取り上げたSD04の北東約70mのところに位置する。このD3を核とし、山中式1期以降SD04を含む南東部にも墓域が展開していくようである。

参考文献
赤塚次郎　1994　「付論1　松河戸様式の設定」『松河戸遺跡』愛知県埋蔵文化財センター調査報告書第48集
石黒立人・宮腰健司　2007　「伊勢湾周辺地域における弥生土器編年の概要と課題」『伊藤秋男先生古希記念考古学論文集』
村木誠他　2003　『埋蔵文化財調査報告書45　高蔵遺跡（第1次）』名古屋市文化財調査報告59
村木　誠　2008　「高蔵遺跡」『新修名古屋市史　史料編　考古1』
重松和男他　1987　『熱田区夜寒町・高蔵遺跡発掘調査報告書』名古屋市文化財調査報告ⅩⅩ
重松和男他　1988　『高蔵貝塚Ⅲ―1985年度夜寒地区発掘調査―』南山大学人類学博物館紀要第10号
城ケ谷和広　2010　「第3節　編年及び編年表　土師器・須恵器・施釉陶器（緑釉・灰釉）」『愛知県史　資料編　考古4　飛鳥～平安』

（愛知県埋蔵文化財センター）

「遠賀川式」の思想

黒　沢　　浩

　国民は〔イメージとして心の中に〕想像されたものである。というのは、いかに小さな国民であろうと、これを構成する人々は、その大多数の同胞を知ることも、会うことも、あるいはかれらについて聞くこともなく、それでいてなお、ひとりひとりの心の中には、共同の聖餐のイメージが生きているからである。
（ベネディクト・アンダーソン（白石さや・白石隆訳）1997『想像の共同体』）

　共同体とは何か実体的なものなどではなく、それは共同幻想によって支えられているとする「構成主義」的な視点は、アンダーソンのこの重要な著作以来、われわれが人間集団を考察するときの基本的な視座となっている。そして、ここにおいて「想像」されたものが共有され、「共同の聖餐のイメージ」を創りあげ、維持していくためには、「物語（物語り）」という仕掛けが必要であることも、たびたび言及されることである。
　考古学においては、大森貝塚の調査に端を発する人種民族論争によって、「日本人」の成り立ちについて多くの議論が交わされてきた。この論争を不毛と決めつけることもできるが、これを近代国家としての日本国の成立という文脈に位置づけたとき、まさに日本国民をめぐる物語の創出とみることができる。
　では、今日われわれが、自らを「我々日本人」として語れる共有された物語とは何だろうか。その物語はいくつかあるかもしれないが、かつて柳田国男が「常民」という概念で表現した「稲作民としての日本人」という物語はその一つであろう。その後、歴史学では網野善彦らが稲作以外の多様な生業のあり方を指摘しているが（網野 1997ほか）、今日まで日本人＝稲作民という図式は、一般的には崩れていないようである。
　こうした言説に対して、考古学が果してきた役割は決して小さくない。なぜならば、狩猟採集文化としての縄文文化・縄文時代と水稲農耕文化としての弥生文化・弥生時代を二項対立的に図式化して説明してきたのは、ほかならぬ考古学であり、それは考古学資料に基づいて「実証的に」研究された成果と考えられてきたからである。
　南山大学人類学博物館には弥生時代前期の遺跡として知られる高蔵遺跡出土資料が所蔵され、一部展示されている。オープンリサーチセンター弥生部会では高蔵遺跡出土土器を再実測図化し、またこれまで60次以上にわたって調査されてきた高蔵遺跡のデータを総合的に再構成してきた。そして、その成果は、2013年にリニューアル・オープンする新・人類学博物館の展示においても主要な位置を占めることになるであろう。だが、われわれは、高蔵遺跡を示すときに、果たしてこれまでの「弥生の物語」の文脈の中にそれを置いておくだけでよいのだろうか？　縄文から弥生という物語を、検証することなしに受け入れることは、まだできるのであろうか？
　本稿では、「弥生文化」の成立をめぐる問題について、事実レベルでの検討や学史的整理をするわけではない。本稿で目的としているのは、この問題をめぐる様々な言説を批判的に検証することである。したがって、先行研究を網羅的に見ていくことはしない。ここでは、「弥生文化」なるものがどのよう

第Ⅰ部　高蔵遺跡の研究

に語られてきたのかに関する考察を試みたいのである。

1．「弥生文化」成立をめぐって

まずは二つのテキストを紹介しよう。

(A)　東亜の大陸に湧き昂まりつつあった文化の新なる動力は、ついに溢れ出でて海を隔てたこの国土にも流れ入って来たのである。金属の知識と農耕の習俗と、そこに醸成せられる新しい秩序と、これらの上に輝かしくも稚き国家の体制は着々と組立てられて行ったのであって……

　　……ありし日の弥生式文化人こそは誠に讃えらるべき人々であった。それまでは、ただ山幸海幸に栄ゆる島々として人々の生活を抱き守って来た子の封土を、新しき眼をもて開き広め、打下す一鍬一鋤に豊葦原瑞穂国と呼ばむにもふさわしき国土を作り上げたのは将にこの人々であった。

(B)　縄文時代末期から弥生時代のはじめにかけての時期は、日本史の中で幕末〜明治初期の変革期に勝るとも劣らない激動の時期であった。アジア大陸や朝鮮半島から稲作と金属器で象徴される新しい文化が伝来し、その文化を担った長身・高顔の人たちがやってきた。

この二つのテキストは、(A)が1938年に刊行された『日本文化史大系1　原始文化』に収録されている小林行雄による「弥生式文化」という文章であり（小林1938）、(B)は1991年に刊行された『集英社版日本の歴史①　日本史誕生』で民族学者の佐々木高明が書いた文章である（佐々木1991）。二つの文章の間には実に53年の歳月が横たわっているが、ここで書かれていることの内容にそう大きな違いはない。二つのテキストは、ともに弥生時代・弥生文化の開始について書かれたものであり、いずれもが大陸からの渡来人の存在を前提として、稲作と金属器が伝えられた、という点では共通している。

半世紀という時の隔たりを超えて、こうした論点の共通性があるということは、「弥生文化」成立の説明原理は終始一貫してきたことを予想させる。しかし、その一方で、「主体論争」などといわれる議論もあり、ある程度の語りのバリエーションがあることも事実であろう。そのことを検討してみたい。

(1)　人種民族論争の中の「弥生式土器」

本稿の主題ではないが、明治期以来の人種民族論争の中で弥生式土器がどのように位置づけられてきたのかを簡単に振り返っておくことは、後の議論にとって決してむだではないだろう。

いうまでもなく「弥生式土器」は、1884（明治17）年に東京の本郷向ヶ岡弥生町の貝塚で、坪井正五郎と有坂鉊蔵によって発見された1個の壺形土器に由来するものである。「弥生式土器」の名称は、蒋田鎗次郎は「人類学教室諸氏」が名づけたというが（蒋田1896）、石川日出志によれば、1892（明治25）年に坪井が発掘調査した北区西ヶ原貝塚で出土した土器の中から、所謂縄文土器とは異なる一群が抽出されており、それらが向ヶ岡弥生町の貝塚の土器に類似するという認識から「弥生式土器」と称されるようになったという（石川2008）。

その後、「弥生式土器」の名称をめぐる論争を経てその名が定着すると、次にはそれがいつの時代に属するものか、またそれを使用した民族は誰か、というところに論点が移っていく。

帰属する時代については、今日のように弥生時代・弥生文化という一つの独立した時代・文化が設定されていたわけではなく、それは石器時代のものか、古墳時代のものかという認識の仕方しかなかった。そうしたとき、弥生式土器の帰属する時代について大きなヒントを与えたのが、高蔵貝塚であったことはよく知られている。

高倉貝塚（当時は「高蔵」ではなく「高倉」であった）の発見は道路工事中のことであり、正式に学術的な発掘調査がなされたわけではない。しかし、名古屋陸軍地方幼年学校の教官であった鍵谷徳三郎が丹念に記録をとり、遺物を回収しており、鍵谷自身がそれを中央学界に報告することで、この遺跡が

全国的に知られるようになった（鍵谷1908）。鍵谷の報告によれば、弥生式土器は石器や骨角器と伴出したものとされており、そういう意味では高倉の弥生式土器は石器時代に帰属するものであった。

この鍵谷の報告に対し、帝室博物館の高橋健自は、その功績を賞賛しながら、弥生式土器と石器との伴出関係が決して高倉貝塚だけの特殊な現象ではないことを指摘した。だが、その一方で高橋は「吾人は広義の弥生式土器中にはむしろ古墳時代以後に属すべきものあるを知る」と述べ、「熱田における石器時代土器はある種の弥生式土器なり」「弥生式土器中のあるものは石器時代遺物なり」として弥生式土器を石器時代・古墳時代にまたがって帰属するものと理解したのである（高橋1908、小林1971）。このように「弥生式土器」・「弥生式文化」という独立した文化を認識していない段階では、石器と伴出する弥生式土器と金属器を伴出する弥生式土器とがあるという状況を説明する手段としては、このように理解するしかなかった。中山平次郎による金石併用時代説は、同じことを北部九州の側の資料によって示したものといえるだろう（中山1917）。

ところで、人種民族論争の中では、貝塚を遺したのがアイヌなのかコロボックルなのか、ということが議論されていたわけだが、結局、石器時代の貝塚は日本人の祖先ではなく、先住民が遺したものであるという認識では一致していた。そこには当然、石器時代土器、今日の縄文土器の帰属も含まれていた。石器時代の土器が、先住民が使用したものだとすれば、それとは異なる弥生式土器こそが日本人の祖先が作り使った土器であるということになる。しかし、そうすると日本人の祖先が石器を使っていたということを説明しなければならなくなる。

この問題に答えようとして出されたのが、鳥居龍蔵による固有日本人説であった。鳥居によれば日本列島には先住民であるアイヌがいたが、そこへ大陸の石器時代人が渡来してきた。それが日本で石器を伴う弥生式土器を作り使った民族であり、記紀でいうところの「国津神」であり、鳥居はそれを「固有日本人」と名づけた。さらに、大陸が金属器の時代になったころ、再び日本列島へ金属器を携えた大陸の民族が渡ってきた。それが記紀の「天津神」であり、日本で古代国家を創りあげた人々であった（鳥居1916）。

明治期の人種民族論争は、石器時代の貝塚を遺したのが誰であったかという問いであったが、弥生式土器の使用者をめぐる言説は、それを大陸へと結びつけることになった。以後、弥生式土器をめぐる議論だけでなく、日本文化の源流をめぐる議論の基調には、必ず大陸との関係が含まれてくる。そしてこの発想自体、日鮮同祖論と同じ根をもったものであり、それは当時の日本民族論の中で主流を占めていた「混合民族論者」（小熊1995）の言説であった点でも全く共通したものであった。

しかし、鳥居に代表されるような弥生式土器の使用者を大陸に結びつける言説が出る一方で、弥生式土器の系統を縄文土器から追跡できるという見解も現れてくる。それは、濱田耕作による大阪・国府遺跡の発掘調査であった（濱田1918）。濱田はこの調査によって縄文土器と弥生式土器、そして斎瓮土器が層位的に出土したことから、これらを「同一民族が時代により種々の事情により土器の製作上に変化を生じ、別種の土器を製作するに至れり」と考えたのである。従来、民族の相違として捉えられてきた縄文土器と弥生式土器の違いを、年代差と考えたのである（勅使河原1995）。

またやや後になるが、清野謙次も人骨の計測から、日本石器時代人が現代アイヌと現代日本人に同じ程度に近似していることを主張した。弟子である金関丈夫の説明によれば、「これは『日本石器時代人』とでも名づくべき独自の人種であった、現代アイヌも現代日本人も、いずれもその子孫である。現代において日本人とアイヌに分かれたのは、恐らくは他要素の混血などによる後世の変化に基づくものであろう」と結論づけたということである（金関1956、工藤1979）。この「日本石器時代人」は後に「日本原人」という名称を与えられた。それは「日本石器時代人が日本人の基礎となる人種だという確信を

第Ⅰ部　高蔵遺跡の研究

得ていた」からだという（工藤1979）。同じく、長谷部言人も日本人の一系統説を唱え、「石器時代以来日本人の体質を一変させるほどの外来者の流入はなく、日本列島住民は一貫して遺伝的に連続した集団である」と主張した（長谷部1949、工藤1979）。そして、こうした濱田、清野、長谷部らの主張は、山内清男が縄文土器の全国的な編年網を作り上げる上で、それを可能にした「縄紋土器は一系統」という前提の拠り所となった（大村1999）。

　このように、弥生式土器の使用者に関して、一方には混合民族論に基づく大陸との関係を重視する考え方があり、一方には縄文土器、弥生式土器と続く文化的連続性および人骨の分析に基づく形質的連続性を根拠に、それらが一系統のものであるとする説が並び立つことになるが、実際には、このように単純に割り切れるものではなく、両者の間に様々な語りのバリエーションをもつことになる。例えば、濱田耕作は1929年の講演「日本文明の黎明」において、縄文土器と弥生式土器の製作者・使用者は同一民族であるという主張を繰り返して述べているが、それでも弥生式土器に関しては「縄紋土器文化所有者が已に居った處へ、新しい人種の波が日本へ這入って来て、これが新しい弥生式土器製作の技術を始めたものであり、在来の民族とコンタクトをなし、人種上にも文化上にも混融するに至ったと見るのが、最も自然な考へ方であると信ずるのであります」と述べており（濱田1930）、弥生式土器の製作者の系譜を「新しい人種の波」に求めているのである。ここでいう「新しい人種の波」が大陸、特に朝鮮半島を意味することは、濱田による「南朝鮮と西日本に於ける支那文化」（濱田1930）という文章をみれば明かである。

(2) 弥生文化成立に関する諸言説

　ところで、弥生式土器使用者をめぐる言説を検討してみると、それは今日の弥生文化成立論と非常によく似た構成をとっているように思われる。ここではそれを検証してみたい。

① 戦前の弥生式文化論

　学界では、弥生式土器の使用者をめぐる議論が主流であった中で、これを別な視点から見据えた2つの研究が現れた。山内清男と森本六爾である。

　山内清男は、すでに1925（大正14）年に「石器時代にも稲あり」を発表し、石器時代における農業の存在を示唆していた（山内1925）。山内はその後いくつかの論考で弥生式の農業について言及したが、「日本遠古之文化Ⅳ　縄紋式以後」において、弥生式の農業が大陸との交渉が始まった結果として伝来したと述べる（山内1932a）。このようにまとめてしまうと、山内も弥生式の開始を大陸に求めていたかのように見えてしまうが、山内にとって農業の開始はあくまでも「農業が伝来した」という範疇のことであった。実際に山内は、同論文の中で縄紋式からの連続性を強調しているし、「日本遠古之文化Ⅳ」の註27において、山内は森本六爾等を批判しながら「自分は是に対して生活手段の革新、農業の重要性を指摘した」と述べていることからも明かである。

　マルキストであった山内にとって、生産に関する内的発展こそが歴史の道筋であったのであろう。しかし、それ以上に「縄紋人の血と文化」が一系統であり、連続的であるという前提のもとに縄紋土器の全国編年に着手した山内にとって、縄紋式―弥生式もまた系統的に連続すると捉えられねばならなかった（大村1999）。このことは、1930年に発表された著名な「所謂亀ケ岡式土器の分布と縄紋式土器の終末」論文で（山内1930）、全国的に縄紋式の終焉は時間差を持たないとした結論とも関わることであり、弥生式が大陸に起源し、九州から東へ段階的に伝播するという発想は認められるはずもなかったのであろう。逆に言えば、弥生式文化を大陸との関係で理解しようとすれば、その開始は自ずと九州が早く、東に行くにしたがって時間的に遅れることになる。今日まで続く傾斜編年の発想のもとはここにある。

　しかし、弥生式をめぐる言説の主流は、やはり大陸にその起源を求めるものであり、その多くは、す

でに見たように弥生式土器の使用者をめぐる、人種民族論的な議論であった。そうした中で森本六爾は、弥生式土器の時代を青銅器時代と位置づけ、それは「石器時代の連鎖的進化ではなく、概して漢代文化の伝播によるものであり、初期鉄器時代は青銅器時代の単一的な進化ではなく、三国六朝文化の伝播によるものであると思う」として、大陸の青銅器文化との関連で理解することを主張した（森本1927、1929）。森本の発想は、文化を「型」として捉え、それによって時代を設定しようとするものであったが、弥生式文化を大陸文化の伝播として捉えていた点では、従来の民族論の論理と同じである。森本のこうした論理は一貫しており、1933年の「東日本の縄文式時代に於ける弥生式並に祝部式系文化の要素摘出問題」において山内の縄紋式土器の終焉に関する議論を無視する議論を展開していたことにも表れている（森本1933）。山内は森本のこの論文を読み、森本とは決定的に決裂する（佐原1984）。

いずれにしても、縄紋式からの系統的な連続性を主張する山内と、弥生式文化を青銅器文化と位置づけて大陸との関連において理解しようとする森本の主張は相容れないものであったことは間違いない。

後に森本は、弥生式文化の本質を農耕文化ととらえ、『日本原始農業』（森本編1932）、『日本原始農業新論』（森本編1933）といった論文集を矢継ぎ早に刊行する。しかし、不思議なことにこれらの論考の中では、農業の起源を大陸に求めるという考えは全くといっていいほど示されていない。また、山内は森本が弥生式＝農耕文化という考え方にシフトしたことについて、「故森本六爾氏及びその弟子連中の宣伝により、この点（筆者註：「弥生式文化に於ける農業の一般化」ということ）は一般に徹底したようである。この点は誠に結構であるが、同氏等が私の所見や辞句を利用して置きながら、典拠を示すことなく、恬然我が物顔して居るのは奇怪千万である」と不満をぶつけている（山内1932a）。この辺の経緯について小林行雄は、森本が農耕論に転じたのは、木村靖二の『原始日本生産史論』（木村1932）に刺戟されたからだと説明している（小林1971）。森本が山内の弥生式に関する主張を知らなかったはずはないであろう。しかし、森本が原始農業論へシフトした背景は、おそらく小林の記述が真実に近かったのではないだろうか。マルクス主義の立場に立った木村の著書に影響を受けた森本の原始農業論は、必然的に内的な発展に眼を向けていたのである。

では、森本を代表とする東京考古学会のメンバーによる弥生式文化論は、山内の議論に歩み寄っていたのかといえば、そうではない。後述するように小林行雄は遠賀川式土器の東漸を主張したが、そこではなお青銅器との関係が前提となっていた。

だが、冒頭で引用した1938年の「弥生式文化」という文章（小林1938）では、農耕の伝来を大きく評価する方向へ向かっている。その理由は、やはり1936年に行なわれた唐古遺跡の発掘であったのだろう。唐古の発掘は、弥生式文化が農耕文化であることを完全に証明した。これは推測に過ぎないが、小林が弥生式文化の東漸論を主張したとき、同時に進められていた森本らによる原始農業論を弥生式東漸の根拠とするには、籾圧痕や絵画資料では何とも弱いものと映ったのではないだろうか。しかし、唐古の発掘は、従来の間接的な資料ではおよびもつかないほどの農耕文化の証拠となった。こうして、小林は堂々と弥生式文化＝農耕文化として、大陸からの系譜を主張するようになった。

一方、森本亡き後の東京考古学会の主要メンバーのなかからは、小林とは別な動きも現れてきた。例えば杉原荘介である。杉原荘介は、著書『原史学序論』の中で、自らの方法論を「原史学の方法」と位置づけ、独特な形態論・型式論・様相論を展開した（杉原1943）。詳細な検討はここではしないが、杉原の主張は型式として他と区別されるべき個性的な特徴は、限定者、すなわち特定の人間もしくは人間集団に対応するものとして理解されていた。杉原の方法は、考古学的な現象をいかにして歴史学として理解するか、ということに焦点を当てたものといえ、そういう意味では評価できるものかもしれない。しかし、和島誠一が的確に指摘したように、もし杉原の方法の中核にある型式論が限定者という人間も

しくは人間集団を基礎とするものと理解されるのであれば、「文化の交替を人間の移動によって説明せざるを得ぬ」ことになってしまう（和島1947）。

和島のこの指摘を反転すると、杉原が目的としていたことが見えてくる。『原史学序論』の昭和18年版と昭和21年版には、各論として縄文式文化論、弥生式文化論、そして接触式文化論が述べられている。杉原が型式の基礎を限定者に据えたのは、こうした文化の移り変わりを人間集団の移動としてとらえようとしたからであった。近畿以西の弥生式文化と縄文式文化との関係、そして東日本における縄文式文化と弥生式文化とが「接触」したことで生じた接触式文化の意味は、そのように考えることではじめて理解することができよう。つまり、杉原の弥生式、そして接触式の意味づけと理解の仕方は、やはり大陸との関係によって、そして九州からの文化の東漸論の中にあったということになる。

杉原のこうした議論は、後に小林行雄によって厳しく批判される（小林1971）。小林は、杉原の「接触式文化は縄文式文化における弥生式文化の摂受の姿である」という説明は理解できるものの、「接触式文化」という名称は適切ではなく、「かりに東部日本の初期の弥生式土器を「接触式土器」とよぶとしても、さらに第二期・第三期の中部日本からの東漸を認める以上は、そこにも接触現象を考えたのであろうか」という疑問を出す。そして、「もしそれを考えないとすれば、東部日本の弥生文化を接触文化と名づけた意義は薄弱となろう」とし、「またそれを考えたとすれば、接触文化と弥生文化との接触を説くことになりかねない」と批判するのである。いかにも小林行雄らしい批判の仕方であった。

② **戦後の諸言説(1)**

戦後になって、小林行雄は古墳時代研究へとシフトしたため、実質的に弥生文化研究を牽引したのは杉原荘介であった。1956年に刊行された『日本考古学講座4　弥生文化』において、杉原は総論に当る文章を書き、その中で農業が弥生文化になって始まったこと（当時はまだ弥生時代という時代名称は一般的ではなかった）、弥生文化を残した民族はわれわれ日本人の直系の祖先であるということ、弥生文化の発生は北九州地方にあり、それは「大陸ことに朝鮮における事情」が関連していたこと、そして文化の革新には民族渡来を認める必要があることを述べている（杉原1956）。こうした理解は、小林の1938年の文章とほぼ同じである。

また、この本には非常に重要な論文が収録されていた。それは金関丈夫による「人種の問題」と題した論文で、ここで金関は、1953年以来九州大学医学部解剖学教室（当時、金関が所属していた）で発掘調査を実施していた山口県土井ケ浜遺跡出土の人骨データを使い、渡来人説を提唱した（金関1956）。金関の渡来人説は、1966年刊行の『日本の考古学Ⅲ　弥生時代』に収録された論文「弥生時代人」においてさらに展開され（金関1966）、鈴木尚が主張した変形説（鈴木1963）と並んで、形質人類学的な立場からの日本人起源論として知られるようになる。

金関の主張はよく知られているように、弥生文化が始まるころ、大陸から長身・高顔という身体的特徴をもった人たちが渡来してきた。しかし彼らは、それほど大きな集団ではなかったために、やがて在来の集団に吸収されてしまった、というものである。形質人類学による日本人論は、その後、埴原和郎らによる渡来人集団は金関が想定したよりも大きかったとする説など、いくつかのバリエーションが出されているが、鈴木尚による変形説が今日ほとんど採られていないことからみても、基本的に金関による渡来人説の枠内にあるものとみてよいだろう。したがって、今日に至る弥生文化の起源に関わる形質人類学的な理解は1950年代後半から60年代にかけて確立したといえる。

では、こうした理解に基づいて、考古学ではどのように考えたのであろうか。先にみた杉原による弥生文化概説では、弥生文化は北九州で発生したが、その担い手は縄文人であったものの、大陸からの渡来人を認めるというものであった。今日的に言い換えれば、弥生文化の主体は縄文人であったが、そこ

にはやはり一定の渡来人の存在が想定されるということである。

このように、弥生文化の主体は縄文人であるとの主張は、1960年代を通じてなされた主張であった。例えば、和島誠一は1966年の『日本の考古学Ⅲ　弥生時代』の巻頭論文「弥生時代社会の構造」において、「弥生時代は、ながく停滞的な採集経済の段階にあった縄文時代の日本民族が、大陸の農耕文化の促進的な影響をうけて稲作を中心とする生産経済にうつり、米を主食とする日本人のその後の歴史をきりひらいた時代である」と規定する（和島1966）。同じ本の中で、岡本勇も「稲と金属器による新しい文化はそれをたずさえた人種が大挙渡来し、先住民つまり縄文人を淘汰しつつ拡散していったようなものでは決してない。新しい文化を主体的に受けいれたのは、この島国に以前から住む人びとであったことは、もはや確実であろう」と述べている（岡本1966）。

1967年の近藤義郎論文でも同じ論調を見て取ることができる（近藤1967）。近藤によれば「弥生文化とは縄文文化と深い関係にあり、大陸文化を媒介としてなされた後者の質的な転換の姿」であった。そしてその主体は、「こうした一連の発見（筆者註：稲籾の圧痕、支石墓、平織の布圧痕など）は、そのすべてが自生的なものとされない限り、弥生文化という一見突発的にみえる変革に先立って、なんらかの形で海をこえての人々の接触があったことを示す」けれども、「北九州の人々にとっては、…（中略）…縄文式土器をいぜんとして製作使用している時期に、すでに経験の内にあったのである」として、縄文人であったとする。また、縄文文化が稲作を受け入れた理由についても、次のように述べる。

「自然物の獲得という縄文時代の狩猟採集経済段階では、生産用具の発達・生産技術の改良は、人口圧の増加という条件も加わり、そのままでは結果として乱獲状態→生活不安という矛盾を拡大することにおわる。つまり、自然の再生産を上まわる生産力の行使は不可能であるから、生産用具・技術の一定の発達の後には、移動・停滞あるいは個人や個別的生産集団に対する共同体規制の強化といった現象が生ずるのが一般である」

近藤の考え方は、和島のそれと共通する点が多い。まず、弥生文化は大陸からの新たな文化受容によって成立したが、それを担った主体はあくまでも縄文人にあったということ、そして、狩猟採集経済から生産経済への移行は、狩猟採集経済の行き詰まりにあるとする考え方である。

60年代にこうした言説が多くなってきたのは、考古学だけのことではない。日本人の単一民族神話を分析した小熊英二によれば、戦中まで日本人論の基調をなしていた混合民族論は、戦後になって急速に衰え、単一民族説がそれに取って替わるという（小熊1995）。それは、混合民族説が、日本が植民地を獲得し、領土を拡大していくときに、それを裏付ける言説として機能していたことの反動的な現象でもあった。小熊の所論に付け加えるならば、敗戦によって一度崩壊した日本社会を再生するためには、日本人は一つという「物語」を必要としたということであろう。和島や近藤による縄文人を主体とした弥生文化という考え方は、まさにこの物語の中にあったのである。

和島も近藤も、史的唯物論に基づく考古学を志向した研究者であった。言い換えれば、彼らの言説の中にはマルクス主義の内的発展論が基調になっていると同時に、人類に普遍の発展段階があるということも組み込まれた言説だったということができる。そのことを示すのは、稲作の受容の理由を、狩猟採集経済の停滞・行き詰まりに求める、という部分にある。ここに、遅れた狩猟採集民と一歩進んだ稲作民という対立図式を見て取ることは容易であろう。遅れた狩猟採集民である縄文人が稲作を受け入れることによって進んだ農耕民に転化した、という図式である。

こうした狩猟採集民観は、スチュアート・ヘンリ等が指摘したように、野生／文明という二元論的な世界観に基づいて、西欧において歴史的に構築されてきたものである（スチュアート・ヘンリ・大村 2003）。そこでは、農耕民による他者表象として狩猟採集民が位置づけられており、「狩猟採集民という

第Ⅰ部　高蔵遺跡の研究

カテゴリーは、野生のイメージを介した他者化が、もっとも先鋭に浮き彫りにされる他者化の典型」なのである。

そういう意味で、この時代の弥生文化観は、停滞した狩猟採集文化としての縄文文化の鏡像として描き出されたものにほかならなかった。

③ 戦後の諸言説(2)

敗戦から1960年代までの、弥生文化の成立をめぐる言説は、戦後の日本社会の復興と同調しながら展開されていった。では、それ以降、特に高度経済成長からバブルへ、そしてバブル経済の崩壊といった世相のなかで、弥生文化論はどのように展開していったのだろうか。

1970年代においては、弥生文化の成立をめぐる議論はそれほど活発ではない。1975年に佐原真が書いた「農業の開始と階級社会の形成」をもって代表させてもいいかもしれない（佐原1975）。

佐原は、この中で山内清男が提唱した「弥生文化の三要素」（山内1932b）を今日的に整理して提示し、大陸伝来の要素、縄文文化からの伝統的要素、そして弥生文化で固有に発達した要素にまとめた。これらの中で大陸伝来の要素に関しては、「弥生文化にみられる大陸的要素は多種多様であって、技術・知識をたずさえた人々が、大陸から渡来したことを認めることによって最も明解に理解できる」とした。同時に、弥生人の成り立ちについては、金関説と鈴木説をあわせて紹介しながらも、論調としては、どちらかといえば渡来人説を支持するものとなっていた。このあたりから、縄文人主体説に対して渡来人をクローズアップする言説が現れはじめてくる。

また、佐原は稲作の東日本への伝播が遅れたことについて、東日本の自然環境が稲作に向かなかったことにくわえ、「後晩期の縄文人たちは、食料採集民としては、たぐい稀な良い環境におかれていた」ために、「弥生時代前期の文化が東進をはばまれた最も大きな理由は、東日本縄文文化の抵抗にあったのである」と説明する。佐原の説に従えば、東日本縄文文化と弥生文化が対立関係になりうる実体的な存在ということになるが、こうした考え方は、今日の縄文／弥生の議論でも同じ形をとっている。

1990年代になると、渡来人に対する評価が俄然大きくなる。春成秀爾は、弥生文化の成立を「弥生革命」と呼んで、その意義を強調する（春成1990）。春成によれば、「弥生革命は、そもそもの始まりから別個の文化伝統から最新技術と思想を接ぎ木してもらったものである」とし、「弥生時代そのものの出発点が、無文土器中期の朝鮮半島からの人々の移住であり、渡来人を含む新たな集団の編成であった……」という。ここでは渡来人の役割が大きく評価されている。春成の弥生文化論は、常に二項対立的である。近畿における遠賀川式と突帯文土器との関係についても、それらは別集団の手によって製作されたものであり、突帯文土器を製作する集団が居住している地域に、「遠賀川式土器をもち技術も思想も縄文人とは一線を画す異系統の稲作集団が侵入してきた」ものと理解されている。

佐々木高明も、埴原和郎の渡来人説に依拠して、「ヒトとしての日本人の形成に当って、渡来人の影響が、従来考えられていた以上に、かなり大きなものだったことは、もはや否定できない」とした（佐々木1991）。

これに対して、大阪府立弥生文化博物館で催されたシンポジウムの成果が、1995年に出版されたが、ここでは再び縄文人主体説が息を吹き返した（金関・大阪府立弥生文化博物館編1995）。このシンポジウム記録の冒頭で、広瀬和雄は「二つの文化（筆者註：縄文文化と弥生文化）はそれぞれ担い手がいたのであって、いまそれを縄紋人と渡来人・外来人とよぶ……」という2分法を前提として、「既存の人びとがまったく消滅し、それに代わった全部の人びとが他の地域から移住でもしないかぎり、一つの地域における歴史の進行は連続的である。新しい技術や思想が持ちこまれ、たとえ経済制度や文化が一変しても、それを担う人びとが同じ系統にある以上、旧来の要素はかならず生きつづけている」とする（広

瀬1995)。同書で金関恕も、「日本列島内における水稲農耕文化の広がりも、従来考えられていたような、新移住者による急速な文化移植現象ではなく、むしろ在地の縄紋人が主体的に受容したものである」と述べた（金関1995）。

　90年代以降の弥生文化成立に関する言説は、渡来人集団を積極的に評価する春成説と、縄文人が弥生文化の主体であったとする金関─弥生博説を両極において、その振れ幅のどこにプロットされるかでバリエーションが生じてくるようである。

　高倉洋彰は、稲作の伝播については「対外交流」を前提として考えるべきとしながらも（高倉1995）、弥生文化創出の主体は「弥生文化を受け容れ成長させていった主体が縄文系弥生人であることを知る」とする（高倉2001）。

　寺沢薫は、「数家族単位で幾重もの波となって、半島から渡来した多くの「徐福」たちが、稲作技術や金属器製作技術をたずさえて渡来し積極的に普及させたことが、弥生文化幕開けの大きな原動力になった、と私は推測する」と述べて、渡来人の役割を評価している（寺沢2000）。

　藤尾慎一郎は、渡来人集団の存在を認めながらも、渡来人と縄文人のどちらが主体であったかという議論はもはや成り立たないとして、そうした二項対立的な図式ではなく、農耕民化していくプロセスを示すべきとする（藤尾2002）。そして、農耕民化のプロセスを「板付型」「那珂型」「四箇型」の三類型に分類して、北部九州における弥生文化の開始を説明しようとした。

　禰宜田佳男は、稲作伝播の契機を、東アジア世界における動乱を原因とした民族移動と、縄文時代終末ころに起った気候の寒冷化によるものとした（禰宜田2003）。

　こうした諸説は、先に指摘したように、いずれも稲作伝来の契機を渡来人によるものとしながらも、渡来人が弥生文化成立に果した役割をどの程度に評価するかによって、グラデーションのように漸移的に変化する。しかし、どの説においても、もっているコマは同じである。

　このあたりのことを森岡秀人は「主体者論争はその多くが一方をクローズアップさせるため、二者択一論に陥りやすい傾向にあるが、実際は双方的なものであり、刻々と時期変化をみせる過程で両者融合の強弱が波のごとくみられたのが実態に近いであろう」とまとめている（森岡2004）。だが、この森岡の整理は、弥生文化成立時の状況というよりも、それをめぐる論争そのものの説明としても当てはまるものである。正に、この議論そのものが、双方向的で両者融合の強弱が波のごとくみられるのである。

　一方、こうした議論とは少し趣きの違う説も提出されてきた。広瀬和雄が1997年に発表した『縄紋から弥生への新歴史像』である（広瀬編著1997）。ここで広瀬が主張したのは、「縄紋文化と弥生文化の連続性は必然だったのか」という点である。確かに縄紋文化と弥生文化は年代的には前後の関係に置かれているが、弥生文化は本当に縄紋文化の「歴史の発展」の結果生じたのか、という問いである。そして広瀬は次のように断言する。

　「そうではない。二つの文化は異なった系譜をもつもので、縄紋文化が発展して弥生文化になったといった歴史把握は必ずしも正しくない……」

　「異質な社会原理をもった二つの文化と社会として、縄紋文化と弥生文化をとらえなおす必要があるように思う」

　「これからは縄紋文化と弥生文化を、二つの独立した文化類型として、各々の特質を追及し、比較していくことが大切なように思える」

　これまでの議論が、濃淡の違いを持ちながらも、基本的に弥生文化とは渡来系の文化と縄紋系の文化が融合したものであるという見方に基づいていたのに対し、広瀬は両者が全く異なったものであるとする。広瀬は、その後もこの見解を繰り返し主張している（広瀬2003、2007）。

第Ⅰ部　高蔵遺跡の研究

　以上、弥生文化の成立をめぐる従来の言説を振り返ってみた。評価の比重に違いはあれ、弥生文化の成立には渡来系の集団や文化が関与していたという点は共通するし、また在来の縄文人が果した役割についても一定の評価はなされてきたといえる。繰り返すが、所謂「主体論争」における意見の違いは、渡来人か縄文人か、そのどちらに力点を置くかの違いによるものであり、渡来人と縄文人という二つのカテゴリーによって説明しようとする点では、同じ土俵の上にいるのである。

　ところで、こうした考え方には、戦前の混合民族論に共通したロジックがあることを指摘するのは容易であろう。しかし、日本人論の言説の場においては、戦後、混合民族論はほとんど力を失った事を小熊英二が指摘している（小熊 1995）。そのことを端的に示すのは江上波夫によって提唱された「騎馬民族征服王朝説」である。この説は、発表当時、話題こそ呼んだものの、結局今日に至るまで積極的に評価されることはなかった。その理由について小熊は、「騎馬民族渡来説は、もはや時代遅れと考えられていた混合民族論と、あまりに似通っていた」ことをあげる。似通っていたというよりは、騎馬民族征服王朝説と混合民族論は、同じロジックで構成された論説である。そういう意味で、小熊の説明は妥当なものと思う。しかし、それではなぜ、同じ論理構成をもつ弥生文化の成立が、今日まで様々なバリエーションを持ちながら生きながらえてきたのだろうか。

　その最大の理由は、稲が日本には自生しないことにあるのではないか。高倉洋彰が述べたように、「日本列島に稲は自生しない。だから海を越えての伝播を待たなければ、日本列島での稲作は開始されない」（高倉 1995）というのが大前提なのである。

　稲が日本列島に自生しない以上、稲作の系譜は日本列島の外に求めざるを得ない。しかも、稲という植物は、自分の意思で日本列島に来ることはできない。だとすれば、稲が日本列島に伝来するにあたり、それを媒介した人間が存在するはずである。その人間こそが、「渡来人」として仮想された存在であった。渡来人が存在していたとすれば、彼ら／彼女らが、日本列島で最初に到達した場所は、最も朝鮮半島に近い北九州であっただろう。そして、北九州に伝わり、根づいた稲作文化は、やがて東へと拡散を開始する。本来的にいえば、水田や木製農具こそが、稲作の拡散を示す第一次資料・第二次資料であるが（中山 1999）、それらは検出しにくい、あるいは残存しにくい資料であったため、稲作文化の波及を間接的に示すものとして遠賀川式土器が指標とされてきたのである。

　ここにおいて、弥生文化の成立をめぐる言説が稲作・渡来人・遠賀川式土器の三位一体の中で語られてきたことが明らかになる。

　だが、今日、同じ状況で弥生文化の成立を説明することはできない。稲作は、遠賀川式土器によって示される弥生前期を遡って、突帯文土器の時期にはすでに開始されていたことが明かである。また、渡来人についても縄紋晩期末（弥生早期）に渡来系の形質を示す人骨資料がないことが指摘され（森岡 2004）、稲作の伝来が果たして大陸（半島）系人による移住の結果といえるかどうか疑わしい。

　このように従来使われてきた弥生文化成立に関する言説は、それを構成している要素自体が解体してしまっているという状況になってきている。

　しかし、いま一つ残されているものがある。遠賀川式土器については、今日なお、北九州に起源し、それが東へと分布域を広げていくことが「弥生文化の東方拡散」の指標とみなされている。遠賀川式が九州方面で成立し、瀬戸内から近畿、そして伊勢湾沿岸まで漸次広がってきたという枠組みは、言うまでもなく、1930年代に小林行雄によって構築された枠組みである。小林によって展開された議論は、本当に遠賀川式が九州から東へと拡がってきたことを示すのだろうか。

2．「遠賀川式土器」東漸説の検討

　遠賀川式土器に関する研究は、膨大に蓄積されている。戦後には福岡県板付遺跡が調査され、最古の遠賀川式土器である板付Ⅰ式土器が設定された。その後、近畿では佐原真や井藤暁子らによって弥生前期土器（遠賀川式土器）の編年細分がおこなわれ（佐原1967、井藤1981）、また北部九州では山崎純男によって九州における前期弥生土器の細別が行われた（山崎1980）。その結果、瀬戸内以東の遠賀川式土器は、古くとも板付Ⅱ式以降のものに比定され、遠賀川式が九州から東へと拡散したことを裏付けた。さらに、土器持寄会によって『突帯文と遠賀川』という集大成的な論文集も編まれ（土器持寄会論文集刊行会2000）、弥生文化は「北部九州から一気呵成に直接的に各地に伝播したのではなく、各地を順次繋いでリレー式に伝わったものである」という認識に達している（下條1995）。

　また、家根祥多は、突帯文土器の製作技術において、成形時の粘土帯の接合が内傾接合であるのに対し、弥生土器の接合は外傾接合であること、そして外傾接合は朝鮮無文土器に共通することをつきとめ、弥生土器の技術的な系譜が朝鮮半島に求められることを示した（家根1984）。

　こうした状況からみれば、今さら遠賀川式土器の東漸について検討することは無意味に思えるかもしれない。しかし、上記の研究は全て、遠賀川式土器は九州に起源し、東方へ拡散したという論理の中でなされた研究であることは間違いない。そしてその一方で、山内清男が80年も前に提起した問題――縄紋土器の終末は日本列島全体でほぼ同時であるというテーゼ――については、弥生研究者側は省みることがなかったという事実が残されている。そういう意味で「遠賀川式」に関するオルタナティヴな理解をする余地は、まだあるように思える。

　ここでは小林行雄による遠賀川式東漸の論理の検証に焦点を当てる。そして、小林が示した遠賀川式の論理を山内清男の亀ケ岡式土器の論理と対比することで、われわれが関係付けようとしてきた縄紋文化と弥生文化が全く異なる世界観に基づいて構築されたものであることを明かにしたい。

(1) 小林行雄による遠賀川式土器の研究

　所謂「遠賀川式土器」の故地は、福岡県を流れる遠賀川畔にある立屋敷遺跡であった。1931年、福岡県在住の名和羊一郎が立屋敷において有文土器を多数出土する遺跡を発見したことにはじまる。九州ではこのほかに青銅器を伴う無文の土器の存在が知られていたが、それを北部九州における二系統の弥生式土器として認識したのが中山平次郎であった（中山1932）。中山は北部九州に普遍的に存在する無文土器を第一系土器、立屋敷の有文土器を第二系土器として分類・命名し、第一系が古く、第二系が新しいとしたのである。この辺の事情を回顧した小林行雄によれば、中山による弥生式土器の二系統説は、「当時の学界を驚かせた」ものらしい（小林1971）。

　そして、中山が命名した第二系土器が近畿にも存在する事を指摘したのが小林行雄「安満B類土器考」であった（小林1932）。小林は、京大の摂津安満農場で発掘された土器の中に、深鉢形土器の口縁直下に沈線文が数条めぐらせるという特徴を持つものがあり、それが北部九州の第二系土器と同じ特徴であることに気づいた。この指摘によって、同様な特徴を持つ土器が、九州から近畿まで、広い範囲に分布する可能性が示されたのである。これが遠賀川式土器の議論の出発点である。

　この時点では同じ特徴を持つ土器が九州と近畿にあるということを示すのみで、それが併行して存在したのか、それとも一方に起源をもって、他方へ伝わったものなのかを決めることはできないはずである。ところが、小林は論文中で「弥生式土器文化が関門地方――北九州に第一歩を印した様に、第二系土器は安満B類土器の最初の足跡であろう事は恐らく正しいであろう」と述べ、この種の土器が、北九州・関門地方に起源をもつことを示したのである。

第Ⅰ部　高蔵遺跡の研究

「弥生式土器文化は北九州・関門地方に起源をもつ」

このことは、以後の論文の中で繰り返し主張され、小林の弥生式土器文化理解の前提となる。例えば、「遠賀川式土器」の名称を初めて用いた「播磨吉田史前遺跡研究」（小林・直良 1932）においても、「少くとも、遠賀川式土器から安満B類土器へ、西から東への文化伝播は承認されるべきであろう」と述べているし、貝殻施文について述べた論文でも、中国地方・近畿地方に見られる貝殻施文は、北九州・関門地方にみられる貝殻施文を祖形として伝わったものであるという見解を示している（小林 1933a）。

遠賀川式土器の東漸を正面から取り上げた「一の伝播変移現象」では、「遠賀川系土器のA, B両型土器の装飾は、その東漸過程に於て文様帯拡大化の傾向を示す」とし（小林 1934a）、西志賀遺跡の遠賀川式土器の意義については「遠賀川系土器の最も変化し得た形を見る事」にあるとする（小林 1934b）。そして、「遠賀川系土器の把手」において、遠賀川系土器に見られる把手は「これもまた一つの標徴として弥生式土器の祖の国をさぐる手がかりになるかもしれません」と意味深長な言い回しをしている（小林 1935）。

注意を要するのは、遠賀川式・遠賀川系土器が北九州・関門地方を起源地として東方へ伝播したという理解の枠組みは、遠賀川系土器の分析を通じて得られた結論ではない、という点である。北九州・関門地方を起源とする、という理解は、論文の前提として語られている事柄なのである。

小林の様式論は理解が難しいといわれる。確かに「先史考古学に於ける様式問題」は難解な論文である（小林 1933）。だから、様式論を学び、遠賀川式土器の分析を読んでいく過程で、論理的に筋の通らない箇所に出くわすと、それは様式論に関する理解が不足していることに帰せられてしまう。しかし、そうではない。遠賀川式・遠賀川系土器をめぐる議論は、すでに北九州・関門地方から東へ伝わったことが自明の前提として、その筋に沿って遠賀川式土器の東漸現象が分析されているのである。前提があり、そこに資料を当て嵌めていけば、当然、用いられている前提では処理できない資料群が現れてくる。そのことが、論理の難解さと混同されているにすぎない。

例えば、吉田遺跡出土土器について、「吉田遺跡は安満B類土器分布圏に於ける第二系土器遺跡である」として評価している（小林 1932）。つまり、吉田遺跡の土器は、北部九州の土器と同じであるという判断しているのである。しかし、未発表となった「遠賀川系土器東漸形態研究」では、吉田遺跡の土器を、立屋敷遺跡出土土器を代表とした第一群から分離し、第二群土器の代表として示している（小林 1933b）。このように吉田遺跡出土土器の位置づけが変わったことは、形態的な相同よりも、伝播の序列が優先されていたことを示している。小林にとって、遠賀川系土器の東漸を理想的に示すとすれば、漸次文様帯が拡大化し、文様が複雑化して櫛目式文様へ傾斜していくように土器が配列されることだったに違いない。吉田遺跡の土器は、北部九州の土器と共通していたがために、遠賀川系土器の東漸過程の中では、特異な位置を占めることになった。そして、そのことを整合的に説明するために、吉田遺跡の土器を、第二群土器の中でも古い段階に位置づけることになったのである。

もう一つ理解するのが難しい説明は、櫛目式文様の発生過程である。小林は櫛目式文様を「弥生式土器に於ける一つの高い段階」と評価していた（小林 1932）。そして、その櫛目式文様が最も発達したのが畿内であり、そこに弥生式文化の畿内優位を見て取っていたはずである。しかし、実際には、文様帯の拡大化と装飾の発展は瀬戸内地方において見られた現象であった。したがって、遠賀川系A型土器における文様帯の拡大化から櫛目式文様の発生過程の分析については、瀬戸内地方までで止めざるを得なかった（小林 1934a）。近畿における櫛目式文様の発生については語ることができなかったのである。

小林行雄自身も語り、また藤森栄一も書いているが、小林は1933年に「遠賀川式土器の研究」と題した「一抱えもある」大論文をもって森本六爾を訪れ、遠賀川式土器をめぐる議論を繰り返し、結果的

に森本は遠賀川式土器の東漸を承認したという（福田 2005）。すでに述べたように、この論文は未発表となったが、京都大学に遺されていた小林の資料の中からその原稿が発見され、2005年に「遠賀川系土器東漸形態研究」というタイトルで『小林行雄考古学選集第1巻』に収録され、陽の目を見るに至った。その内容を見ると、一部は「一の伝播変移現象」として再構成され、また既発表の「弥生式土器に於ける貝殻施文」（小林 1933a）での分析と結論も取り入れて、遠賀川系土器の東漸を証明しようとしたものである。

　小林は、この中で立屋敷遺跡の土器を標識的なものとして定義した遠賀川式土器と、同様な特徴を有しながら広い分布を示す遠賀川系土器を分け、遠賀川式土器を遠賀川系第一群土器と呼び、吉田遺跡の土器に代表される瀬戸内地方から近畿地方にかけてひろがるものを第二群土器、そして伊勢湾沿岸の西志賀遺跡出土土器を代表として第三群土器を設定した。小林の論理から言えば、遠賀川系土器が伝播して行く過程で、第一群土器を祖形としながら、第二群・第三群へと変容していかなければならない。その変容のプロセスの説明として用いられているのが、先に見たA型土器における文様帯の拡大化と貝殻施文であった。だが、すでに述べたような理由により、この論文のタイトルにあるような「遠賀川系土器東漸形態研究」は、必ずしも成功しているとはいえない。なぜならば、結局のところ、小林による遠賀川式・遠賀川系土器研究が、これらの土器が北九州・関門地方で発生し、それが漸次東へと伝播したという枠組みを前提として構築されたものだったからである。

　では、なぜ小林はこのような前提を用いたのだろうか。石川日出志は、1910～20年代になって、「東アジア各地を調査した経験をもつ鳥居龍蔵や濱田耕作は、先住民である縄文時代の人びととは異なる、新たに大陸から渡来した人びとの文化であると論じた」ことを指摘した（石川 2010）。また、先にも指摘したが、小林は遠賀川系土器の東漸を議論する際に、農耕についてはほとんど注意を払っていない。むしろ、遠賀川系と青銅器との関係には言及した箇所があり（小林 1933b）、小林が遠賀川系土器の東漸を主張した背景には、濱田耕作らによる日本文化論や森本六爾による青銅器文化論などがあったものと見るのは自然であろう。繰り返すが、小林の遠賀川式・遠賀川系土器の研究は、そうした枠組みを前提として構想されたものである。そして、山内清男が「弥生式の本源を北九州あたりに置き、その東方への進出を感激に満ちた調子で叙述する偏向を有して居るのが特徴である」と揶揄しているのは、こうしたことを指していたのである（山内 1932）。

(2) 縄紋式と弥生式

　もう一つ、小林の遠賀川系土器研究に関して、重要な点を指摘しておきたい。それは、小林の遠賀川系土器研究では、縄文土器との関係が一切論じられていないことである。小林は、遠賀川系土器を古式の弥生式土器と認識していたし、実際に畿内における最初の弥生式土器編年においても遠賀川系土器である安満B類土器を最古の段階に位置づけていた（小林 1933）。何よりも、遠賀川系土器は弥生式文化東漸の標徴として語られていた。

　それにもかかわらず、小林が縄文土器との関係についてふれていないのは、弥生式文化が縄紋式とは異質な文化であるという前提があったからであろう。

　小林が遠賀川系土器の研究を進めていたころは、今日ほど西日本の縄文晩期の状況が明かではなかったから仕方がないのではないか、という意見もあるかもしれない。しかし、小林が安満B類土器の研究を開始したのは1932年であり、その2年前には山内清男が「所謂亀ケ岡式土器の分布と縄紋式土器の終末」を発表し、縄紋式の終末は全国でほぼ同時に起ることを述べていた（山内 1930）。いうまでもなく山内は大洞貝塚の地点別の土器の相違によって亀ケ岡式を6細分し、各地で見つかる亀ケ岡式土器がどの型式に属するのかを明らかにしていくことで、上述の結論に達したのである。

もし、小林が遠賀川系土器の東漸現象を考古学的に実証しようとすれば、まずなすべきことは彼らが遠賀川系土器の故地と想定した北部九州において、遠賀川式土器自体の年代序列を明らかにし、それが遠賀川系土器分布圏内でどのような縄文土器と共にあるのか、という問いが必要だったはずである。遠賀川式土器の年代序列を明かにすることは、1930年当時ではできなかったかもしれない。しかし、山内がとった方法を弥生式土器の側から実践することは可能だったはずである。小林の遠賀川系土器東漸研究が失敗したのは、型式学的な変化を時間軸の中で検証する前に、空間的な変移に置き換えてしまったところにある。最近、大塚達朗は山内の議論を発展させながら、亀ヶ岡式土器の移入・模倣論を提示している（大塚 2010）。もちろん、今日の研究水準で批判することは正しくないが、吉田遺跡の土器を小林が、山内のように取り扱っていれば、より説得力のある遠賀川系土器論が展開できた可能性はあるのである。

　小林が山内の研究成果を知らなかったということはないであろうが、結果的に小林による弥生式土器の研究と山内による縄紋式土器終末の研究とは、接点を持つことがなかった。その理由をわれわれは単なる方法論上の違い――縄紋土器型式論と弥生土器様式論――に還元すべきではないであろう。先にも述べたように、山内による縄紋土器の全国的な編年網は、「縄紋土器は一系統の土器である」という仮説に基づいて構築されていた（大塚 2000、大村 1999）。その前提は、濱田耕作が考古学において示し、清野謙次と長谷部言人が人骨分析の結果として導き出した「縄紋式以来住民の血と文化も後代に続いている」という歴史観であった。今日的に言えば、単一民族説に基づいて構想された時代観といえようか。

　それに対して、小林が弥生式土器研究において採った歴史観は、混合民族説に基づくものであった。弥生式土器は大陸とかかわりの深い北部九州において成立し、それは東方へと漸次波及していったものである。1938年の論文では、そこには大陸からやって来た人々が介在し、彼らが伝えた新しい文化は金属器と農耕によって象徴されていた。

　「縄紋式」と「弥生式」の輪郭は、山内清男と小林行雄という二人の考古学者によって構築されたといってよい。しかし、この二人の立っている場所は全く違うところであった。したがって、この二人が見ていたものも全く違う風景だったに違いない。

3．縄文／弥生を越える

　以上の明かにしてきたように、「縄紋式」と「弥生式」は全く異なる発想のもとに構築された時代区分・文化区分である。戦後、日本の考古学では弥生文化の成立について、それが渡来系によるものか、在来の縄文人に担われたものか、という議論を繰り返してきた。しかし、そもそも全く異なる発想のもとで構想された時代区分・文化区分を取り上げて、そのどちらが優位かを問うこと自体、意味がある議論とは思えない。

　確かに、事実レベルにおいては、異なるタイプの人骨の存在、灌漑水田をはじめとする稲作農耕の証拠、朝鮮半島との文化的類似性、縄文晩期との文化的連続性、突帯文土器―遠賀川式土器の編年関係の確認など、縄文と弥生を区別し、また関連づける考古学的証拠があることは認めよう。だが、これまでの弥生文化成立に関する議論を振り返ると、そこには常に一貫して前提とされていることがあることに気がつくのである。それは、この議論の前提が、縄文／弥生という二つの文化の自明性にあるということである。果たして、縄文文化といい、弥生文化という考古学的な文化は、われわれにとって自明なものなのだろうか。

　石川日出志は最近の著書で、「「弥生文化」という枠組み、「弥生時代」という時代概念は有効か」という問いかけをしている（石川 2010）。従来、考古学をはじめとして、様々な分野で使われてきた文化

概念には、暗黙の前提として、「文化」として括られた時間的・空間的な枠組みの中には、何か首尾一貫したものが存在しているというイメージを伴いがちである。しかし、こうした「文化」観は、その中に実際には存在しているであろう差異を見えにくいものにしてしまう。

　一例を挙げよう。これまでのいわゆる「主体論争」は、「弥生文化」に担い手を渡来人／縄文人、弥生人／縄文人という二項対立的な図式で理解しようとしてきた。確かに、形質人類学的には骨格の違う2種類の人間がいることは認識されるのであろう。しかし、こうした二分法には、ある種の危険性をともなった違和感をもつ。なぜならば、こうした議論は、骨から認識される相同・相違がそのまま文化的な差異に置き換えているからである。果たして形質の違いは、その人物が担っている文化的背景の違いを含んでいるといってよいのだろうか。

　ジェロという演歌歌手がいる。かれは見た目にはアフリカ系アメリカ人であり、ヒップ・ホップのミュージシャンのようにも見える。しかし、彼がその姿で演歌を、しかも流暢な日本語で歌ったとき、われわれは驚きを隠せない。なぜならばそれは、見た目（＝形質）と歌う演歌（＝文化）とが一致していないからである。そして不一致であると認識するのは、今日のわれわれが囚われている先入観にすぎない。人間の形質と、その人が担っている文化的背景は必ずしも一致しないことは、この一例だけでもわかる。

　このように、日本列島における水稲農耕開始のプロセスを考えるとき、縄文／弥生という文化的枠組みを用いて説明することには相当な問題があると見たほうがよい。われわれは、それとは異なるオルタナティヴなアプローチを模索すべきなのである。

　その際、参考になるのは、オーストラリアの日本研究者であるテッサ・モーリス＝スズキが、「反地域研究」と題した論文において提唱したアプローチである（テッサ・モーリス＝スズキ 2005）。彼女は、従来の地域研究とは違う方向性として、次のような提案をする。それは、「複雑性や差異に対する感受性を持ち続けているがゆえに、個々の場における人間の営みについての詳細な知識の意義を尊重するようなアプローチ」であり、「人々が、世界中の多種多様な地点でグローバルな経済変動がもたらす影響にどう向き合い、どう対処しているのか、その日常的なありように目を向けるのである」というアプローチであるという。彼女の関心は、グローバル化する現代社会において、ローカルな経験をどのように捉えるか、というところにあるわけだが、こうした視点は歴史研究においても有効であると考える。そして、こうした視点をとるとすれば、縄文文化／弥生文化といった図式でとらえるのではなく、日本列島において各地で展開していた個別の社会が、稲作の波及をどのように経験したのか、という点に着目することが必要となるであろう。

　おそらく、先史時代といえども、その時代の中で頻繁な人の移動、モノの移動が起っていたことは、もはや肯定・否定のレベルではなく、むしろそれを前提として考えるべきであろう。だとしたら、より一層、文化的な同一性は流動化し、差異の連続性として捉えられるような歴史が再構成されるのではないだろうか。

　広瀬和雄は「新歴史像」として、「縄紋文化と弥生文化を、二つの独立した文化類型として、各々の特質を追及し、比較していくことが大切なように思える」と述べた（広瀬 1997）。しかし、残念ながら、「新歴史像」は広瀬が構想しているような方法論の先にはない。

　あるとすれば、それは縄文／弥生を解体した先にしかないはずである。そしてそのためには、「遠賀川式の思想」を乗り越えなければならないのである。

　　追記　遠賀川式土器の研究については、紅村弘氏の業績ははずせないものがあるが、今回は弥生文化の成立と遠賀川式

第Ⅰ部　高蔵遺跡の研究

　土器をめぐる言説全般に焦点を当てたため、紅村氏の研究についてはふれることができなかった。機会を改めて、私見を述べてみたいと思っている。

参考文献

秋山浩三　1995　「各地域での弥生時代の始まり　吉備―縄紋系ムラと共存した弥生系ムラ―」『弥生文化の成立　大変革の主体は「縄紋人」だった』（金関恕・大阪府立弥生文化博物館編）角川書店
網野善彦　1997　『日本社会の歴史(上)』岩波新書　岩波書店
石川日出志　2008　『「弥生時代」の発見　弥生町遺跡』シリーズ「遺跡を学ぶ」新泉社
石川日出志　2010　『農耕社会の成立　シリーズ日本古代史①』岩波新書　岩波書店
井藤暁子　1981　「入門講座弥生土器　近畿1」『考古学ジャーナル』No.195（佐原真編1983『弥生土器Ⅰ』ニューサイエンス社に収録）
大塚達朗　2000　『縄紋土器研究の新展開』同成社
大塚達朗　2010　「亀ケ岡式精製土器移入・模倣論の再考」『南山大学人類学博物館紀要』第28号
大村　裕　1999　「山内考古学の一側面―「山内考古学の見直し」に寄せて―」『考古学研究』第46巻第2号
岡本　勇　1966　「弥生文化の成立」『日本の考古学Ⅲ　弥生時代』河出書房新社
小熊英二　1995　『単一民族神話の起源　〈日本人〉の自画像の系譜』新曜社
鍵谷徳三郎　1908　「尾張熱田高倉貝塚実査」『東京人類学会雑誌』第23巻第266号、『考古界』第7篇第2号
金関丈夫　1956　「人種の問題」『日本考古学講座4　弥生文化』河出書房
金関丈夫　1966　「弥生時代人」『日本の考古学Ⅲ　弥生時代』河出書房新社
金関恕・大阪府立弥生文化博物館編　1995　『弥生文化の成立　大変革の主体は「縄紋人」だった』角川書店
金関　恕　1995　「農耕社会の形成」『弥生文化の成立　大変革の主体は「縄紋人」だった』（金関恕・大阪府立弥生文化博物館編）角川書店
木村靖二　1932　『原始日本生産史論』白揚社
工藤雅樹　1979　『研究史日本人種論』吉川弘文館
小林行雄　1932a　「安満B類土器考」『考古学』第3巻第4号
小林行雄　1932b　「第二編　吉田土器及び遠賀川土器とその伝播」『考古学』第3巻第5号
小林行雄　1933a　「畿内弥生式土器の一二相」『考古学』第4巻第1号
小林行雄　1933b　「弥生式土器に於ける貝殻施文―遠賀川式土器研究の一部―」『人類学雑誌』第48巻第3号
小林行雄　1933c　「先史考古学に於ける様式問題」『考古学』第4巻第8号
小林行雄　1933d　「遠賀川系土器東漸形態研究」（未発表）（小林行雄考古学選集刊行会編2005『小林行雄考古学選集第1巻』真陽社に収録）
小林行雄　1934a　「一の伝播変移現象―遠賀川系土器の場合―」『考古学』第5巻第1号
小林行雄　1934b　「尾張西志賀の遠賀川系土器―西志賀弥生式土器の問題1―」『考古学』第5巻第2号
小林行雄　1935　「遠賀川系土器の把手」『考古学』第6巻第3号
小林行雄　1938　「弥生式文化」『日本文化史大系1　原始文化』誠文堂新光社
小林行雄　1971　「弥生式土器文化論」『論集日本文化の起源1　考古学』（小林行雄編）平凡社
小林行雄・直良信夫　1932　「播磨吉田史前遺跡研究」『考古学』第3巻第5号
近藤義郎　1967　「弥生文化論」『岩波講座日本歴史1　原始および古代1』岩波書店
佐々木高明　1991　『日本史誕生』集英社版日本の歴史①　集英社
佐原　真　1967　「山城における弥生式文化の成立―畿内第Ⅰ様式の細別と雲ノ宮遺跡出土土器の占める位置―」『史林』第50巻第5号
佐原　真　1975　「農業の開始と階級社会の形成」『岩波講座日本歴史1　原始および古代1』岩波書店
佐原　真　1984　「山内清男論」『縄文文化の研究10　縄文時代研究史』雄山閣出版
下條信行　1995　「各地域での弥生時代の始まり　瀬戸内―リレー式に伝わった稲作文化―」『弥生文化の成立　大変革の主体は「縄紋人」だった』（金関恕・大阪府立弥生文化博物館編）角川書店
杉原荘介　1943　『原史学序論』葦牙書房
杉原荘介　1956　「弥生文化」『日本考古学講座4　弥生文化』河出書房
杉原荘介　1960　「農業の発生と文化の変革」『世界考古学大系2　日本Ⅱ』平凡社
杉原荘介　1961　「日本農耕文化の生成」『日本農耕文化の生成　本文篇』東京堂出版
鈴木　尚　1963　『日本人の骨』岩波新書　岩波書店
スチュアート・ヘンリ、大村敬一　2003　「序章　「野生」をめぐるイメージの虚実」『「野生」の誕生　未開イメージの歴史』（スチュアート・ヘンリ編）世界思想社
高倉洋彰　1995　『金印国家群の時代』青木書店

高倉洋彰　2001　『交流する弥生人』吉川弘文館
高橋健自　1908　「熱田貝塚の発見につきて」『考古界』第7篇第1号
テッサ・モーリス＝スズキ　2005　「反地域研究―アメリカ的アプローチへの批判―」『地域研究』Vol. 7 No. 1（原著の初出は Communal/Plural, Vol. 8 No. 1, April, 2000）
勅使河原彰　1995　『日本考古学の歩み』名著出版
寺沢　薫　2000　『王権誕生』日本の歴史02　講談社
土器持寄会論文集刊行会　2000　『突帯文と遠賀川』土器持寄会
鳥居龍蔵　1916　「古代の日本民族移住発展の経路」『新日本』
中山誠二　1999　「日本列島における稲作の受容―稲作開始期の重層性と画期―」『現代の考古学3　食糧生産社会の考古学』（常木晃編）朝倉書店
中山平次郎　1917　「九州北部に於ける先史原史両時代中間期間の遺物に就て」『考古学雑誌』第7巻第10号～第8巻第3号
西谷　正　1993　「弥生文化の成立と東アジア」『弥生文化の成立と東アジア』（福岡県教育委員会編）学生社
禰宜田佳男　2003　「弥生時代開始期の遡及に関する諸問題」『弥生時代千年の問い』（広瀬和雄・小路田泰直編）　ゆまに書房
禰宜田佳男　2007　「水田稲作の受容と展開」『歴博フォーラム　弥生時代はどう変わるか』学生社
長谷部言人　1949　「人類の進化と日本人の顕現」『民族学研究』第13巻第3号
濱田耕作　1918　『河内国府石器時代遺跡発掘報告』京都帝国大学文学部考古学研究報告第二冊
濱田青陵　1930　『東亜文明の黎明』刀江書院（1939年に創元社より再刊）
春成秀爾　1990　『弥生時代の始まり』UP考古学選書[11]　東京大学出版会
広瀬和雄　1995　「はじめに」『弥生文化の成立　大変革の主体は「縄紋人」だった』（金関恕・大阪府立弥生文化博物館編）角川書店
広瀬和雄編著　1997　『縄紋から弥生への新歴史像』角川書店
広瀬和雄　2003　『日本考古学の通説を疑う』新書y　洋泉社
広瀬和雄　2007　「新しい弥生像を求めて―序論にかえて―」『歴博フォーラム　弥生時代はどう変わるか』学生社
福田　敬　2005　「解題「遠賀川系土器東漸形態研究」」『小林行雄考古学選集第1巻』真陽社
藤尾慎一郎　2002　『縄文論争』講談社選書メチエ256　講談社
ベネディクト・アンダーソン（白石さや・白石隆訳）　1997　『想像の共同体』NTT出版
蒋田鎗次郎　1896　「弥生式土器（貝塚土器に似て薄手のもの）発見に付て」『東京人類学会雑誌』第11巻第122号
森岡秀人　2004　「農耕社会の成立」『日本史講座第1巻　東アジアにおける国家の形成』東京大学出版会
森本六爾　1927　「西日本の弥生式土器の本体について」『考古学研究』第1輯
森本六爾　1929　『日本青銅器時代地名表』
森本六爾　1933　「東日本の縄文式時代に於ける弥生式並に祝部式系文化の要素摘出の問題」『考古学』第4巻第1号
森本六爾編　1932　『日本原始農業』
森本六爾編　1933　『日本原始農業新論』考古学評論第1巻第1号
家根祥多　1984　「縄文土器から弥生土器へ」『縄文から弥生へ』帝塚山考古学研究所
山崎純男　1980　「弥生文化成立期における土器の編年的研究」『鏡山猛先生古稀記念古文化論攷』
山崎純男　2007　「弥生文化の開始―北部九州を中心に―」『歴博フォーラム　弥生時代はどう変わるか』学生社
山内清男　1925　「石器時代にも稲あり」『人類学雑誌』第40巻第5号
山内清男　1930　「所謂亀ケ岡式土器の分布と縄紋式土器の終末」『考古学』第1巻第3号
山内清男　1932a　「日本遠古之文化Ⅳ　縄紋式以後」『ドルメン』1-8（『山内清男・先史考古学論文集・第一冊』1967に収録）
山内清男　1932b　「日本遠古之文化Ⅳ　縄紋式以後」『ドルメン』1-9（『山内清男・先史考古学論文集・第一冊』1967に収録）
和島誠一　1947　「書評　杉原荘介著「原史学序論」」『歴史学研究』130
和島誠一　1966　「弥生時代社会の構造」『日本の考古学Ⅲ　弥生時代』河出書房新社

（南山大学人文学部）

［第Ⅱ部］

大須二子山古墳と地域史の研究

地籍図にみる名古屋市白山神社古墳群と御器所古墳群
――八幡山古墳の前方後円墳としての復元をめぐって――

伊 藤 秋 男

1．はじめに

　地籍図とは明治17年（1884）、各郡役所と戸長に対する県の布達によって作成を依頼した地籍帳に付随する図面・地図のことである。求積のための図面であるから、各地籍（地割）の大きさと形状の正確さについては、まず信頼に足るものと考えてよい。地籍図を頼りに過去に消滅した古墳の存在と形状を類推する作業の正当性は、この図面の正確さに基づいている。したがってそのような作業は、合理的な研究手法の一つと認められるであろう。

　ここで言う「白山神社古墳群」とは、名古屋市中区新栄2丁目に現存する白山神社古墳を中心に、地籍図によって復元された数基の古墳の集まりを、また「御器所古墳群」とは、昭和山脇町1丁目にある八幡山古墳を盟主墳とする数基の古墳の集まりを意味する。

　小論の目的は、地籍図による白山神社古墳群復元の試みと、直径82mの円墳と考えられている八幡山古墳を前方後円墳として推定復元する試案を提示することの二つである。

2．明治・昭和期の地形図から得られる古墳情報

　ここでは明治24年（1891）発行の「名古屋東・西部」の地形図と昭和12年（1937）発行の「名古屋東南・西南部」の地形図を比較して、テーマに掲げた両古墳群周辺の地形の概観を試みるとともに、地形図から得られる古墳情報について触れてみたい（図1・2）。

　まず驚かされるのは、半世紀に近い時間の経過とともに急速に進んだ市街化の跡である。したがって旧地形を概観するためには、明治24年の地形図が有用になる。西の熱田台地が緩やかな傾斜をもって東に向かって低くなるのに対し、東の御器所台地（学術的には熱田台地の一部）は西に向かって低くなり、そこに浅い谷地形が形成され、JR中央線が、その谷底を南西―東北の方向に走っていることになる。中央線の西側は、概ね乾田（畑）として、また東側の低地は水田として利用されていた。今日ではこの谷地形は、多量の盛り土によって旧地形の面影は全く無くなっているものの、踏査してみると随所に地形の僅かな高低差を感じることができる。

　東の御器所台地の西縁は、複数の浅い谷地形が東方向に入り込んで、そこに西に伸びる舌状の台地が形成されている。その舌状台地のあるものには、数メートルの段差でもって低地に臨むという典型的な台地地形が残されていたようである。そうした台地上や縁辺に馬走塚古墳（別名：茶臼山古墳）、志よう入塚古墳、一本松古墳、八幡山古墳など御器所古墳群を構成する古墳が築造されている。また台地上には、千種村をはじめ常磐北山や御器所村などの近世村落が設営されているほか、やや高いところは畑として、低地は水田としての土地利用が認められる。

　八幡山古墳のすぐ北に「竜ヶ池」と呼ばれる池がある。台地の西斜面に接し、北岸と西岸に堰堤をめぐらせた人工池である。その堰堤を表すケバの表現から堰堤上面は道路として利用されていたことがわ

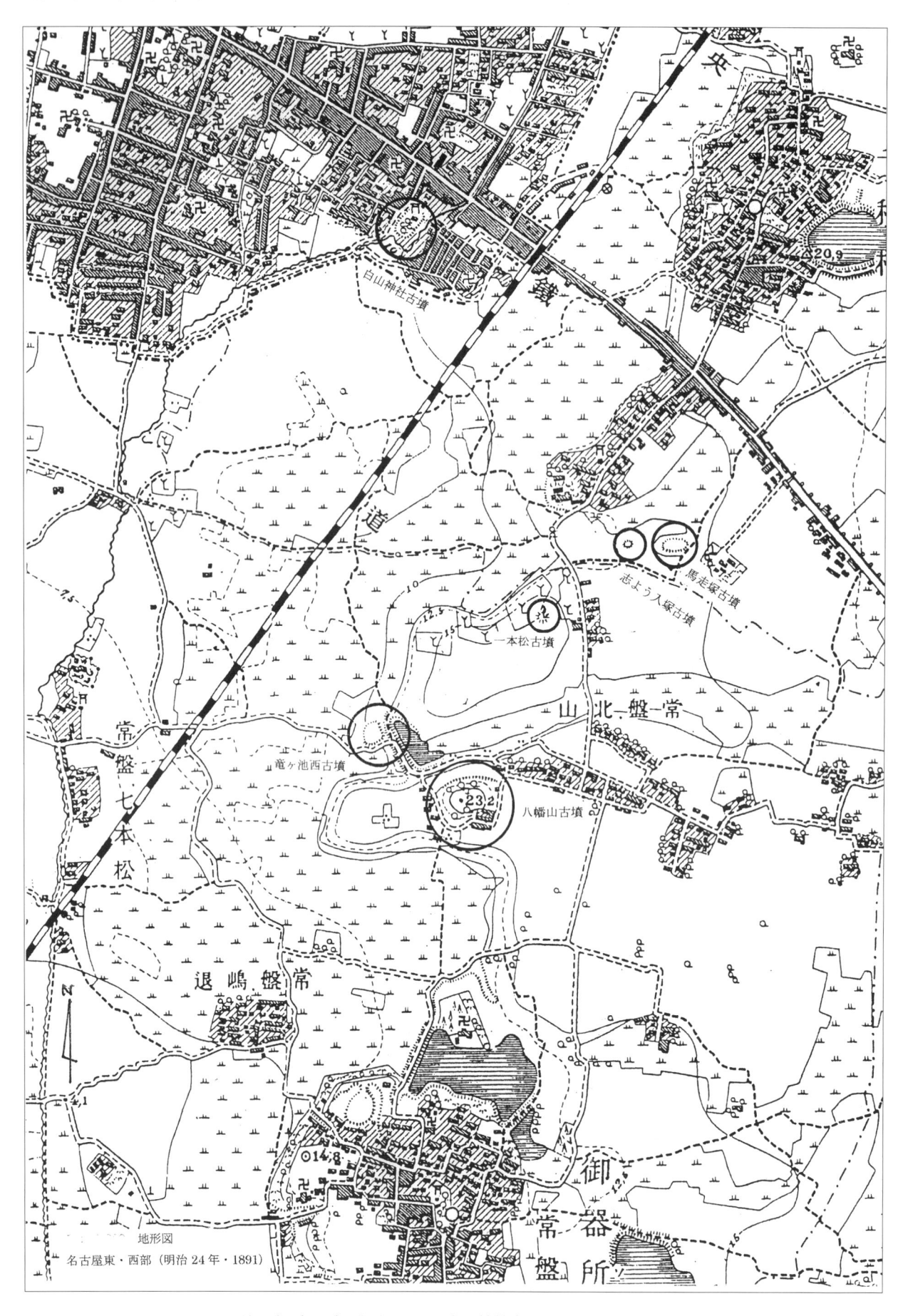

第Ⅱ部　大須二子山古墳と地域史の研究

図1　明治24年（1891）地形図にみる白山神社古墳と御器所古墳群　1：12500

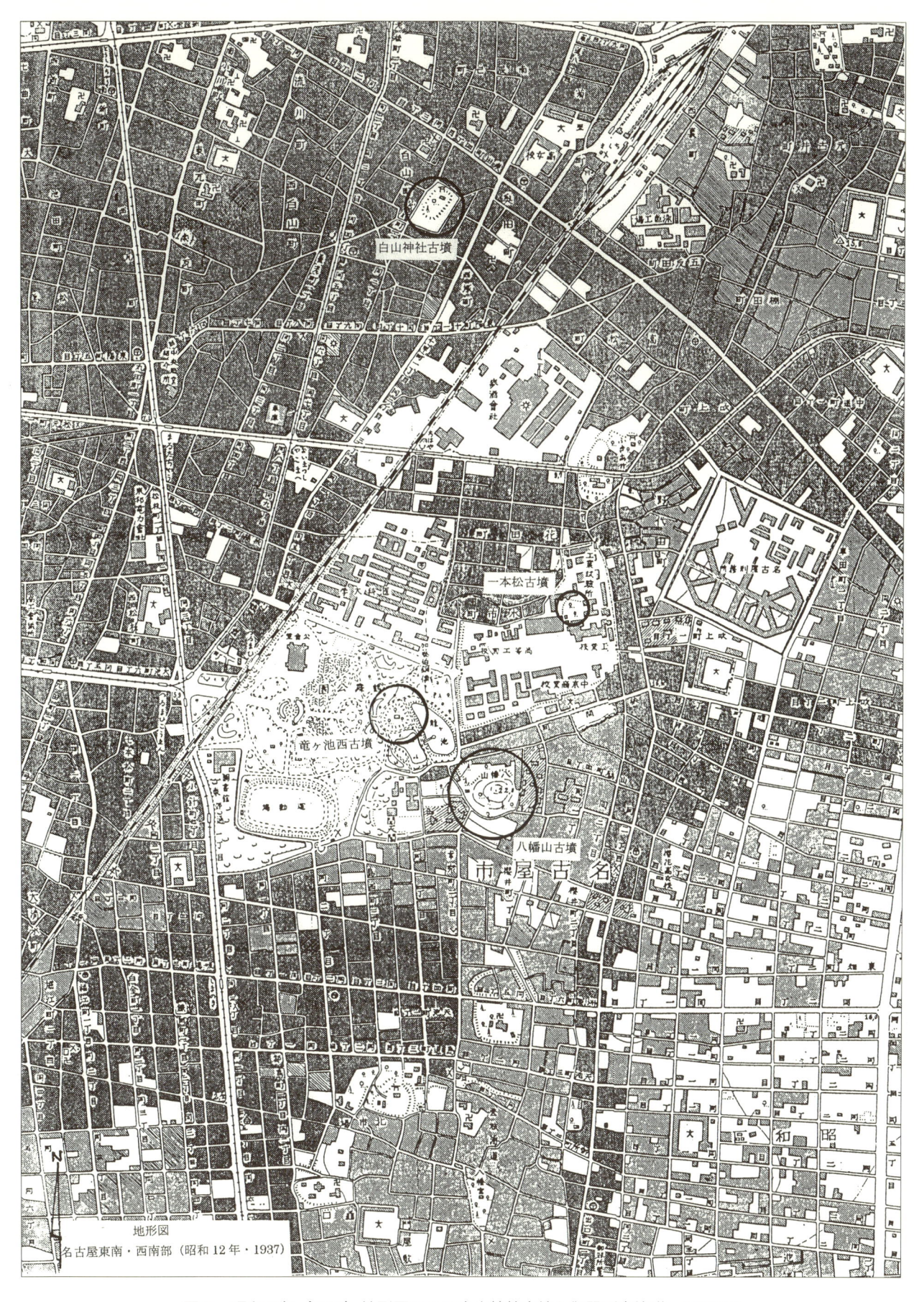

図2　昭和12年（1937）地形図にみる白山神社古墳と御器所古墳群　1：12500

かる。この道路が西へ直角に曲がったコーナーのところに、ケバで囲まれた円形の小山があったように描かれている。現地調査の結果、明治24年ごろの地形はかなり忠実に残されていること、そして問題の小山は、かつて愛知県出身の総理大臣・加藤高明の銅像が建っていた小丘の南にある直径約40m、高さ約3mのやや平たい山であることを確認した。頂上には現在閉店中の休憩所が建っている（写真3・4）。遺物は何一つ採集できないが、古墳の可能性がかなり高いと見て、「竜ヶ池西古墳」と命名し、御器所古墳群のひとつに加えることにした。

明治24年の地形図における八幡山古墳の描き方にも注意を要する点が多い。墳丘の北縁には弧状にケバが描かれているが、南・東・西側にはケバの表現が欠けている。北側には周堤または周溝があったことは推定できても、周溝が墳丘の全周を回っていたかどうか、疑問に思えてならないのである。この点については後段の「八幡山古墳の墳形」で詳しく検討したいと思う。

白山神社古墳は、台地の南縁に当たる緩やかな斜面上に立地している。白山神社古墳の周辺にあって、地籍図から推定復元された西塚古墳をはじめとする諸古墳は、明治17年の地籍図作成の時点ですでに墳丘が失われていたので、明治24年の地形図上には表れてこないのは当然である。

御器所古墳群を構成する馬走塚古墳や志よう入塚古墳の姿は、昭和12年の地形図から無くなっている（図2）。この両古墳は、明治31年（1898）名古屋監獄（後の刑務所）の設置によって消滅したといわれる。しかし『愛知県史跡名勝天然紀念物調査報告』第10（1932）の記録によると、馬走塚古墳は昭和年代の初期のころまで刑務所内に現存していたと伝えられている。

3．地籍図による白山神社古墳群の復元

白山神社古墳群を構成する諸古墳について、地籍図から得られる知見と情報は次の通りである。

［白山神社古墳］（図3・4、写真1・2）

名古屋市中区新栄3丁目に所在。墳丘は、社殿の建造と周辺の宅地化によって大きな損傷を受けている。現況では全長70mの前方後円墳といわれるが、地籍図上の東田町四丁目43番地の地籍が「白山社」となっており、この前方後円形の境内地全体を墳丘とすると、全長が90mに近い古墳になる。御器所古墳群のなかの盟主墳であった可能性が高い。同町44・45・46・47・17・19・54・71番地や下奥田町1・33・34番地などは、盾形周溝の面影を留めた地籍である。古墳の東を北から流れ下る流路や円教寺から発する排水路は、この周溝の中を流れている。5世紀末から6世紀初頭の古墳とされている。

［推定円墳　1］（図3）

現住所：名古屋市中区新栄3丁目。奥田町1～10番地の地籍（畑）に推定される円墳である。西の水路が直角に折れ曲がって流れたり、東の道路が大きく外側に湾曲して、何かの障害物を避けているように感じられる。またこの地域だけが、他と比べて不整形の地割になっていることもその理由の一つである。

［推定円墳　2］（図3）

現住所：名古屋市中区新栄3丁目。下奥田町22・23・24・25番地の西念寺敷地内に推定される古墳である。南側の道路が大きく湾曲している。地形の影響を受けていることも考えられるから、これだけの理由で古墳の存在を推定することは、説得力に欠けるかもしれない。

［推定円墳　3］（図4）

現住所：名古屋市中区新栄2丁目。白山町102～136番地（畑）内に推定されるやや大型の円墳である。円墳を取り囲むようにつけられた道路と不整形な形の地割が、推定の理由である。

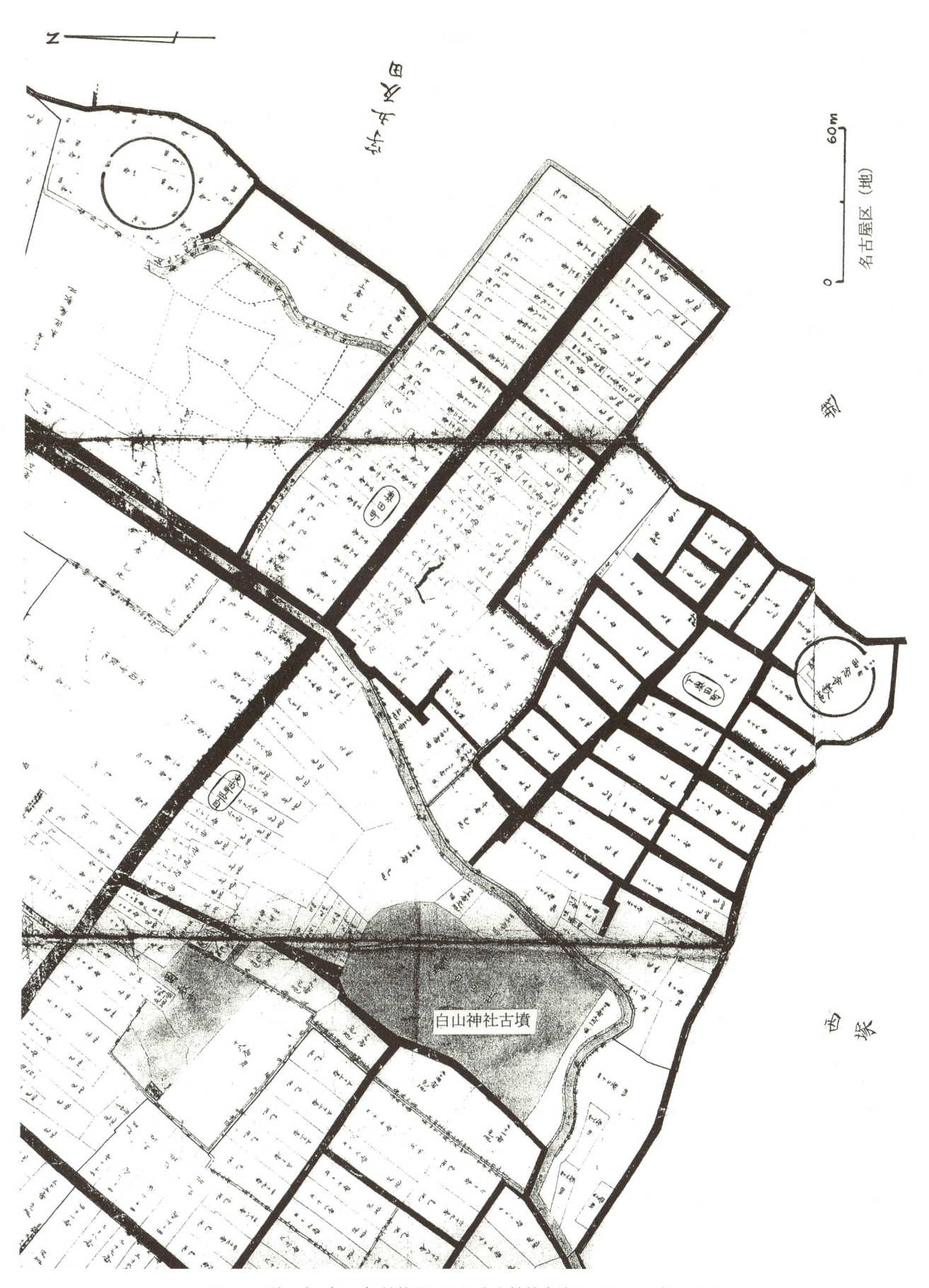

図3　明治17年（1884）地籍図にみる白山神社古墳とその周辺（その1）

第Ⅱ部　大須二子山古墳と地域史の研究

図4　明治17年（1884）地籍図にみる白山神社古墳とその周辺（その2）

地籍図にみる名古屋市白山神社古墳群と御器所古墳群（伊藤秋男）

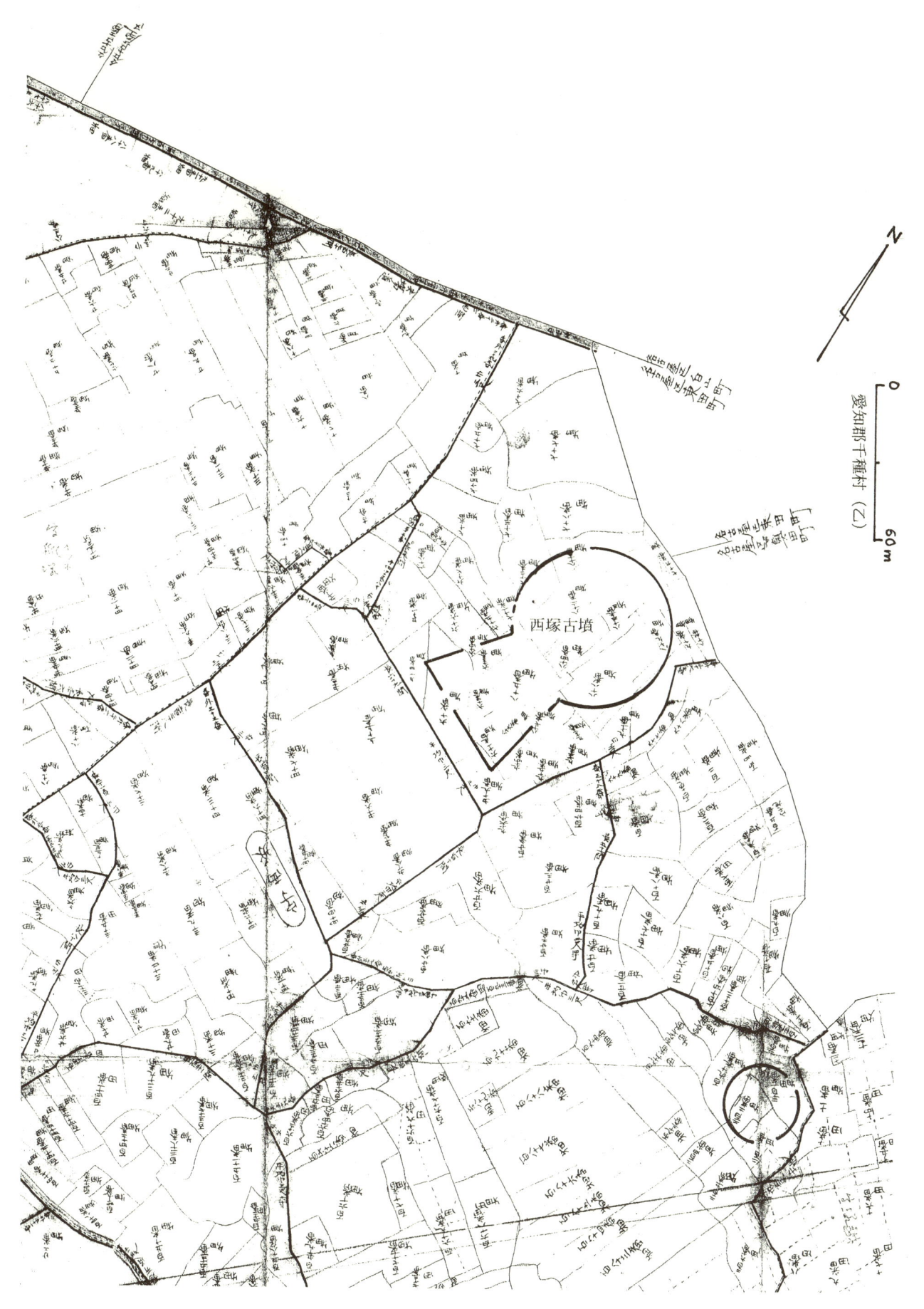

図5　明治17年（1884）地籍図にみる西塚古墳とその周辺

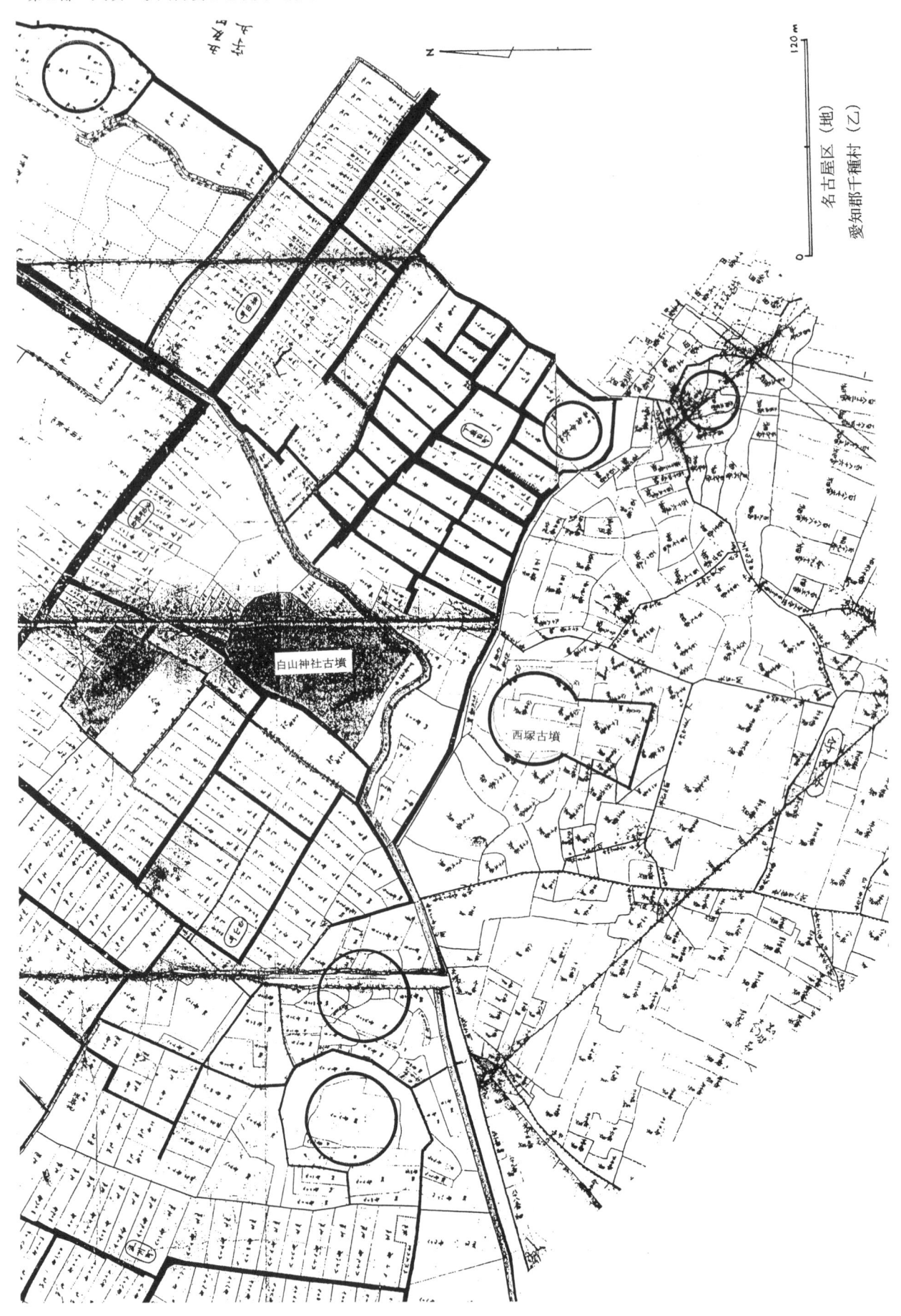

第Ⅱ部　大須二子山古墳と地域史の研究

図6　明治17年（1884）合成地籍図にみる白山神社古墳群

［推定円墳　4］（図4）

現住所：名古屋市中区新栄2丁目。白山町87〜90・94・95・96番地（畑・田）内に推定されるやや大型の円墳である。円墳を取り囲むように付けられた道路と87番地の弧形の地籍が円墳の周溝と考えられることが、推定の根拠である。同88番地（畑）の一筆は、墳丘そのものの地籍である可能性が高い。

［西塚古墳］（図5・12）

現住所：名古屋市中区新栄2丁目。愛知郡千種村字西塚60〜95番地（畑）内に推定される前方後円墳である。この地籍図から前方後円墳を推定復元することはきわめて困難だが、犬塚康博氏が、『名古屋市博物館研究紀要』10（1986）に引用された千種区役所所蔵の字分全図（縮尺600分の1、明治21年・1888）には、より詳しい情報が満載されている。犬塚氏によれば、盾形の二重周溝をもつ墳丘全長66mの前方後円墳が復元できるという。白山神社古墳と同じく、5世紀末から6世紀初頭の古墳とされている。

［推定円墳　5］（図5）

現住所：名古屋市中区新栄2丁目。愛知郡千種村字西塚199〜203番地（畑・田）内に推定される円墳である。不整形の地割と道路の形状を根拠に推定復元された古墳だが、説得力に欠けることは、正直言って否めない。

以上の成果を一枚の合成地籍図に落とし、白山神社古墳を盟主古墳とする白山神社古墳群の姿を彷彿とさせたものが図6である。熱田台地上の大須古墳群や断夫山古墳群、御器所古墳群や瑞穂台地上の高田古墳群や井戸田古墳群などの有力勢力に対峙する、もうひとつの勢力の存在を認知せざるを得なくなった。

余談になるが、名古屋区と千種村の地籍図を合成してみて、興味ある事実に気づいたのである。市街区と村区とでは、インフラ整備に対する取り組みが道一本隔てるとこんなにも違うものかと、驚かされたことである。

4．地籍図にみる御器所古墳群

ここでは御器所古墳群を構成する諸古墳が、地籍図ではいかに描出されているのか、また古墳の形状に対する理解を深化させるために、どのような情報が地籍図から得られるのかという問題について触れてみたい。

［一本松古墳］（図7・12、写真5・6）

名古屋市昭和区御器所町名古屋工業大学内大学会館南に所在。円形の墳丘の南に小さな張り出しがあるためか、前方後円墳の可能性が指摘されてきたが、愛知県公文書館所蔵の地籍図からは、周溝のある円墳としての情報しか得られない。しかし犬塚氏が引用された地籍図（図12-2）には、張り出し部分の地籍が描かれていて、周溝のある造出し付き円墳とした方が良いと思う。直径36m、高さ8m、5世紀後半の古墳とされている。

古墳のすぐ北は、愛知郡千種村との村境で、そこに東西の方向に浅い谷地形が入っているため、北面の緩やかな斜面に築かれた古墳と考えられる。出土した埴輪片は、名古屋市博物館に収蔵され、一部は名古屋工業大学図書館に収蔵・展示されている。

［竜ヶ池西古墳（仮称）］（図8、写真3・4）

名古屋市昭和区鶴舞1丁目鶴舞公園内竜ヶ池西に所在。明治24年（1891）の地形図に描かれたケバによる円形の囲みを古墳と見立てた経緯については、すでに前項で触れたとおりである。現況では直径40m、高さ3mの小丘が残っていて、この規模を前後する円墳と考えてよいと思う。

第Ⅱ部　大須二子山古墳と地域史の研究

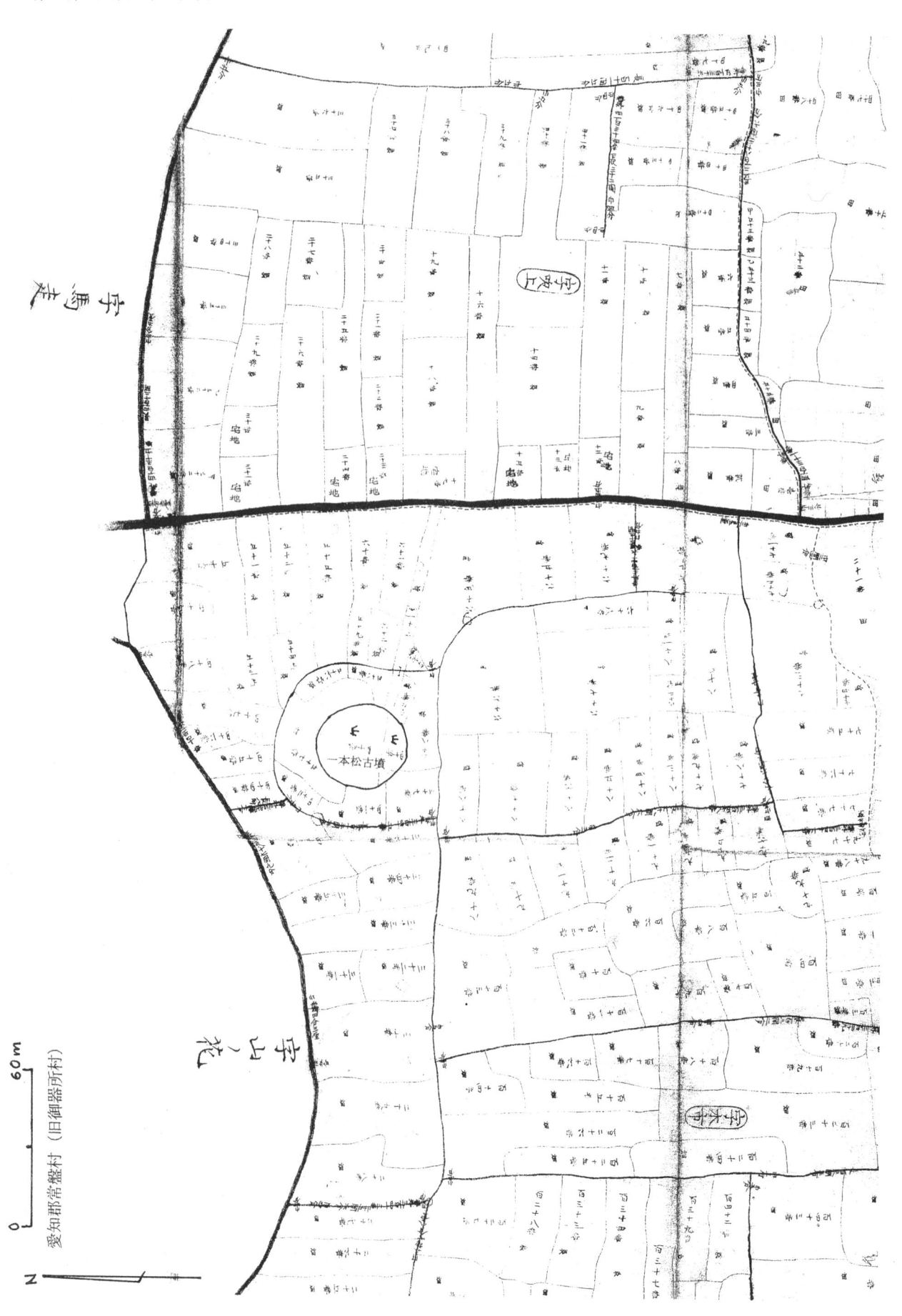

図7　明治17年（1884）地籍図にみる一本松古墳

地籍図にみる名古屋市白山神社古墳群と御器所古墳群（伊藤秋男）

愛知郡常盤村（旧御器所村）

図8　明治17年（1884）地籍図にみる竜ヶ池と竜ヶ池西古墳（仮称）

第Ⅱ部　大須二子山古墳と地域史の研究

愛知郡千種村（乙）

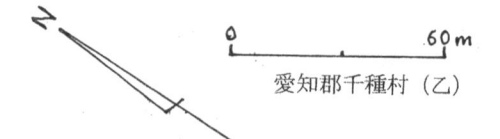

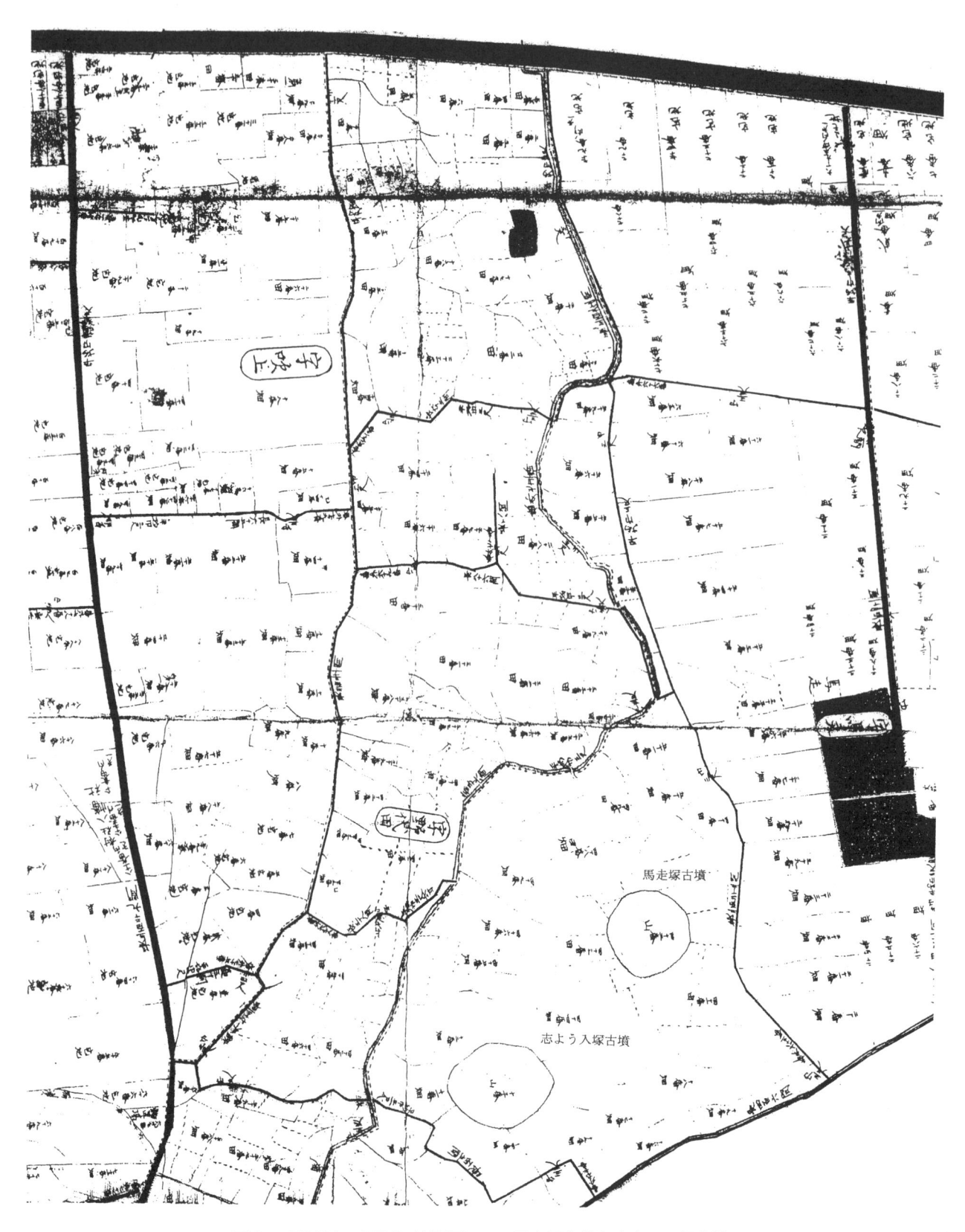

図9　明治17年（1884）地籍図にみる馬走塚古墳と志よう入塚古墳

地籍図にみる名古屋市白山神社古墳群と御器所古墳群（伊藤秋男）

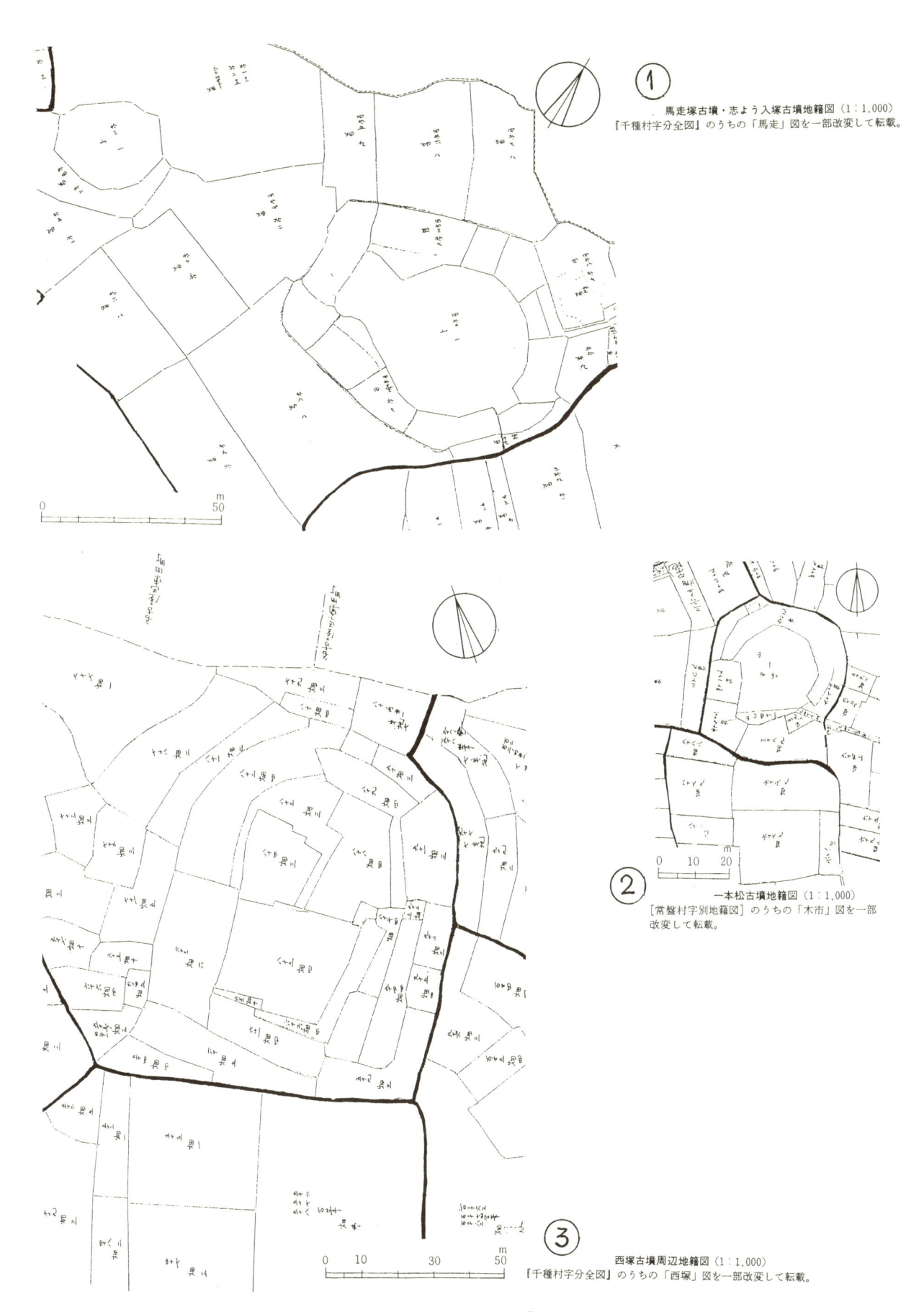

① 馬走塚古墳・志よう入塚古墳地籍図（1：1,000）
『千種村字分全図』のうちの「馬走」図を一部改変して転載。

② 一本松古墳地籍図（1：1,000）
［常盤村字別地籍図］のうちの「木市」図を一部改変して転載。

③ 西塚古墳周辺地籍図（1：1,000）
『千種村字分全図』のうちの「西塚」図を一部改変して転載。

図10　名古屋市千種区役所所蔵地籍図に見る古墳　犬塚康博『名古屋市博物館研究紀要』10（1986）による

第Ⅱ部　大須二子山古墳と地域史の研究

　　地籍図では、字中古井田71・72番地辺りに該当するが、「塚」とか［山］などの地目の表記はない。ただ竜ヶ池の堰堤から西に折れる道が、南に大きく湾曲しているところをみると、そこに山のような構造物があったのではないかと思う。
　　古墳の南西約300mのところ、愛知郡常盤村字竹戸19番地の円形の地籍に「塚」の表記がある。名古屋市昭和区鶴舞3丁目、勤労会館の辺りと考えられる。
　　　　［馬走塚古墳（別称：茶臼山古墳）］（図9・12）
　　名古屋市千種区吹上2丁目、中小企業振興会館の近くにあった古墳。明治31年（1898）に名古屋監獄が設置されたときに消滅したと考えられてきたが、昭和初期の頃まで刑務所内に残っていたらしい。
　　愛知郡千種村字馬走42番地（山）の地籍が古墳に該当する。地籍図では、直径約30mの円墳と見られるが、犬塚氏が引用された地籍図（図12-1）によると、周溝のある帆立貝形前方後円墳だったことが分かる。墳丘全長約55m、後円部径約42m、5世紀後半の古墳と考えられている。
　　　　［志よう入塚古墳］（図9・12）
　　所在した住所と消滅の経緯は、馬走塚古墳と同じ。ただ昭和初期まで残存していたという記録はない。
　　愛知郡千種村字馬走13番地（山）の地籍が古墳に該当する。40m×30mの楕円形の墳丘として描かれている。犬塚氏が引用された地籍図（図12-1）をみると、周溝があったのではないかと思われる。古墳の北側には、浅い谷地形が入っていて、その緩やかな北斜面に築かれた古墳らしい。年代も馬走塚古墳と同じか、それを前後する時代の古墳と推定される。
　　　　［八幡山古墳］（図11、写真7・8）
　　名古屋市昭和区山脇町1丁目、鶴舞小学校の東に所在。東から西へ伸びる舌状台地の尾根のところに築かれた古墳である。古墳の北側と南側には谷地形が深く入り込んでいるため、北へは緩やかな斜面、また南へ向かってはかなり急な斜面となっている。直径82m、高さ10m、幅10mを超す壮大な周溝をもつ5世紀前半ごろの円墳と考えられている。
　　地籍図からも東西に伸びる舌状台地の地形をはっきり見て取ることができる。愛知郡常盤村字北丸屋19番地（地目の記入がないが、緑色に塗られているから、「林」・［草生］か）と20番地（八幡社）の二筆の地籍が古墳に該当する。この二つの地籍は、円形というより隅丸の三角形に近い形をしている。その最大長は、優に130mもあるから、現存する周溝の範囲は、この地籍の中に含まれると考えられる。今日見る美しい円墳の姿は、第2次大戦後に修復されたもので、以前は墳丘のところどころに崩落の跡が見られるなど、無残な姿をさらしていたといわれる。現在では墳丘に植林された桜や松の木が、目通り径20～30cmの大きさに成長している。
　　地籍図から得られる情報を頼りに、円墳の八幡山古墳を前方後円墳として推定復元する試みは、次項に述べるとおりである。

5．八幡山古墳の墳形──前方後円墳としての復元案について

　　明治24年（1891）の地形図（図1）を詳細に観察すると、墳丘北側には弧状にケバの描きこみがあって、周堤あるいは周溝の存在を想定することはできても、そのような構造物が古墳の全周にわたって存在したような描き方になっていない。したがって周溝は、明治24年の段階では古墳の全周を巡っていなかった可能性が高い。少なくとも墳丘の南東部は、住宅が建っていて、ここに周溝の存在を考えることは難しいと言わざるを得ない。
　　愛知県史跡名勝天然紀念物調査会委員だった伊藤文四郎は、『愛知県史跡名勝天然紀念物調査報告』第5（昭和2年・1927）の中で、周溝の状態について次のように記録している。

「湟ノ状態　墳ノ周リヲ円形ニ取囲メルモノニシテ現今ニ於イテモ其ノ舊形ヲ明カニ認ムルコトヲ得ベシ。

湟ノ幅ハ北部ニ最モ広クシテ十二間三尺、東部ト南部トハホボ同一ニシテ九間三尺アリ。西部ハ其ノ幅最モ狭ク約七間アリ。

湟ノ外側ハ東ト南ニ於テ土地高ク湟塁ヲ設ケタル所ナク西北ノ一部ニ其ノ跡ヲ存ス（中略）西北部ニアル大弓場ハ塁ト湟トニ跨リて建テラレタルモノナリ

湟ノ深サハ幅ノ最モ広キ北部ニ著シク六尺九寸アリ。南部ノ三尺三寸、東部ノ四尺四寸、西部最モ浅クシテ約二尺余アルノミ。（後略）」

この観察記録から確認できることは、昭和2年ごろは周溝が全周を廻っていたこと、周溝の幅には広狭があり、広いところでは約23m、狭いところでは約13mだったこと、周溝の外側の土地は墳丘の東と南で最も高く、周堤などは設けられていなかったこと、墳丘の西北部には周溝と周堤があり、弓射場がそれを跨ぐように建てられていたこと、周溝の深さもさまざまで、墳丘の北が最も深く約2m、西が最も浅く僅か60cmしかなかったこと、などの諸点である。とりわけ墳丘の西北部に周堤が部分的に残っていたらしいこと、周溝の外側の地盤が東と南で高かったという観察記録は、きわめて重要である。墳丘の東と南で高い地盤が残っていたのは、そこまで墳丘が伸びていたのであり、削平された墳丘の残土が一部残されていたのではないかと推測される。削平された墳丘が古墳の前方部だった可能性は、きわめて高いと思う。

地籍図（図11）に見える八幡山古墳の西側は、「東寺」という字名の地域で、現在ここは鶴舞小学校の敷地になっている。この字東寺103番地から108番地までの6筆の地籍が、南北に階段状に連なり、その南端には鍵の手形の池が続いている。これは疑いなく外堀の面影が反映されている地籍である。竜ヶ池から南に延びる小道は、内堤帯の上を通っているものと考えられる。この道が拡幅されたものが、今日竜ヶ池から南に抜ける市道であり、その道なりの形状も前身の小道ときわめてよく似ている。

同じように墳丘の東側に字北丸屋29・30・31・32・35・36（甲・乙）・39・40・41・42番地（宅地・畑）の11筆の地籍が、細長く弧状に集まった所がある。これも外堀の残影と見ることができる。特に古墳の敷地に接した字北丸屋29・30・31番地（藪）の細長い3筆の地籍は、内堤帯の面影を留めているのかもしれない。想定された外堀と既存の周溝（内堀）の範囲内に直径80mの後円部をはめ込むと、全長最大130m前後の前方後円墳としての八幡山古墳を推定復元することができる。盾形の二重周溝をもつ壮大な前方後円墳である。西の熱田台地に立地する大須二子山古墳や断夫山古墳に対峙して東の御器所台地の卓越的な権力を象徴する古墳と評価すべきである（図12）。

前方部の削平は、かなり古い時代に遡ると考えている。おそらく古代・中世の頃の水田開発や、大規模土木事業などが、その原因となったのであろう。

同じように前方部が削平された前方後円墳の例として、愛知県西春日井郡豊山町の豊場青塚古墳を挙げることができる。全長推定100m前後の二重周溝をもつ古墳である。拙著『地籍図で探る古墳の姿（尾張編）』（2010）の127ページに関連地籍図が掲載されているので、参照されたい。

6．修景前の断夫山古墳の姿──まとめに代えて

古墳の墳丘は、地すべりなどの自然の営力や土採り・開墾・宅地化などの人為的力によって、その姿を変えたり、消滅する場合がある。むしろ墳丘の形状の改変や滅失は、いつの時代でも日常的にあり得ると考えたほうがいい。

たとえば東海地域最大の断夫山古墳（名古屋市熱田区旗屋1丁目）の場合を考えてみたい。この古墳

第Ⅱ部　大須二子山古墳と地域史の研究

図11　明治17年（1884）地籍図にみる八幡山古墳

地籍図にみる名古屋市白山神社古墳群と御器所古墳群（伊藤秋男）

図12　前方後円墳として推定復元された八幡山古墳

第Ⅱ部　大須二子山古墳と地域史の研究

は、全長150m、後円部径80m、西のくびれ部に造出し、そして幅十数メートルの壮大な盾形周溝をもつ6世紀前半の前方後円墳とされている。近ごろ見晴台考古資料館の深谷淳氏は、『名古屋市見晴台考古資料館研究紀要』第11号（2009）で、断夫山古墳関係の地籍図の解析結果に基づいて、盾形の二重周溝説を提唱された。評価に値する見解であり、賛意を表したい。

周溝の復元案については深谷氏に譲るとして、ここでは墳丘そのものの形を明治17年（1884）作成の地籍図上に追ってみたいと思う。図13は、「愛知郡熱田全市街」と「西熱田村」の2枚の地籍図を合成して作ったものである。墳丘の南縁と東縁、そして墳丘北の寿琳寺の西境からほぼ北上する屋敷境が、熱田市街地と西熱田村の村境となっている。測量上の誤差のためか、この村境は完全には接合できないが、できるだけ墳丘自体に誤差が生じないよう合成には意を用いることにした。

先にも述べたが、地籍図は求積を目的に作成された図面であるから、そこに描かれた地籍の大きさと形状は、一部の例外を除いて信頼に値するものと考えなければならない。西熱田村字根山4番地（塚）の地籍全体が、断夫山古墳の墳丘部分である。地籍図を見てまず驚くのは、後円部の西側約三分の一を失った墳丘の姿である。もちろん造出しの姿もない。少なくとも明治初期の墳丘は、今日の均整のとれた形状ではなく、このように改変された姿だったと考えざるを得ない。

先にも触れた伊藤文四郎は、『愛知県史跡名勝天然紀念物調査報告』第6（昭和3年・1928）に断夫山古墳のスケッチを載せている。これによると、後円部がいくらか修復され、造出しのような小さな突出部が描き加えられていることが分かる。したがって昭和初期にはすでにこの手の修復工事が行われていたことになる。このような修景・修復工事は、明治後半から大正期にかけて史跡指定の名の下に各地で日常的に行われていたのではないかと思う。

昭和20年の戦後は、戦災で家を失った人たちが、断夫山古墳の周辺に小屋がけして住んでいた時期がある。この人たちによる円筒埴輪の盗掘が頻繁に行われたという噂があるように、このとき受けた墳丘の損傷は、無視できないものがあったに違いない。またその後行われた川原石積みによる周溝の修復工事も残念ながら学術的な根拠を欠き、訪れる人たちに誤ったイメージを与える結果となっているのは、残念なことである。

つまり、私たちが目にする古墳の姿は、多くの場合手が加えられ、変形を受けた形ということである。だから目視だけによったり、また墳丘の改変という事実に配慮を怠って古墳の形態論を展開する研究手法は、ほとんど評価に値しない、ということになる。これが本論の結論である。

主要文献

必要な脚注は、極力文章化して本文中に収めるようにしたので、ここでは主要な文献を発表年次順に列挙するにとどめたい。

伊藤文四郎　1927　「八幡山古墳」『愛知県史跡名勝天然紀念物調査報告』第5
伊藤文四郎　1928　「断夫山古墳」『愛知県史蹟名勝天然紀念物調査報告』第6
調査会（編）　1932　『愛知県内古墳知名表』『愛知県史跡名勝天然紀念物調査報告』第10
犬塚康博　1986　「西塚古墳とその周辺―名古屋市中区新栄二丁目所在―」『名古屋市博物館研究紀要』第10巻
名古屋市教育委員会（編）　1990　『名古屋の史跡と文化財（新訂版）』
井関弘太郎（監修・解説）　1996　『明治・昭和　東海都市地図』
犬塚康博　1997　「古墳時代」『新修名古屋市史』
藤井康隆　2002　「鶴舞八幡山古墳の埴輪」『埴輪研究会誌』第6号
愛知県史編さん委員会（編）　2005　『愛知県史』（資料編3　古墳）
深谷　淳　2009　「断夫山古墳の周溝」『名古屋市見晴台考古資料館研究紀要』第11号
伊藤秋男　2010　『地籍図で探る古墳の姿（尾張編）―塚・古墳データ一覧―』

（南山大学名誉教授）

地籍図にみる名古屋市白山神社古墳群と御器所古墳群（伊藤秋男）

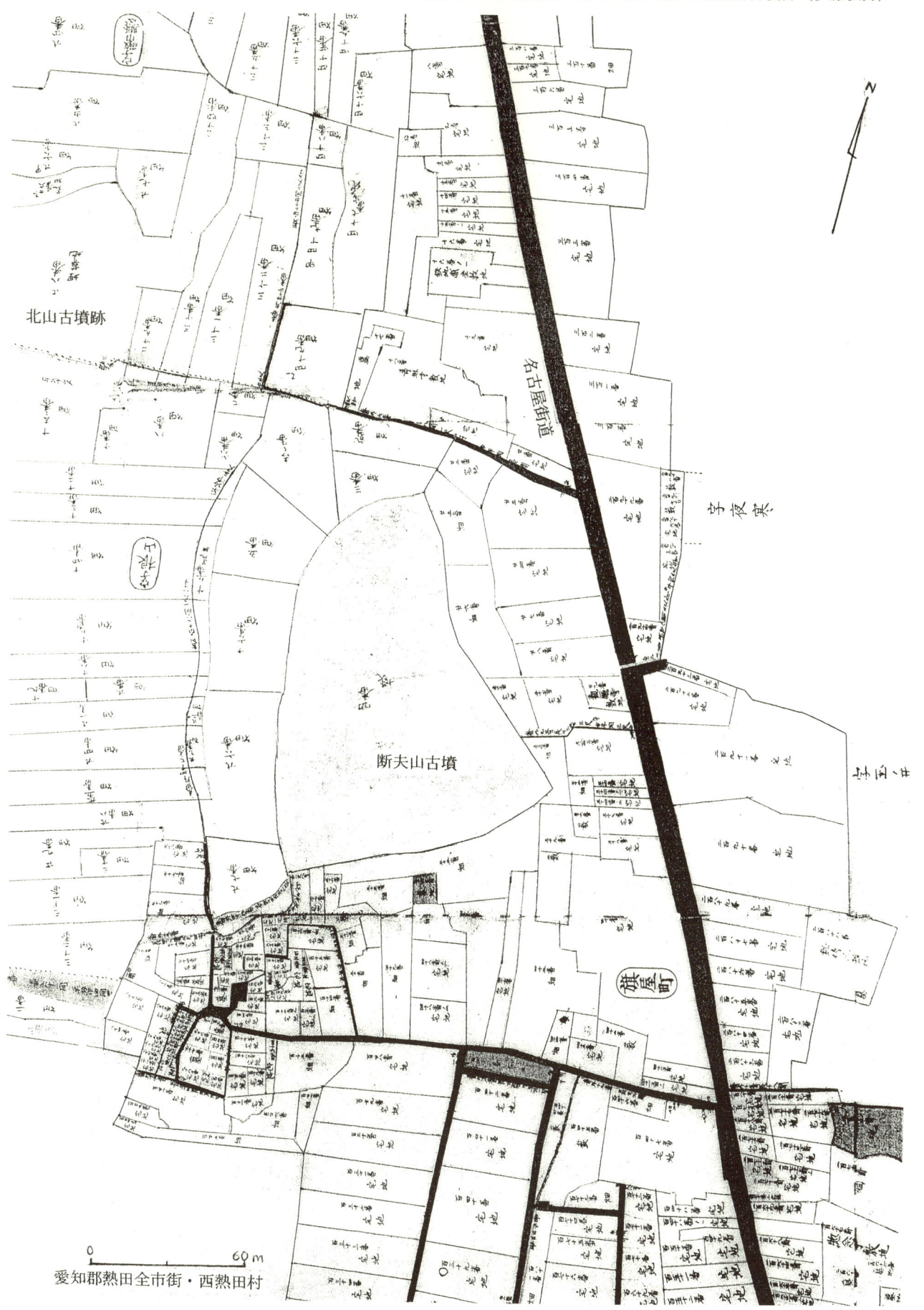

図13　明治17年（1884）合成地籍図にみる断夫山古墳とその周辺

第Ⅱ部　大須二子山古墳と地域史の研究

写真1　白山神社古墳　南から望む　2010・10・13

写真2　白山神社古墳　北から望む　2010・10・13

写真3　竜ヶ池西古墳(?)南から望む　2010・12・1

写真4　竜ヶ池西古墳(?)南東から望む　2010・12・1

写真5　一本松古墳　北東から望む　1985・7・31

写真6　一本松古墳　西から望む　1985・7・31

写真7　八幡山古墳　南から望む　1985・7・31

写真8　八幡山古墳　西斜面と周溝　1985・7・31

写真と古地図にみる大須二子山古墳

原　久仁子

　名古屋市中区門前町にはかつて大須二子山古墳が所在したが（図1）、調査がなされないまま土木工事によって滅失してしまった。現在では、そこに古墳があったということを想像するのも困難であり（図2）、大型の前方後円墳とみられるこの古墳に関しては、規模を始めとして正確な形状すらよくわからない状況にある。今日のわれわれに残されている情報は、工事の報を受けて現地に赴いた山田吉昭氏および田中稔氏の記録（山田1949、田中1953）と柚木和夫氏のスケッチ（伊藤1978）、犬塚康博氏による工事関係者への聞き取り調査（犬塚1990）、出土遺物のすべてではないだろうが辛うじて散逸を免れた採集品（安達1978、伊藤1978、犬塚前掲）しかない。この論考では新たに航空写真と古地図を用いて、失われた大須二子山古墳の姿を探ってみることにする。

1．前方後円墳としての認識

　大須二子山古墳は西本願寺の名古屋別院の境内にあったが、その周囲には数多くの寺院が密集している。このエリアは名古屋城から南へ延びる本町通りの延長線上にあることもあって、寺社参拝が娯楽を兼ねていた近世には、参詣の人々でかなりの賑わいをみせていたらしく、これらの寺院はたびたび絵図にも描かれている。西本願寺名古屋別院を描いた絵図については犬塚康博氏の論考（犬塚1990）に詳しいが、絵図等に描かれ登場する「二子山」は本堂の東に位置した小山のことであり、本堂裏手にあった大須二子山古墳は別のものだということである。犬塚氏によると大須二子山古墳そのものは往時、どうも人工の構築物ではなく自然地形とみなされていたようであり、裏を返せばそのことは、壮大な墳丘の存在を傍証するものだという。

　この古墳は昭和時代初期に刊行された『愛知県史蹟名勝天然記念物調査報告』（愛知県1932）に記載されており、そこでは前方後円墳として認識されている。これによると、高さ約5間の墳丘を有し、円筒埴輪をもっていたという。実際に、工事の際に採集されたものの中に、土師質と須恵質の円筒埴輪片が存在し、この記述を裏付けている。この報告に書かれている高さ約5間は約9mに相当し、戦前から巨大な墳丘を有する古墳であることが把握されていたにも関わらず、戦後まもなく大須二子山古墳はその姿を消してしまうこととなる。

2．古墳の破壊と報告

　大須二子山古墳が滅失した過程を時間軸に沿って追ってみると、次のとおりである。

　まず、古墳北側を東西に市電が走った道路（岩井町線）の建設と、通り沿いの商店や家屋などによって後円部北半は大きく削られ、崖状を呈することになった。この様子は、昭和23年に描かれた柚木氏のスケッチ（伊藤1978）によっても、知ることができる（図3）。

　終戦後の昭和22年には、現在の国道19号線である道路（伏見町線）の拡幅工事によって墳丘の西半分を失い、古墳は大きなダメージを受ける。このとき、古墳破壊の報を受けて現地に赴いた人物に山田

第Ⅱ部　大須二子山古墳と地域史の研究

吉昭氏と田中稔氏がおり、その現場を実見して次のように記している(山田 1949、田中 1953)。山田氏は、「古墳は南に面し、全長凡そ五十米、後円部直径三十米程もあったであらうと思われる、比較的大きな前方後円墳であった。高さは約八米で、後円部が前方部よりやゝ高かった。破壊作業以前すでに原形が相当変えられて居たが前方部が外方向へ張って居たのは、ほゞ確実であったらしい。古墳の東側には池が、西側に小川が存して居たのは、周湟の残存形態であらうか」と、この破壊を受ける以前の古墳の姿について述べている。また、田中氏は「現在西側に見られる断面を前方部より後円部までを実測すると六七米であるが、復元した大きさは、前方部から後円部の巾ともに約四〇米、中央のくびれた部は巾三〇米、前方部から後円部までの全長は七五米となっていて、前方部は石垣に、後円部は人家によりそれぞれ切り取られて、現在は八米ばかり短くなっているわけである」とし、国道19号線拡幅工事によって半裁された墳丘を観察し、土層断面図を残している（図4）。田中氏の「ほぼ中心線から真二つに鮮やかな断面を残してけずり取られてしまった」という記述から、この図が古墳の主軸に沿っていることが推測される。しかし、犬塚氏の論考に掲載された終戦直後の現況・計画図（図5）によってもよくわかるように、道路端のラインは主軸方向からやや外れているため、やや斜めに古墳を切り取った断面図として、この図を見るべきである。ただし、この時点で60mを超える墳丘とみられる盛り土が現地に残存していたことは確かだろう。これを、大須二子山古墳の墳丘として推定しうる全長の、最小値としておきたい。田中氏はこの報告の中で、後円部を盛土してから前方部を築いたという、墳丘の築造順序を明らかにしている。また、この断面図からは、古墳の築造前に営まれた竪穴住居群らしい遺構が存在することもわかる。

　山田氏は、内部主体に関する記述もしている。それによると、「竪穴式の石室が後円部のほゞ中心に封土の下約五尺の位置に存在して居た。石室の床には、河原石が敷かれ、其の下に前面にわたって粘土があったと云ふ。天井石は見受けられなかった。石室は約六尺四方で、側壁は板状の閃緑岩で隙間に粘土をつめてあった。（中略）石室内部には木棺・鎧・兜・鏡・杏葉・刀・玉類が存していた（中略）木棺一個が南北方向に存在したと云ふ。刳抜き式で当時現存した底部の全長約六尺幅一尺五寸のものである内面全体に朱が塗られている」ということであるが、この「石室」に対して伊藤秋男氏は「(山田氏のいう約六尺四方の) この石室は (尾張藩第3代夫人の) 梅昌院の墓室で、古墳の主体部は粘土槨であった可能性がつよい」とし (伊藤前掲)、犬塚氏も山田氏への聞き取りから「山田氏が現地に赴いた時は、既に石室は除去された後で、辛うじて木棺が露呈していたに過ぎない状態（中略）現場の工事関係者から得た情報をもとに成した」としており、この石室に関する情報には注意を要する。さらに犬塚氏は、工事関係者であった伊藤要造氏から得た情報として、「墳丘北の崖端から3メートル程南の東西中央部分、現地表面下から2メートル程の位置から、主軸を北西—南東に有する石室が現れた。数枚の天井石があり、それを開けて中にはいった。石室は、長さが約2.5メートル、幅が大人2人が並列して立って窮屈な程度の平面長方形で、深さ1メートル前後であった。中には、細長い腐った木片があり、円周が一抱えくらいの大きさの陶器の皿があった」という情報も新たにもたらされたが、これが事実であれば、この「石室」の中から出土したのは「円周が一抱えくらいの大きさの陶器の皿」だけだということになる。内部主体については犬塚氏と服部哲也氏が、横穴式石室あるいは竪穴系横口式石室という可能性を指摘する見解を示しており（犬塚 1997、服部 2005）、石室内にあったという「円周が一抱えくらいの大きさの陶器の皿」が何を指すのかとともに、未解決の問題が多く残されている。

　さらに、古墳の東側に建設された大須球場の拡張工事（昭和23年）でも、残っていた墳丘の東半分が変形されてしまう。さらに、昭和28年の名古屋スポーツセンター建設工事によって、わずかに残っていた墳丘さえも完全に失われ、古墳は未調査のまま滅失してしまうことになったのである。この過程

108

をまとめると、表1のようになる。

表1　大須二子山古墳の破壊過程

時期	工事内容	破壊状況	参考文献
明治時代以降	岩井町線道路建設工事	後円部北半を失う	—
昭和22年（1947）	伏見町線道路拡幅工事（国道19号線）	西半分の墳丘を失う	田中 1953
昭和23年（1948）	大須球場拡張工事	墳丘の東半分が変形される　墳丘北の崖端から南に3mの地点で石室？を発見した	山田 1949　前掲 田中　犬塚 1989
昭和28年（1953）	名古屋スポーツセンター建設工事	滅失	前掲 田中

　これらの破壊作業で出土した遺物があったが、散逸していた出土遺物の収集が行われ、名古屋市博物館と南山大学人類学博物館に収蔵された。犬塚氏の論考において、どの遺物がどの工事の際にそれぞれ出土したものなのか、整理されている。それによると、出土した遺物のうちで大須二子山古墳に伴うとみられるものは、昭和23年に行われた大須球場拡張工事の際に集中的に出土したようである。

3. 犬塚康博氏による墳丘の復原的研究

　前述したように、犬塚氏の近世の絵図等からの検討では、自然地形とみなされるほど大きな墳丘を有していたことが推察できるに留まっていた。そこで犬塚氏は、地籍図の地番の境界線をもとにして、大須二子山古墳の墳丘の推定復原を試みている（図5）。犬塚氏が利用したのは明治17年測量の地籍図（図6）だが、門前町7丁目7番地北側の水路と、同8番と43番の境界線を結んだ線を後円部の円弧とし、5番地と6番地の境界を前方部の東端に、谷状の地形をなす前塚町の北縁を南端にあてて全長138mの前方後円墳を想定している。犬塚案によると、愛知県下最大の規模を誇る断夫山古墳（全長約150m）にも迫る墳丘を有していたことになる。ただし、犬塚氏が利用した地籍の境界線には確かに前方後円形の古墳の形状に起因するとみられる部分が認められるものの、それが墳丘そのものを示すラインであるかについては確証を得られないことに注意しておかなければならない。また、前方部の長さと形状についても、断夫山古墳の墳形を強く意識している感を否めない。7番地北側の水路と、同8番と43番の境界線を結んだ線、5番地と6番地の境界のみが古墳の形状を導き出す参考となる地籍であって（図7）、それ以外は犬塚氏の推定でもって描き出された前方後円墳形なのであり、この点を念頭に置いて犬塚案を検証すべきだろう。これだけの規模を有したとすれば、大須二子山古墳が周濠を伴っていた可能性は高く、周囲に小川や池の存在が指摘されていることからも、これらのラインを即座に墳丘ととらえるのには、慎重になったほうがよいと思う。犬塚氏も自ら位置づけているように、犬塚案は大須二子山古墳の規模がこれ以上大きくなることはありえないという、最大値とみるべきである。

　田中氏と犬塚氏、両者の見解を合わせれば、大須二子山古墳の墳丘規模は主軸全長60m以上138m以下となり、実際の古墳の大きさはこの間にあるということになる。

4. 写真からの検討

　前述のように、田中氏の記述によれば「前方部は石垣に、後円部は人家により」墳丘が切り取られ、山田氏も「破壊作業以前すでに原形が相当変えられて居た」と記しており、梅昌院などの墓所も築かれていたため、古くから墳丘の改変がかなりあったようだ。また、犬塚氏の論考で紹介された工事関係者の証言では、墳丘北の「崖」という表現がみられるので、市電の走る岩井町線と沿道の民家ないし商店によって、墳丘北端が激しく削られていた様子が伺える。通称「電車道」の建設によって後円部の破壊

第Ⅱ部　大須二子山古墳と地域史の研究

表2　大須二子山古墳を撮影した戦中および終戦直後の航空写真の一覧

No.	撮影者	整理No.	コースNo.	写真No.	撮影年月日	備考
①	旧日本軍（陸軍）	3-23		9	昭和9年（1934）〜10年（1935）頃	
②	米軍				昭和20年（1945）4月28日	アメリカ合衆国公文書館蔵
③	米軍	M158-A-6		9	昭和21年（1946）6月6日	
④	米軍	M197-A-3	No.1	108	昭和21年（1946）7月16日	
⑤	米軍	M550-1		72	昭和22年（1947）10月13日	
⑥	米軍	M1245-A		72	昭和24年（1949）3月8日	

（すべて国土地理院の承諾にもとづいて掲載）

表3　航空写真撮影時期と大須二子山古墳

昭和7年（1932）		愛知県内古墳地名表に掲載（前方後円墳、高約五間、埴輪円筒）	
昭和9年（1934）〜10年（1935）頃	① 旧日本軍（陸軍）が航空写真撮影		
昭和20年（1945）4月28日	② 米軍が航空写真撮影		
昭和20年（1945）5月17日			空襲で西別院が全焼
昭和20年（1945）8月15日			敗戦
昭和21年（1946）6月6日	③ 米軍が航空写真撮影		
昭和21年（1946）7月16日	④ 米軍が航空写真撮影		
昭和22年（1947）10月13日	⑤ 米軍が航空写真撮影		
昭和22年（1947）12月1日			大須球場開場
昭和23年（1948）4月22日〜10月		道路建設工事※により破壊	
昭和24年（1949）3月8日	⑥ 米軍が航空写真撮影		
昭和28年（1953）4月5日		大須二子山古墳滅失	大須球場撤去

愛知県1932、山田1949、田中1953、犬塚1990、新修名古屋市史編集委員会2000をもとに作成
※犬塚氏は、堀に認められる注記［1947.8］を根拠に、道路建設工事を昭和22年（1947）8月とみているが、航空写真⑤から判断する限りでは、大規模な墳丘の掘削はまだ行われていないようだ。

が行われた時期ははっきりしないが、明治時代に撮影されたとされる大須二子山古墳の写真（図8）には、岩井町線とみられる道路も、それに沿う建物も写っていない。したがって、この破壊はそれ以降のことと考えられる。この写真をみると、墳丘上には柵などの構築物が設けられているのがわかる。

また、昭和初期および終戦直後に、大須二子山古墳を包含する地域を上空から撮影した航空写真がある。これらは旧日本軍と米軍によって軍事目的で撮影されたものであるが、これらには、表2に挙げた6枚がある。これらの航空写真の撮影と、古墳の損壊行為の時期と照らし合わせてみると、表3のとおりである。①〜⑤は後円部北半を除き、墳丘が大きく改変を受ける以前の撮影であり、墳丘上に生えていたとみられる木の茂みが認められるが（図9〜13・15）、⑥では東側を大須球場によって、さらに西半を建設工事中の道路（現在の伏見通・国道19号線）によって、大きく削り取られた状態を見ることができる（図14・16）。航空写真の検討によって得られた情報は二次元的であるし、写真に写っている木の茂みを即座に墳丘とみなすことはできないが、確かに滅失前の大須二子山古墳をそこに捉えることができた。

5．古地図からの検討

近世の名古屋城下の古地図はいくつもあるが、大須二子山古墳の姿をそこから見出すのは困難だ。それは、古墳が西本願寺名古屋別院の境内にあることから、寺院の敷地として地図に記されているためで

ある。これは大須二子山古墳に限らず、ともに大須古墳群を形成していた他の古墳も寺社の密集したエリアに点在しており、同様の状況である。しかしながらこうした古地図を調べていくと、一部の古地図(図17)や地籍図(図6)に限られるものの、古墳の西側にあたる部分の水路の不自然な屈曲を見出すことができる。これは前方後円墳である大須二子山古墳の墳丘西側の墳形を意識したものであり、この屈曲部分が後円部と前方部の境界であるくびれ部に相当し、周濠の名残とも考えられるのではないか。

　ここで、大須二子山古墳の墳丘の復原を試みるために、田中氏の墳丘の土層断面図(図4)を再検討したい。この図をもとに想定される墳丘の築造方法は、古墳の築造にあたって地表面を平坦にした後、B層を後円部の中心と周囲にめぐらせておいた間にC層を充填、その上にD・E層を周囲に盛って土堤のようにした中へF層を充填するといった工程が考えられる。この想定が許されるならば、本来の後円部の直径は、断面図に描かれた残存部分の倍近い、50mほどであったと推測できる。これは犬塚氏の推定する復元案の後円部よりもひとまわり小さくなるが、周濠などの外部施設が存在するのであれば、地籍図とも整合する。問題は前方部の南端をどの位置とみるかであるが、L・M層が盛られた間にN層やO層が充填されている様子からみて、このL・M層が前方部端だったかもしれない。もちろん、前方部が後世の改変を受けて削られている可能性も十分にあるため、慎重にならなければならないだろう。特に、大須二子山古墳が西別院の境内にあったことから、境内を整地した影響は少なからず考えられる。また、南側から西側にかけては古くから民家が建てられているため地形の改変があり、地籍図にもこれが反映されているだろう。田中氏の図中の南端に描かれた石垣がいつ築かれたものかはっきりしないが、Q層とR層は後円部と石垣との間を平坦にするために盛られ、そのレベルに合わせて後円部の墳頂も削平されたようにもみえる。前方部についても、航空写真の撮影以前にすでに削り取られていた可能性が高いが、写真に認められる墳丘とみられる茂みと後円部の推定規模を合わせ、その墳丘主軸全長は100mほどだったのではないかと考えている。

引用・参考文献
愛知県　1932　「愛知県内古墳地名表」『愛知県史蹟名勝天然記念物調査報告』10
名古屋市復興局編　1946　『名古屋市復興都市計画図』
山田吉昭　1949　「名古屋大須二子山古墳」『郷土文化』4-4
田中　稔　1953　「前方後円墳の築造方法」『歴史評論』49
安達厚三　1978　「名古屋市大須二子山古墳の遺物をめぐって」『名古屋市博物館研究紀要』第1巻
伊藤秋男　1978　「名古屋市大須二子山古墳調査報告」『小林知生教授退職記念考古学論文集』
名古屋市土木局　1986　『名古屋市制百周年記念　愛知県名古屋区地籍全図(復刻版)』(明治17年測量・明治18年製図)
徳川黎明会編　1988　「61 名古屋城下」『尾張国町村地図』名古屋市域編Ⅱ　徳川黎明会叢書
犬塚康博　1990　「大須二子山古墳の復原的再検討」『名古屋市博物館研究紀要』第13巻
犬塚康博　1997　「断夫山古墳と大須二子山古墳」『新修名古屋市史』1
新修名古屋市史編集委員会編　2000　「市街地空襲」『新修名古屋市史』6
服部哲也　2005　「大須二子山古墳」『愛知県史』資料編3　考古3　古墳
名古屋市博物館編　2010　『幕末(明治元年頃写)城下町名古屋復元マップ』[南部]

(多治見市文化財保護センター)

第Ⅱ部　大須二子山古墳と地域史の研究

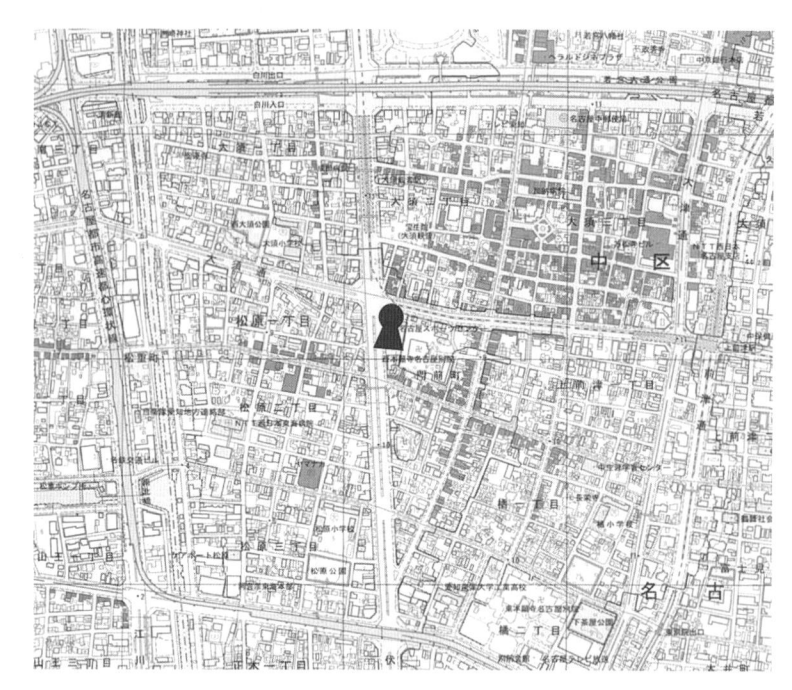

図1　大須二子山古墳の位置

図2　大須二子山古墳所在地の現況　左：北西より　右：南東より

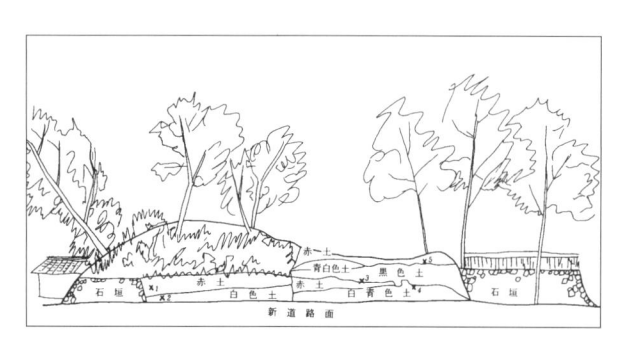

図3　柚木氏によるスケッチ　左：西から　右：北から

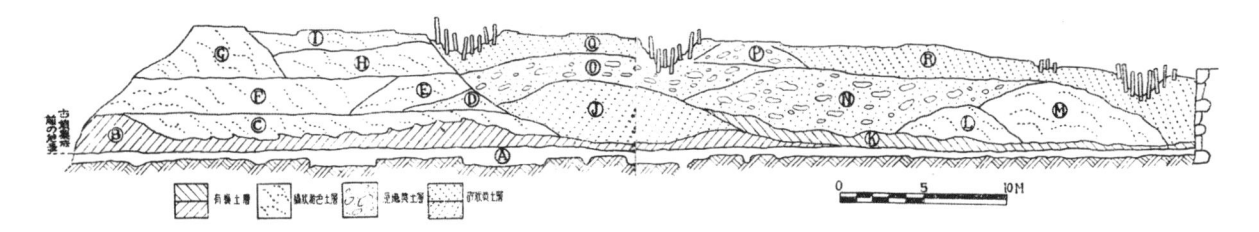

図4　田中 稔氏による墳丘の土層断面図

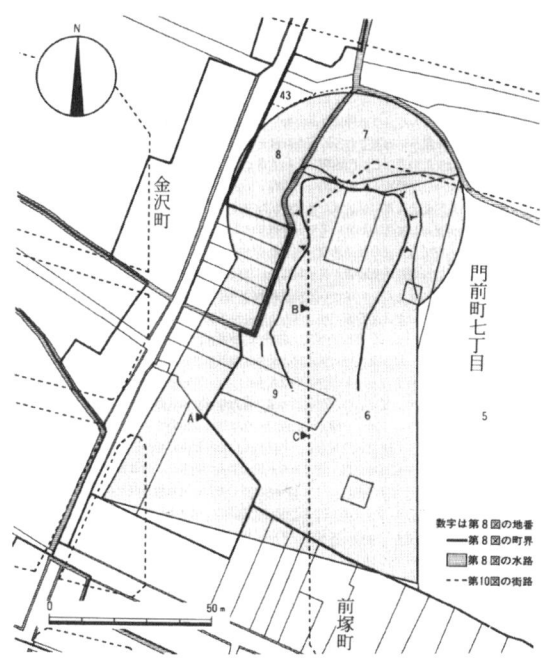

図5　犬塚康博氏による地籍図からの復原図
　　（現況・計画図が重ねられている）

図6　明治17年測量の地籍図

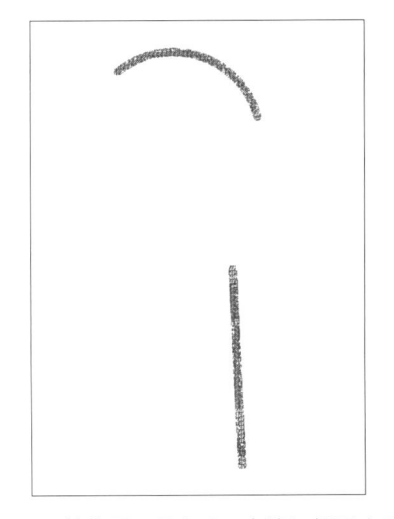

図7　地籍図に見出せる古墳に起因する
　　とみられるライン

図8　北東より撮影されたとみられる大須二子山古墳
　　（名古屋市鶴舞中央図書館所蔵）

第Ⅱ部　大須二子山古墳と地域史の研究

図9　航空写真①　中央の黒い部分が大須二子山古墳とみられる茂み

図10　航空写真②　同

写真と古地図にみる大須二子山古墳（原 久仁子）

図11　航空写真③　同

図12　航空写真④　同

第Ⅱ部　大須二子山古墳と地域史の研究

図13　航空写真⑤　同

図14　航空写真⑥　中央部分が道路と大須球場によって激しく破壊を受けた大須二子山古墳

図15　航空写真①と1万分の1地形図（合成）

図16　航空写真⑥（部分拡大）

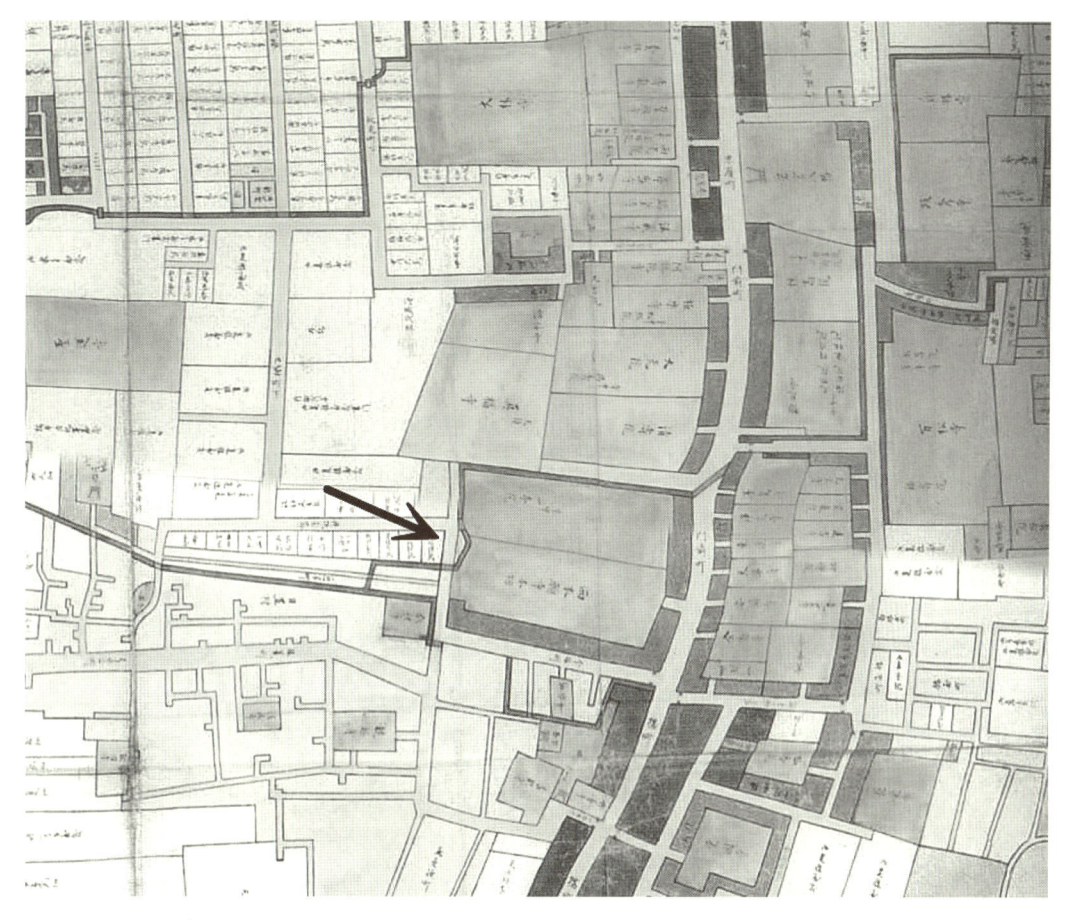

図17　『尾張国町村地図』（18世紀以降に作成か）にみられる水路の屈曲（矢印部分）

大須二子山古墳金銅装挂甲の持つ意味
——五胡十六国・北朝甲冑との関係を中心に——

蘇　哲

　大須二子山古墳から出土した横矧板鋲留衝角付冑・胴丸式挂甲・金銅装の小札塊は、6世紀前半の甲冑に関する貴重な資料である。とくに金銅装の小札塊に関しては、「裲襠式小札甲」または「多くの小札を使用する付属具」と、二つの説に分かれ、まだ結論が付けられるところに至っていない[1]。「裲襠式小札甲」説によれば、この小札塊は胸当と背当と推定される2つ個体からなる。「胸当と考えられる小札塊は縦に11段、横に13列以上の小札が縅・綴じ合わせされたもので、最下段の裾札がΩ字形を呈し、金銅装が施されている。背当と考えられる小札塊も10段以上の小札が確認でき、両者の復元長さは50cmを超えるものである」[2]。その小札を上から順次に上重ねに組上げられ（図1）、日本と朝鮮半島に流行した「外重式」という札甲の配置方法によるものだと指摘されている[3]。

　中国側は、4世紀から6世紀にかけての甲冑の出土資料は日本ほど多くはなかった。甲冑の復元は近年に進展が見られるものの、小札の形式や連結する技法に関する研究は十分とは言えないのが現状である。したがって、小札の形式、甲冑製作技術の面において、大須二子山の甲冑と中国大陸出土の甲冑との比較研究は、筆者にとっては困難である。

　小稿は、金銅装の小札塊に注目し、小札の起源と伝播、五胡十六国・南北朝時代挂甲との同異および金銅製甲冑が持つ儀礼上の意味を考察して、大須二子山古墳から出土した金銅装の小札塊の性格について検討を加えたい。

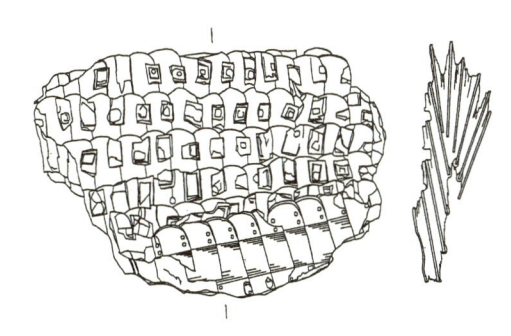

図1　大須二子山古墳から出土の金銅装小札塊

1．挂甲の起源と伝播

　中国では、甲冑の歴史は殷時代に遡れる。1935年、中央研究院歴史語言研究所の調査で河南安陽侯家庄1004号大墓の南墓道から141点以上もの殷代の青銅製冑が出土し、革製鎧の痕跡も発見された。痕跡の最大幅は40cm前後に達し、漆を塗った革でつくったものだと報告されている。縫い目が見つからなかったことから、丸一枚の動物の革でできたものと推定されている[4]。

　鎧に綴じつける金属の札は西周時代に登場した。1984年陝西省西安市長安区普渡村18号西周墓から42点の長方形の銅板が出土した。それらの銅板が2種類に分かれ、長さ10.4cm、幅4.05cmのものは14点であり、長さ7.2cm、幅4.2cmのものは28点である。これらの銅板の四隅に綴孔があり、皮革製の下地に綴じつけたものだと見られる。白栄金氏によってこれらの銅板は、鎧の胸当ての残りと推定されている[5]。

　普渡村18号西周墓から出土した銅札は挂甲の小札の祖形と考えられるが、その段階に挂甲を組み立てる綴技法、とくに縅技法がすでに成立した証拠が見出されない。皮革製の下地に金属の板を綴じつけて、戦車戦のため、可動性のあまり求められない鎧の胴体の部分を製作する技法であった可能性が高い。

第Ⅱ部　大須二子山古墳と地域史の研究

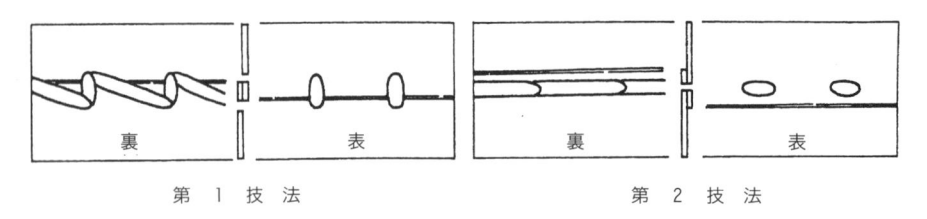

裏　　　　表　　　　　　裏　　　　表

第 1 技法　　　　　　　　第 2 技法

図2　小札甲の綴じ技法（高橋工氏による）

その技法は秦漢時代以降にも伝え、楊泓氏が秦の始皇帝の兵馬俑に表現された鎧の一部はこの技法で作成されたものだと指摘した[6]。

青銅札の強靭性が不足であるため、防護のレベルは良質な革札に及ばず、普及するまで至らなかった。春秋時代と戦国の初期までは、諸国の軍隊が主に革製の甲冑を装備したようである。

1978年に湖北省隋県（現在随州市）擂鼓墩で発掘された曽侯乙墓は、南方の楚文化圏のもっとも重要な墳墓の一つであり、その年代は楚の恵王56年（前434）頃と推定されている。曾侯乙墓から12点の革製の甲が検出され、そのうちの半数は革製の冑も伴っていた。復原されたⅢ号甲は、身甲（仏胴）・甲裾・甲袖・盆領（襟廻）からなっており、部位によって、革板の形とサイズが異なる。高橋工氏が小札甲の綴じ技法を第1技法と第2技法に分類し（図2）、綴紐が地板の端部を跨ぐものを第1技法、跨がないものを第2技法とした。曽侯乙墓Ⅲ号甲の身甲の地板の連結は、第2綴技法によっている。身甲の上部には、頸の左右と後方の外上方に立ち上がる盆領が取りつけられている。身甲の下に連接した甲裾は各段14枚の小札を上下4段にわたって連結している。各段の横の小札の連結は第2綴技法によって行い、各段同士の連結は緘技法によっている。甲袖は横長やや弧形を呈する小札4枚を下面の開いた環状に綴じつけ、それを13段緘付けて腕部を覆っている[7]。

曽侯乙墓のⅢ号甲は、これまで復原されたもっとも古い甲冑であり、胸の部分は可動性のない綴技法、袖と胸以下の部分は可動性のある緘技法を採用したことは、秦漢以降の挂甲に大きな影響を与えた（図3）。春秋戦国時代に諸侯軍事力の中核になるのは馬に引っ張られる戦車部隊であり、鎌のような形の青銅戈は馬車戦の有効な武器になる。盆領は、戈から首を守るためのものと考えられる。

戦国時代に鉄器製作技術の進歩に伴い、北方地域では鉄製の鎧も登場した。

戦国時代末期の人である呂不韋が食客を集めて編纂させた『呂氏春秋・貴卒篇』に、趙国が中山国を攻め、吾丘鳩という中山の勇士が鉄甲をまとい、鉄の杖を持って戦いに出たと記している[8]。中山国は、春秋時代以来の中原の北部で活動した白狄族が現在の河北省中南部の平山県一帯で打建てた都市国家であり、紀元前296年に趙に滅ぼされた。この『呂氏春秋』の記事は、鉄の鎧に関する最も古い明確な記録である。

図3　湖北省随州市曽侯乙墓Ⅲ号鎧の復元

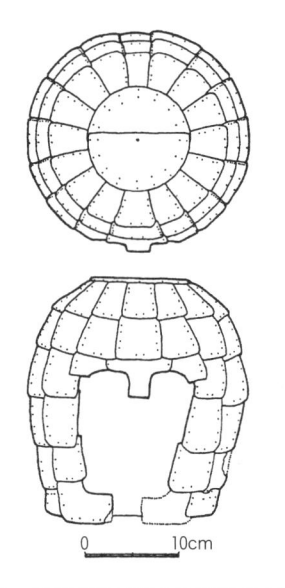

図4　河北省易県燕下都鉄冑の復原

中山国の北東に燕という国が存在していた。河北省易県燕の下都

遺跡は、紀元前4世紀初頭から、紀元前226年まで燕の都の跡である。その21号工房跡から、鉄製の小札が491点出土した。さらに、燕下都44号墓から出土した89枚の高さ5cm、幅4cmの小札で、高さ26cm、直径24cmの冑が復元された（図4）。その冑の頂部は2枚の半円形の鉄板で閉寰され、7段の小札を上から順次に下重ねに組上げられたものである。燕下都44号墓の冑は綴第2技法を採用したと指摘された[9]。

高橋工氏が中国戦国時代以前の甲冑の地域差に注目して、南と北の系譜を引くことを試みた。春秋時代に入って南蛮とされた楚の軍事力が飛躍的に増強し、中原諸侯の連合軍と対抗してきた。楚の地では、皮の分厚い水牛が数多く飼育され、野牛や犀も生存していた。漆生産の量と技術はともに諸侯の中でもトップであった。このような条件に恵まれ、春秋戦国時代には楚の革製甲冑の製作技術がもっともすぐれていたと考えられる。曽侯乙墓より年代が古く、湖南省長沙市瀏城橋春秋時代楚墓にも革製甲冑の小札が発見された。戦国末の詩人屈原（343B.C.～278B.C.）の書いた『楚辞・九歌』国殤に「操呉戈兮被犀甲、車錯轂兮短兵接」（呉戈を操り犀甲を被る。車の轂（こしき）は錯れ短兵は接す）とある。戦国末までの楚軍隊が、もっとも重んじている鎧は犀の革製のものであり、当時では主に犀などの革でつくられる鎧を装備していたことが窺うことができる。

これに対して、北方の状況はやや複雑になる。河北省北部と遼東地域を支配した燕では、鉄製の甲冑が生産されたことがわかるが、東の斉、西の秦、中原中心部の韓・趙・魏の甲冑の出土資料は残念ながら、まだ空白状態である。前221年、秦の始皇帝は六国を滅ぼし、中国を統一した。秦時代の鎧の実物は、まだ発見されていないが、始皇帝陵の兵馬俑や石甲冑の資料で秦時代の挂甲の様相を知ることができる。その源流は戦国時代の皮製の挂甲と鉄製の冑にさかのぼれる。

秦の始皇帝陵兵馬俑の鎧と石鎧の場合は、胴体部分の札甲が綴技法によって、下に向かって内側に重ねられ（「内重式」）、袖や腰部以下の札甲が縅技法によって、下に向かって外側に重ねられることとなっている（「外重式」）（図5）[10]。始皇帝陵から出土した石冑は燕下都の鉄冑と同じような綴じ技法によるものと見られ、同じ北方系に属すものだと思われる。

紀元前206年、項羽と劉邦が率いた楚軍が秦の本拠地関中に入り、秦王朝が滅びた。前漢の成立に伴い、鉄製の挂甲が普及した。前漢文帝（180B.C.～157B.C.）または景帝（157B.C.～141B.C.）時期と推定される陝西省西安北郊前漢墓、山東省臨淄県斉王墓5号陪葬坑（図6）、江蘇省徐州獅子山楚王墓から出土した鉄製挂甲の小札の重ね方は、始皇帝兵馬俑と石鎧との共通性が見られる[11]。すなわち、胴体部に当たる鎧は「内重式」の綴甲で、袖や腰以下の部分は「外重式」の縅甲である。武帝時期の河北省満城県中山王劉勝墓から出土の挂甲は、2859枚の小札からなり、前で開閉する形式である。

図5　秦始皇帝陵園出土 K9801T2G2 石鎧

図6　山東省淄博市前漢斉王墓
　　　5号副葬坑出土鉄製挂甲

第Ⅱ部　大須二子山古墳と地域史の研究

その袖が筒のように復元されている点は文帝・景帝時期の諸例と異なる[12]。

　右にあげられた鎧の出土例は、いずれも王侯クラスの墓から出土したものである。それらの鎧は、小札の数が多くて、サイズが小さいのを特徴とする。

　前漢軍隊の実戦用の挂甲が内蒙古フホホト市郊外の二十家子古城で発見された。それは673枚の小札から構成されており、胴体は3段の長い小札からできた「内重式」の綴甲で、袖と腰以下の部分の構造が「外重式」の縅甲である（図7）。盆領と筒袖の構造は曽侯乙墓のⅢ号甲、始皇帝陵の御者鎧と共通性が見られる[13]。

　まとめて見ると、中国戦国時代から漢代にかけての皮製と鉄製挂甲の胴体部分は、「内重式」の綴甲が主流であり、袖や草摺部分の小札の横方向の連結は綴技法により、縦の連結は動きやすい「外重式」の縅甲を用いるのは特徴である。

　前漢時代に、このような漢式の鎧は、かつて東胡民族が暮らしている中国東北部と朝鮮半島に伝わった。劉邦は項羽を倒した後、異姓諸侯王の粛清を行い、かつての戦友であった燕王盧綰が漢に背いて匈奴に亡命し、燕人衛満も千人余りの徒党を率いて燕から朝鮮に入った。衛満は燕・斉からの亡命者などを取り込んで、紀元前195年頃に、王険城（平壌）を首都に定めて王位に就いた。紀元前108年、漢の武帝が衛氏朝鮮を滅ぼし、その故地には楽浪郡、真番郡、臨屯郡、玄菟郡の漢四郡を設けた。衛満などの亡命者および漢王朝の長期間に及ぶ遼東と朝鮮半島の支配によって、漢の武器文化が東胡系の烏桓・鮮卑族に影響を与えたと考えられる。1980年、吉林省楡樹老河深遺跡では、後漢時代とされる67号墓から胴部のみの鎧、56号墓から披膊が出土した。67号墓の鎧の場合、隅丸の長方形の小札を使用して、肩の部分は横置き、胴体の部分は縦置き、第2綴技法による「内重式」の綴甲である。56号墓の披膊の小札は、同段の小札同士は綴技法、上下の段は縅技法によって連結される[14]。その製作技法からは、漢から伝えて来たものと推定できる。

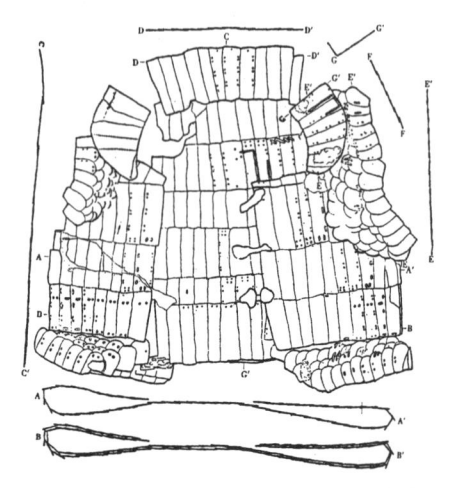

図7　内蒙古フホホト市二十家子古城から出土した前漢時代鉄製挂甲

2．慕容鮮卑前燕の挂甲

　三国・西晋時代の甲冑実物の出土例がなかったが、文献には「黒光」、「明光」、「裲襠」、「環鎖」、「筩袖」などの鎧の名称が残っている[15]。西晋時代の武士俑に表現されている「筩袖鎧」の胴体部分は、魚鱗状の小札からできた「内重式」の綴甲であり、短い袖が筒状になっている（図8）。デザインは別にして胴体部分の小札を連結する技法は漢代の鎧と変わらなかったという印象を受けた。

　北方地域では五胡十六国時代に入ると、挂甲の製作技法が大きく変わったようである。

　遼寧省北票市喇嘛洞前燕墓地（4世紀前半）から少なくとも鉄製鎧3点、馬鎧1点出土した。

　ⅠM3号鎧の保存状態が悪く、小札の連結方法の模式図しか発表されなかった（図9）。

　ⅠM4号鎧が265枚の小札から構成しており、それらの小札がⅢ形式に分けられ、いずれも縅孔一列の

図8　洛陽西晋墓の陶俑

小札である。

　形式Ⅰ：193枚。鞜形、3つの繊孔、4つの綴孔、2つの覆輪・下搦孔がある。平均長さ約8cm、幅4cm、厚さ0.15cm、重さ21gである。

　形式Ⅱ：39枚。鞜形、3つの繊孔、8つの綴孔、2つの覆輪・下搦孔がある。長さ8.8cm、幅4.3cm、厚さ0.2cm、重さ25gである。

　形式Ⅲ（Ω字型腰札）：33枚。円頭、中間部の幅は狭くなり、断面が「S」状となる。4つの繊孔、8つの綴孔、2つの覆輪・下搦孔がある。長さ12cm、幅2.8-3.3cm、厚さ0.2cm、重さ32g。

　復原されたIM4号鎧は、裲襠式とされているが、楡樹老河深67号墓の鎧に類似し、前後胴が分離せず、脇で開閉するタイプのものである。小札が縦9段、「外重式」の配置である。各段の横方向の小札の連結は綴技法によって行い、各段同士の連結は繊技法によっている。上から6段目はΩ字型腰札を使用している。胸側は上から4段目と7段目は形式Ⅱの小札を使用している[16]（図10）。

　IM5号鎧の場合、胴鎧、袖、佩楯、頸鎧などが揃っている。

　胴鎧は、形式Ⅱの小札を846枚使用し、縦15段の「外重式」の連結方法である。各段の横方向の小札の連結は綴技法によって行い、各段同士の連結は繊技法によっている。首の上方に13枚の下端丸の小札から構成された衿が綴じ付けられている。

　袖は、縦9段の「内重式」綴甲であり、

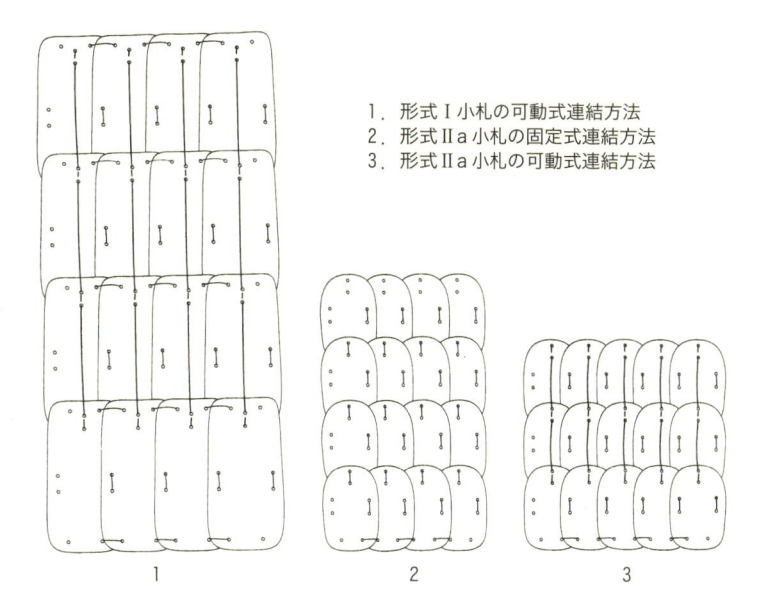

1．形式Ⅰ小札の可動式連結方法
2．形式Ⅱa小札の固定式連結方法
3．形式Ⅱa小札の可動式連結方法

図9　遼寧省北票市喇嘛洞前燕墓地IM3号鎧小札の連結方法の模式図

形式Ⅰ　形式Ⅱ　形式Ⅲ

IM4号鎧復元イメージ図

---　推測輪郭
───　元の位置を保つ小札
━━　散乱した後に位置の復元がされた小札

IM4号鎧小札位置の復元

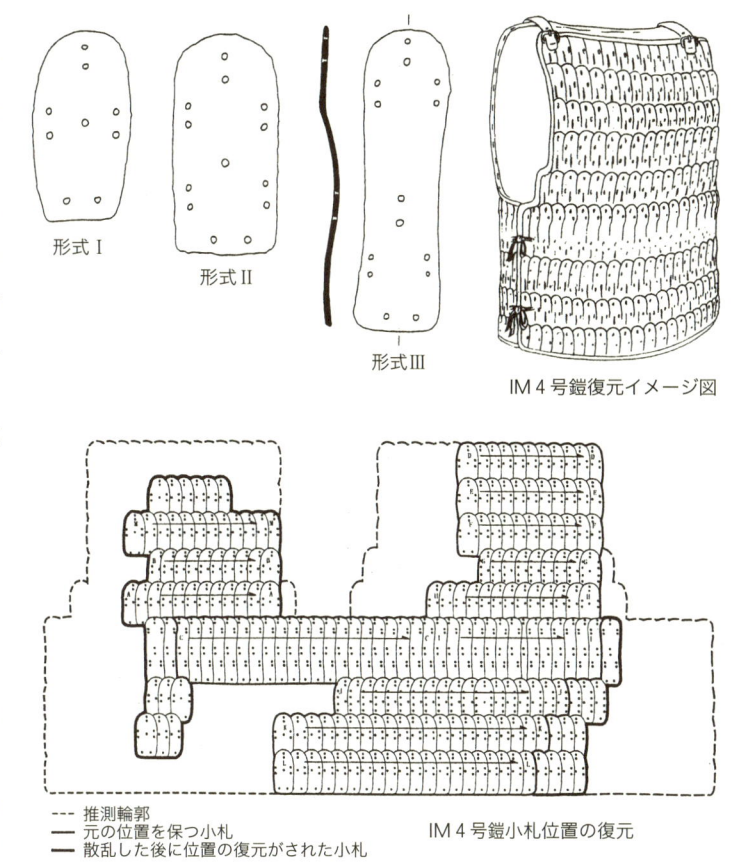

図10　遼寧省北票市喇嘛洞前燕墓地IM4号鉄製挂甲

辺縁部に革製の覆輪の痕跡が残っている。上から1段目は7つの綴孔を持つ長い小札（概報の形式Ⅵ）を、ほかの8段は鞜形の7つ綴孔を持つ小札を用いる。右と左腕それぞれ123枚の小札を使用している。

　佩楯は、縦9段の「外重式」綴甲であり、各段の横方向の小札の連結は綴技法によって行い、各段同士の連結は繊技法によっている。右足と左足それぞれ207枚の鞜形小札を使用している（図11）。

　頸鎧は内彎した細長い60枚の異形小札（形式ⅩⅨ）を使用し、正面中央から左右に順次上重ねにし

第Ⅱ部　大須二子山古墳と地域史の研究

IM 5 号胴鎧の展開図

IM 5 号鎧の左右袖

IM 5 号鎧の佩楯

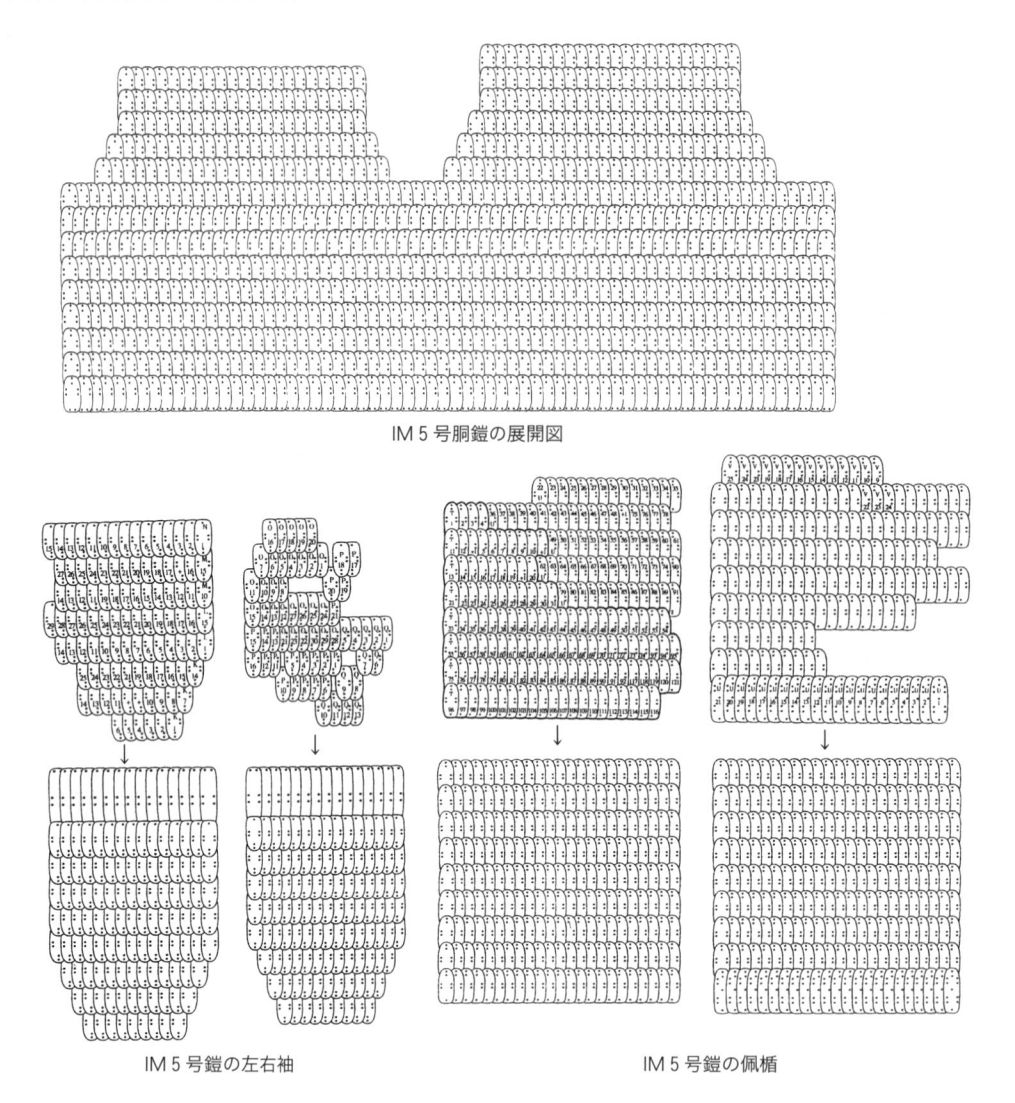

図11　遼寧省北票市喇嘛洞前燕墓地から出土のIM 5 号鎧の胴鎧・袖・佩楯

て綴じ合わせて、上下の辺縁部に皮製の覆輪を付ける。

　IM 5 号鎧には、また用途不明な付属具がある。縦 5 段、横11枚の鞊形小札から構成される綴甲である。横方向の小札同士の連結は正面中央から左右に順次下重ねにして綴じ合わせ、各段同士は内重式魚鱗甲のように上の段の小札の中軸を下の段の小札の繋ぎ目に合わせて綴じる。

　IM 5 号鎧は人間用の冑・馬鎧・馬冑と一緒に出土し、重装騎兵の鎧である。IM 4 号鎧は、胸・背中と腰の部分しか守れない防弾チョッキのようなもので、軽騎兵か歩兵が使用する鎧だと考えられる。

　北朝鮮黄海北道安岳郡柳雪里に位置する安岳 3 号墓の年代は、墨書墓誌によると、東晋永和13年（357）であり、被葬者の冬寿は、『資治通鑑』晋紀咸康 2 年（336）正月乙未年条に記されている慕容鮮卑の前燕内乱により、高句麗に亡命した慕容皝の司馬佟寿と推定されている[17]。安岳 3 号墓の出行図に主人公の牛車の右前方に進行する平巾幘を被って刀を担う歩兵、牛車の左に進行する弓を持つ歩兵の鎧を参考してIM 4 号鎧の着用方法をイメージできる。さらに、出行列の両脇に進行する具装騎兵を見て、IM 5 号鎧を着用する慕容鮮卑の重装騎兵の姿を想像できる。

　歴史上、慕容鮮卑は、政治・軍事において高句麗と深い関係を持っていた。407年に建国した北燕王朝の初代目の天王慕容雲は、高句麗王族の出身で、のちに後燕皇帝慕容宝の養子になった人物である。436年、北燕が北魏に滅ぼされ、 3 代目の天王馮弘が首都和龍城の軍民を率いて高句麗へ亡命した。

このような政治・軍事の事情から、慕容鮮卑の甲冑は高句麗に影響を与えたと考えられる。

喇嘛洞IM4号鎧とIM5号鎧の胴鎧は、漢代から内重式綴甲の伝統に反して外重式の縅甲となり、大須二子山古墳から出土した金銅装小札塊の連結技法と共通点が見られる。とくに、Ω字型腰札が大須二子山小札塊の最下段の裾札と類似する点がある。1965年に遼寧省北票県で北燕范陽公・遼西公・車騎大将軍・大司馬馮素弗墓（415年）から、S字型の腰札を用いた外重式縅甲の鉄札が出土した[18]。慕容鮮卑にはΩ字型、S字型の腰札を用いる縅甲の存在が大須二子山古墳および古墳時代の挂甲の源流を考えるには不可欠の資料であると思う。

3．南北朝時代の挂甲

大須二子山古墳が造営された6世紀前半には、中国が南北朝時代後期に入った。この時期に、甲冑を副葬する風習がなかったようである。実物鎧の出土例が殆どないが、俑や壁画などに表現されている挂甲の資料が数多く残っている[19]。小札の配置方法において北朝地域では五胡十六国の伝統を受け継ぎ、「外重式」が流行っていた。南朝地域では晋の伝統を受け継ぎ、「内重式」が流行っていたようである。

寧夏回民自治区彭陽県新集1号墓から、甲騎具装俑は16点、甲冑歩卒俑は、65点出土した。騎士俑・歩兵俑の鎧には逆さまとなる魚のように上向きの鱗が描かれ、小札を上から下に順次上重ねになる外重式の挂甲を表現しているに違いない（図12）。彭陽新集1号墓から、墓誌など年代を決める資料が一切に出土しなかったが、その年代は、北朝前期、つまり5世紀後半となる可能性が高いと思われる[20]。

6世紀20年代以降、華北地域の北魏古墳を中心に、外重式の挂甲を纏っている武人俑が数多く副葬された。河南省洛陽市谷水鎮北魏正光三年（522）河澗太守郭定興墓[21]、河南省偃師県北魏正光五年（524）鎮遠将軍射声校尉染華墓[22]、河南省孟津県北魏正光五年（524）燕州治中従事使侯掌墓[23]、河南省宜陽県東魏天平二年（535）北魏度支尚書楊机墓[24]、河北省曲陽県北魏正光五年（524）外戚高氏墓、山東省淄博市臨淄区北魏孝昌二年（526）贈度支尚書青州刺史崔鴻墓（図13）[25]、河南省孟津県撫軍将軍瀛州刺史王温墓[26]から出土した武人俑は上半身に纏っている裲襠式小札甲はいずれも外重式となっている。

北魏洛陽城内にある永寧寺は、孝明帝熙平元年（516）に建てられ、孝武帝永熙三年（534）2月に火災に遭い焼失した寺院である。その九重の塔の基礎から出土した武人の塑像にも魚鱗状小札からなる外重式の鎧が表現されている[27]（図14）。

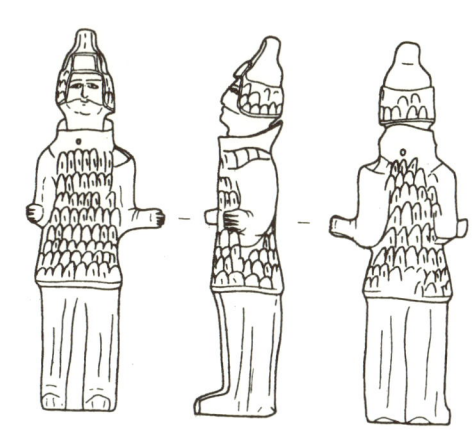

図12　寧夏回民自治区彭陽県新集1号墓武人俑

図13　山東省淄博市臨淄区北魏孝昌二年（526）贈度支尚書青州刺史崔鴻墓武人俑

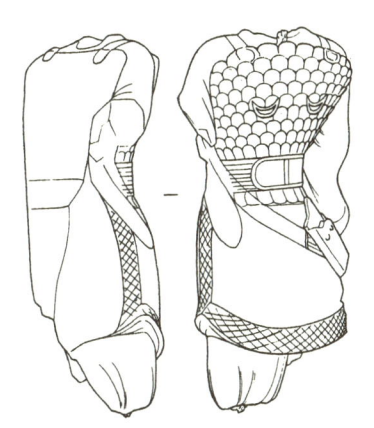

図14　河南省洛陽市北魏永寧寺塔の基礎から出土した武人塑像の裲襠式鎧

第Ⅱ部　大須二子山古墳と地域史の研究

図15　敦煌莫高窟285窟「五百強盗帰仏因縁図」に見られる北周の具装騎兵

図16　陝西省咸陽市北周建徳四年（575）南陽郡開国公叱羅協墓武人俑

図17　河北省磁県推定北斉天保十年（560）武寧陵の騎兵俑

図18　河北省磁県推定北斉武寧陵墓道の武人像

　534年、北魏王朝は六鎮の乱によって分裂した。武川鎮出身の宇文泰が長安で孝武帝を擁して西魏（535～556年）を、懐朔鎮出身の高歓軍人集団が鄴で孝静帝を擁して東魏（534～550年）を建て、のちにどちらも宇文泰・高歓の息子にのっとられて北周（556～581年）・北斉（550～577年）へと政権交替した。
　西魏・北周故地では石窟寺院壁画と俑の資料が発見された。西魏大統年間に営造された甘粛省敦煌莫高窟285窟の南壁の中段にある「五百強盗帰仏因縁図」に、王の軍隊と盗賊たちの戦闘の場面が描写され、そこに西魏王朝の重装騎兵の馬鎧と裲襠式鎧が外重式のように表現されている[28]（図15）。寧夏回民自治区固原県北周天和四年（569）河西公李賢墓[29]、北周建徳四年（575）雁門公田弘墓[30]、陝西省咸陽市建徳四年（575）南陽郡開国公叱羅協墓[31]（図16）から出土した具装騎兵俑と徒歩武人俑の鎧にも外重式の小札がはっきり描かれている。
　東魏・北斉故地では、古墳壁画と俑の資料が発見された。河北省磁県推定北斉天保十年（560）武寧陵の騎兵俑（図17）および墓道西壁に描かれる武人像（図18）、山西省太原市北斉武平元年（570）東安王婁叡墓の墓室南壁にある武人像などに表現されている挂甲も「外重式」となっている[32]。
　それに対して、江蘇省丹陽市建山金家村推定南朝蕭斉興安陵（498）印画磚に描かれた重装騎兵、儀衛兵の挂甲は胴体と袖の部分は「内重式」となっている[33]（図19、図20）。南朝蕭梁時代（502～557年）

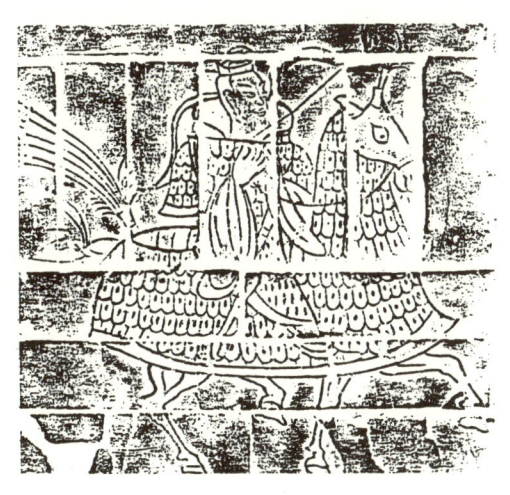

図19 江蘇省丹陽建山金家村推定南斉興安陵（498）印画磚に描かれた重装騎兵

の鄧州市学荘村出土画像磚に描かれている鎧馬の小札甲も内重式である。南朝では、北朝と違って内重式の挂甲が流行っていたようである。

ところが、内重式の挂甲の画像資料は、北朝の古墳から出土した例もある。洛陽北魏孝昌三年（527）寧懋石室線刻画（図21）に刻まれている武人像の身甲（仏胴）・甲裾・甲袖は、いずれも内重式である[34]。山東省臨朐県北斉天保二年（551）崔芬墓壁画武人像の甲裾も「内重式」のように見える。寧懋石室の年代は北魏が積極的に南朝文化を受け入れる時期にあたり、当時の墓から南朝風の線刻画が数多く出土したので、南朝系の粉本に基づき、「内重式」の挂甲が描かれたと考えられる。崔芬墓の所在青州・斉州地域は、もともと南朝の領域であり、後に北朝に占領された。しかも、崔芬の一族は南朝の貴族に密接な関係を持ち、南朝の斉に仕える人物も少なくなかった。その鎧の表現には南朝から影響を受けた可能性が否定できないが、喇嘛洞前燕IM5号鎧の袖も内重式の綴じ甲であることから、十六国と北朝でも、内重式の札甲が少ないながらも存在していたと思われる。

図20 江蘇省丹陽建山金家村推定南斉興安陵（498）印画磚の武人像

図21 洛陽北魏孝昌三年（527）寧懋石室線刻武人像

4．金銅装甲冑が持つ意味

文献に金甲や金装甲に関する記録が残っているが、純金で鎧をつくるのは考えられないので、いわゆる金甲は鍍金ものと考えてよい。大須二子山古墳の札甲は、最下段の裾札だけが金銅張りとなり、金装鎧に分類するのが妥当であろう。

山東省臨淄県前漢斉王墓5号陪葬坑出土した挂甲の胸の小札に、金箔と銀箔を貼り付けられている。それはこれまで中国で発見された中で、もっとも古い金銀装鎧である[35]。

鮮卑慕容部前燕の神話には、前燕王朝の創立者である慕容廆の十一世の祖乾羅が、金銀襦鎧をまとい、白馬に乗り、天上から降臨し、鮮卑の君長となったという伝説がある[36]。氐族出身の前秦王苻堅が鎧づくりの名人熊邈に命じ、金の糸で金銀細鎧を製作した[37]。五胡十六国時代では、金銀鎧は高貴な身分の象徴であり、しかも神秘な力を持つと信じられたことがわかる。

　北魏時代では、金装鎧は恩賜賞として皇帝から功臣に下賜したこともある。熙平元年（516）に南朝梁の左游撃将軍趙祖悦が数万人を率いて北魏の西硤石を攻略した。反撃に出た北魏の吏部尚書李平に対して、孝明帝が「紫納金装衫甲一領」を下賜した[38]。

　6世紀後半以降、鎧の儀仗化の進展に伴い、金装鎧の数が増え、皇帝や高級貴族の儀仗隊が金装鎧を装備し始めた。『隋書』礼儀志によると、北周の宮殿を警備する武官左右宮伯および小宮伯は、百官が朝参の際に金甲を纏い、龍環金飾長刀を持って、儀衛兵列の先頭に立つ。出行する際に皇帝の輅車の両脇を護衛する。皇帝の寝宮に当直する中侍も金甲を着用し、左に立つ者は金装龍環長刀を、右に立つ者は金装獣環長刀を持つ[39]。北斉に関する文献記録は残っていないが、河北省磁県推定北斉乾明元年（560）文宣帝武寧陵から出土した鎮墓武士の明甲鎧と衝角付き冑に、武平七年（576）文昭王高潤墓一部の重騎兵俑の甲冑に金彩をつけている。山西省太原市北斉東安王婁睿墓の鎮墓武士の冑、重騎兵俑の甲冑と馬鎧にも金彩の痕跡が残っている[40]。それはいうまでもなく金鎧をまとう被葬者生前の鹵簿を象徴しているものである。

　隋唐時代に入ってからも、金鎧は中国と異民族の高級貴族に愛用されていた。

　開皇三年（583）、突厥の沙鉢略可汗（イシュバラカガン）が隋の辺塞を侵犯し、隋の元帥長史李徹・行軍總管李充が反撃して突厥軍を破った。沙鉢略が着用した金鎧を捨てて逃げたという[41]。唐武徳四年（621）に秦王李世民が洛陽を攻略し、夏の竇建徳と鄭の王世充を平定した。長安へ凱旋する際に秦王が金鎧を着用して、1万人の重騎兵、3万人の歩兵を率いて、太廟で竇建徳と王世充を献上する儀式を行った[42]。

　金鎧はまた外交活動の中で贈呈品として使われ、貞観十二年、百済が唐の太宗に金鎧を献上した記録がある[43]。

　中国では、漢代以前から、重大な軍事行動、とくに皇帝が自ら征伐に出向く際に「禡祭」という儀式を行う。後漢の應劭は、禮によって征伐する地に着くと、禡祭をする。禡というのは、馬神を指すと解釈した。軍馬は軍隊の命であるために、その先祖神を祀ることは「軍礼之首」、つまりもっとも重要な軍礼といわれる[44]。

　『隋書』礼儀志に大業七年（611）、煬帝が高句麗遠征の際に望海鎮で行った「禡祭」に関して次のように記している。

　　皇帝および祭祀に関わる諸大臣、近侍官、諸軍将領が一晩中斎戒する。有司が帳（とばり）と神位を設ける。……熊の席を以って帝軒轅の神坐を祭壇土塀の中に設け[45]、神坐の脇に甲冑と弓矢を置き、後ろに槊（長槍）を立てる[46]。

唐時代では、皇帝が自ら征伐に出る際にも同じような儀式が行われ、軒轅氏神位の脇に甲冑と弓矢を置く[47]。

　禡祭に使われる鎧が金鎧または金装鎧かどうかは、はっきりしていない。しかし、それは神聖なものであり、金のような貴金属で飾られていた可能性が高い。

　要するに、金鎧または金装鎧は、単に高い身分を表わすだけではなく、戦神の鎧として崇拝の対象であった可能性も考えられる。

5. 結 び

　鉄製の挂甲が戦国時代に登場し、前漢時代に鉄製挂甲製作の繊技法と綴技法がすでに成立した。五胡十六国・北朝ではまれに「内重式」挂甲の資料が存在するが、「外重式」の挂甲に関する考古学資料が圧倒的に多く、当時に流行していた鎧の様式を語るものである。南朝では「外重式」挂甲の資料はまだ発見されていない。漢・西晋の伝統を受け継ぎ、とくに胴鎧の場合には「内重式」の挂甲が流行っていたようである。大須二子山古墳から出土した金銅装の小札塊は縦方向が繊技法によって連結した「外重式」のものであり、北方式の挂甲に近いと思われる。もし「裲襠式小札甲」の説が成立すれば、北魏後期に流行していた鎧の様式に一致する。

　軍事儀礼の視点から、金銅装の鎧は単に豪族の高い身分の象徴だけでなく、礼儀上崇拝の対象とされていた可能性も否定できない。

　大須二子山古墳の金銅装鎧は、被葬者の人物像を解明する一つの手掛かりとなる。その人物は十六国・北朝→朝鮮半島諸国の軍事技術・軍事礼儀の影響を受けた有力の豪族である可能性が高いと考えられる。

　　謝辞　本稿をまとめるにあたり、西江清高先生・内山敏行先生・森川祐輔氏より、ご教示・ご助言を賜った。記して感謝を申し上げます。

註

1) 小林謙一「古代の挂甲」（高井悌三郎先生喜寿記念事業会編『歴史学と考古学』真陽社、1988年。清水和明「小札甲の製作技術と系譜の検討」考古学ジャーナル581　特集「古墳時代鉄製甲冑研究の新段階」2008年。
2) 森川祐輔「大須二子山古墳の甲冑—小札甲を中心に」南山大学人類学博物館オープン・リサーチ・センター東アジア部会シンポジウム「大須二子山古墳と東アジア」2008年6月21日。
3) 「内重式」と「外重式」については、清水和明「東アジアの小札甲の展開」を参照のこと。『古代文化』48号、1996年。
4) 梁思永遺稿、高去尋輯補『侯家庄第五本　河南安陽侯家庄殷代墓地1004号大墓』歴史語言研究所、1970年。
5) 白栄金「西周銅甲組合復原」『考古』1988年9期。
6) 楊泓が秦の始皇帝の兵馬俑の鎧を2種類に分け、第一類は、皮の生地に金属札を綴じつける技法によるもので、第二類は綴技法と繊技法によって組み立てられる挂甲である。「中国古代の甲冑」『中国古兵与美術考古論集』文物出版社、2007年。
7) 高橋工「東アジアにおける甲冑の系統と日本—特に5世紀までの甲冑製作技術と設計思想を中心に—」『日本考古学』第2号、1995年。
8) 『呂氏春秋・貴卒篇』に
　　　趙氏攻中山、中山之人多力者日吾丘鴆、衣鉄甲操鉄杖出戦。
　　とある。
9) 河北省文物管理処　1975　「河北易県燕下都44号墓発掘報告」『考古』1975年第4期。高橋工「秦漢代の甲冑」『古代武器研究』2、2001年。
10) 陝西省考古研究所ほか『秦始皇帝陵園考古報告（1999）』科学出版社、2000年。楊泓氏の分類によると、秦軍が装備する挂甲類に騎兵鎧、歩兵と戦車に乗る戦士用鎧、戦車の御者鎧などタイプのものが存在している。楊泓「中国古代の甲冑」『中国古兵与美術考古論集』文物出版社、2007年を参照。
11) 山東省淄博市博物館ほか「西漢斉王鉄甲冑的復元」『考古』1987年第11期。白栄金「西安北郊漢墓出土鉄甲冑的復元」『考古』1998年第3期。葛明宇ほか「徐州獅子山西漢楚王陵出土鉄甲冑的清理与復元研究」『考古学報』2008年第1期。
12) 楊泓「中国古代の甲冑」『中国古兵与美術考古論集』文物出版社、2007年。
13) 内蒙古自治区文物工作隊「呼和浩特二十家子古城出土的西漢鉄甲」『考古』1975年第4期。
14) 吉林省文物考古研究所『楡樹老河深』文物出版社、1987年。
15) 曹植『先帝賜臣鎧表』
　　　先帝賜臣鎧、黒光、明光各一領、裲襠一領、環鎖一領、馬鎧一領。今代以昇平、兵革无事、乞悉以付鎧曹自理。
　　『宋書』巻八十六殷孝祖伝
　　　御仗先有諸葛亮筩袖鎧帽、二十五石弩射之不能入、上悉以賜孝祖。

第Ⅱ部　大須二子山古墳と地域史の研究

16) 白栄金ほか「遼寧省北票市喇嘛洞十六国墓葬出土鉄甲復元研究」『文物』2008年第3期。
17) 宿白「朝鮮安岳所発見的冬寿墓」『文物参考資料』1952年1期。
18) 黎瑤渤「遼寧北票県西官営子北燕馮素弗墓」『文物』1973年第3期を参照。
19) 鄴南城朱明門外の壕から出土した鉄製の挂甲がいずれも保存状態が悪く、復元できなかった。中国社会科学院考古研究所ほか「河北臨漳県鄴南城朱明門遺跡的発掘」『考古』1996年第1期を参照。
20) 寧夏固原博物館「彭陽新集北魏墓」『文物』1988年9期。
21) 洛陽市第二文物工作隊「洛陽紗廠西路北魏HM555発掘簡報」『文物』2002年第9期。
22) 偃師商城博物館「河南偃師二座北魏墓発掘簡報」『考古』1993年5期。
23) 洛陽市文物工作隊「洛陽孟津晋墓・北魏墓発掘簡報」『文物』1991年第8期。
24) 洛陽博物館「洛陽北魏楊机墓出土文物」『文物』2007年11期。
25) 山東省文物考古研究所「臨淄北朝崔氏墓」『考古学報』1984年第2期。
26) 洛陽市文物工作隊「洛陽孟津北陳村北魏壁画墓」『文物』1995年8期。
27) 中国社会科学院考古研究所『北魏洛陽永寧寺1979-1994年考古発掘報告』中国大百科全書出版社、1996年。
28) 敦煌285窟に西魏大統4年（538）、大統5年（539）の造窟発願文が発見されたため、その造営年代は大統年間と推定されている。敦煌文物研究所編『中国石窟・敦煌莫高窟』1、平凡社、1980年。
29) 寧夏回族自治区博物館ほか「寧夏固原北周李賢夫婦墓発掘簡報」『文物』1985年11期。
30) 原州聯合考古隊編『北周田弘墓』勉成出版、2000年。
31) 員安志編著『中国北周珍貴文物』陝西人民美術出版社、1993年。
32) 中国社会科学院考古研究所ほか『磁県湾漳北朝壁画墓』科学出版社、2003年3月。山西省考古研究所、太原市文物考古研究所『北斉東安王婁睿墓』文物出版社、2006年。
33) 姚遷、古兵編『六朝芸術』文物出版社、1981年。
34) 黄明蘭『洛陽北魏世俗石刻線画集』人民美術出版社、1987年。
35) 白栄金「西漢斉王鉄甲冑的復原」『考古』1987年11期。
36) 『太平御覧』巻三百五十六　梁任昉『述異記』
　　乾羅者、慕容廆之十一世祖也。著金銀襦鎧、騎白馬、金銀鞍勒、自天而墜、鮮卑神之、推為君長。
37) 唐徐堅『初学記』巻二十二　甲六
　　車頻《秦書》曰：苻堅使熊邈造金銀細鎧、金為縫以縹之。
38) 『魏書』巻六十五李平伝に
　　先是、蕭衍遣其左游撃將軍趙祖悅偸據西硤石、衆至數萬、以逼壽春。鎮南崔亮攻之、未克、又與李崇乖貳。詔平以本官使持節、鎮軍大將軍、兼尚書右僕射為行臺、節度諸軍、東西州將一以稟之、如有乖異、以軍法從事。詔平長子奨以通直郎從、賜平縑帛百段、紫納金裝衫甲一領、賜平縑布六十段、絳衲襖一領。
　　とある。
39) 『隋書』巻十二志第七　礼儀七
　　後周警衛之制、置左右宮伯、掌侍衛之禁、各更直於内。小宮伯貳之。臨朝則分在前侍之首、並金甲、各執龍環金飾長刀。行則夾路車左右。中侍、掌御寢之禁、皆金甲、左執龍環、右執獸環ковых刀、並飾以金。
40) 中国社会科学院考古研究所ほか『磁県湾漳北朝壁画墓』科学出版社、2003年3月。山西省考古研究所、太原市文物考古研究所『北斉東安王婁睿墓』文物出版社、2006年。磁県文化館「河北磁県高潤墓」『考古』1979年3期。
41) 『北史』巻六十六　列傳第五十四　李和　子徹
　　明年（583）、突厥沙鉢略可汗犯塞、上令衛王爽為元帥撃之、以徹為長史。遇虜於白道、行軍總管李充請襲之。諸將多以為疑、唯徹奨成其事、請偕行、遂掩撃大破之。沙鉢略棄所服金甲而遁。
42) 『旧唐書』巻二　本紀第二　太宗李世民上　貞觀元年以前
　　六月、凱旋。太宗親披黄金甲、陳鐵馬一萬騎、甲士三萬人、前後部鼓吹、俘二偽主及隋氏器物輦輅獻于太廟。
43) 『旧唐書』巻三　本紀第三　太宗下　貞觀十二年
　　冬十月己卯、狩于始平、賜高年粟帛有差。乙未、至自始平。己亥、百濟遣使貢金甲雕斧。
44) 『漢書』巻一百下　敍傳第七十下顔師古注に
　　應劭曰：「詩云『是類是禡』。礼、將征伐、告天而祭謂之類、告以事類也。至所征伐之地、表而祭之謂之禡。禡者、馬也。馬者兵之首、故祭其先神也。
　　とある。
　　『宋史』巻一百二十一　軍礼　禡祭に
　　禡、師祭也、宜居軍禮之首。講武次之、受降、獻俘又次之。田獵以下、亦各以類附焉。
　　とある。
45) 黄帝軒轅は有熊氏部族の君長とされている。
46) 『隋書』巻八　礼儀三に

是歳也、行幸望海鎮、於禿黎山為壇、祀黄帝、行禡祭。詔太常少卿韋叔、博士褚亮奏定其礼。皇帝及諸預祭臣近侍官諸軍將、皆齋一宿。有司供帳設位、為埋坎神坐西北、内壇之外。建二旗於南門外。以熊席設帝軒轅神坐於壇内、置甲冑弓矢於坐側、建櫜於坐後。皇帝出次入門、群官定位、皆再拜奠。礼畢、還宮。

47)『新唐書』巻十六　礼楽六　軍礼　皇帝親征条に

若禡于所征之地、則為壇再重、以熊席祀軒轅氏。兵部建兩旗于外壇南門之外、陳甲冑、弓矢于神位之側、植櫜于其後。尊以犧、象、山罍各二、饌以特牲。皇帝服武弁、群臣戎服、三獻。其接於神者皆如常祀、瘞而不燎。其軍將之位如襫。

図版出典

図1　南山大学人類学博物館提供
図2　高橋工「東アジアにおける甲冑の系統と日本」
図3、4、6、7、8、15　楊泓『中国古兵与美術考古論集』
図5　陝西省考古研究所ほか『秦始皇帝陵園考古報告（1999）』
図9～11、18　白栄金ほか「遼寧省北票市喇嘛洞十六国墓葬出土鉄甲復元研究」
図12　寧夏固原博物館「彭陽新集北魏墓」
図13　山東省文物考古研究所「臨淄北朝崔氏墓」
図14　中国社会科学院考古研究所『北魏洛陽永寧寺　1979-1994年考古発掘報告』
図16　員安志編著『中国北周珍貴文物』
図17　中国社会科学院考古研究所ほか『磁県湾漳北朝壁画墓』
図19、20　姚遷、古兵編『六朝芸術』
図21　黄明蘭『洛陽北魏世俗石刻線画集』

（金城大学社会福祉学部）

GISによる歴史環境情報基盤の構築と活用事例

渡　部　展　也

1．はじめに

1.1. 空間情報の活用と動向

　近年ではインターネット上の様々な地図情報サービスにみられるように、地理空間情報は一般の利用者にとっても身近なものとなってきている。最近では、GPSやフリーのGIS的ソフトウェア、そして位置情報サービスが普及してきたこともあって、不特定多数の有志が参加し、相互に地理情報を提供・利用し合うボトムアップ型の情報活用形態が広まりつつある。有名なものとしては、GPSや地図・衛星画像をもちいて不特定多数の利用者が著作権フリーの地図を作成していくというOpen Street Map (OSM) と呼ばれる取り組みがある。OSMはハイチの大地震災害の際にも活用されて話題を呼んだ。それまでほとんど地図が無かった地域の極めて詳細な地図がわずか数日で出来上がったのみならず、リアルタイムの救援情報の配信や、不通の道路を避けて目的地に辿り着くルートを検索するアプリケーションなどが有志の手で作成され、災害支援情報基盤・システムが提供された。インターネットを通じてデータをボトムアップで蓄積し、共有することでその付加価値を高めるという、最近の地理空間情報活用の特徴がよく現れた事例であるといえよう。

　このような傾向は考古・歴史研究を含む学術的な現地調査においても例外ではない。調査にはGPSや簡便なデジタル計測システム、そしてレーザースキャナー等、さまざまな計測手法が導入されており、地理空間データが多様化、大量化している。こうして収集された地理空間情報を効果的に活用するために、GIS的なシステムを利用してデジタル地理情報の活用を進めようという試みもされている。今後、こうした地理空間データが収集され、公開されていく仕組みが整っていくなかで、考古・歴史研究を支援する層の厚い空間情報基盤が構築されていく事が期待される。

1.2. 考古・歴史研究における地理空間情報の活用

　空間情報基盤の利用目的には、大きく分けて研究の効率化を支援しようとするものと、新たな研究手法を提案しようとするものの二つの方向性がある。効率化・支援としては、遺跡・遺物情報を管理・検索するデータベース構築やCG、地図作成などがあげられる。新たな研究手法の提案としては、考古学的な仮説に基づくモデルシミュレーションや、空間・定量分析などをあげることができるだろう。もちろん、こうした分析結果も新たな地理空間データとして活用することが可能である。

　地理情報システム（GIS）で地理空間データを管理するにあたっては、地理情報の精度や縮尺、そして内容等の統一は必ずしも必要では無く、異なる手法・目的で整備された各種の情報を統一的に蓄積できるという特徴がある。利用者はその中でさまざまな時空間的な階層のデータを組み合わせることで、地域を多角的に俯瞰していくことが可能となる（図1）。特に地域という複合的で曖昧な対象を扱う際に、ボトムアップで蓄積される多様・大量のデータを効果的に融合できるというGISの利点は極めて大きく、考古・歴史学研究においても有効に活用できるものと思われる。

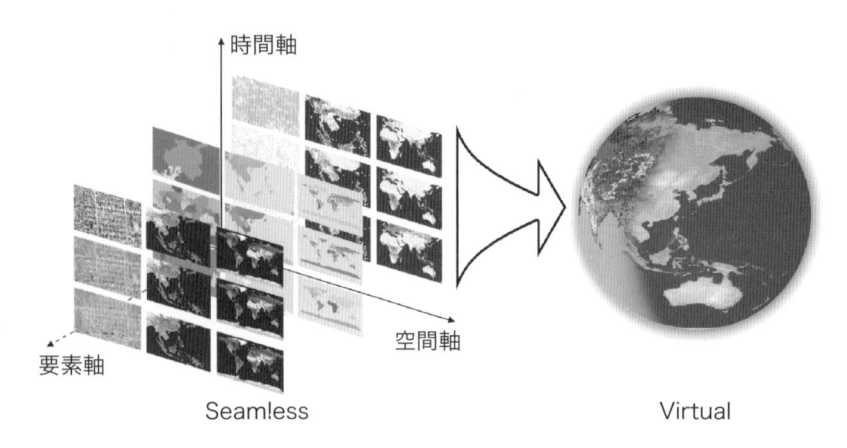

第Ⅱ部　大須二子山古墳と地域史の研究

図1　多様な時間・空間・要素軸を持つデータの蓄積による仮想的な現実の表現（渡部 2009より）

2．歴史環境情報基盤の構築

2.1. 濃尾平野の歴史環境情報基盤

　南山大学人類学博物館オープンリサーチセンター東アジア部会では、濃尾平野を中心として、主に考古・歴史学研究を支援する歴史環境情報基盤の構築を行った。歴史環境情報基盤に格納したデータは表1の通りである。大きくは空中写真など一般性の高い背景情報的データ、環境・地形に関するデータ、遺跡・遺構に関するデータ、その他、そして場所に紐付けした各種画像データに分けられる。なお、この情報基盤を構築するにあたり、Open Geospatial Consortium（OGC）が定めた標準的な空間情報配信の仕様であるWMSに準拠し、情報の相互運用性を確保することを前提とした。具体的にはMapserver（OGC標準準拠の空間情報配信用ソフトウェア）とPostgreSQL（リレーショナルデータベースソフト）、そしてPostgreSQLでGISデータを利用できるようにするためのアドインであるPostGISをもちい、データの格納と配信環境を整備した。

表1　歴史環境情報基盤で整備したデータ（現状）

分類	データ名	縮尺・解像度	概要
背景	米軍空中写真	1 m	オルソ化した米軍空中写真
	Landsat画像	15-30m	Landsat-7/ETM画像
	旧版地形図	1/20000	明治期地形図
	旧版地形図	1/50000	明治期・昭和初期地形図
地形・環境	土地条件図	1/50000	土地条件図デジタルデータ
	DEM	5 m	国土地理院5mメッシュ「濃尾平野」
	用水	−	空中写真・旧版地形図より作成
	池・湖	1/50000	1/50000旧版地形図より作成
遺構・遺跡	遺跡分布	1/25000	遺跡地図より作成した遺跡分布図
	旧街道	1/25000	主に歴史の道調査報告書に基づき作成
	条里	−	米軍空中写真オルソより作成
	条里地名	−	村絵図より作成
その他	神社	1/25000	1/50000旧版地形図より作成
	寺院	1/25000	1/50000旧版地形図より作成
画像	現地調査写真	−	GPS内蔵カメラより位置情報取得
	村絵図	−	天保・寛永
	土地宝典	−	1960年代　志段味地区

2.2. 米軍空中写真オルソ画像データ

　米軍空中写真のオルソ画像データ（1：40000縮尺）は、今回整備した空間情報基盤の主要な背景データのひとつである。オルソ画像データとは、本来は中心投影となっている写真の幾何を正射投影となるよう補正を行ったもので、地形図など他の空間情報とも正確に重ねあわせが可能である。空中写真自体は米軍によって1940年代から50年代にかけて撮影されたもので、1/40000～1/10000縮尺（主要地域）のものが国土地理院より入手できる。後の章で紹介するように大規模な開発を受けて変形・消失する前の旧地形や歴史的景観の手がかりを得ることができる点で、特に、考古・歴史研究において極めて重要な資料である。また、考古・歴史分野以外にも、旧地形と土地利用という観点から、防災・環境分野においても注目されるデータとなっている。

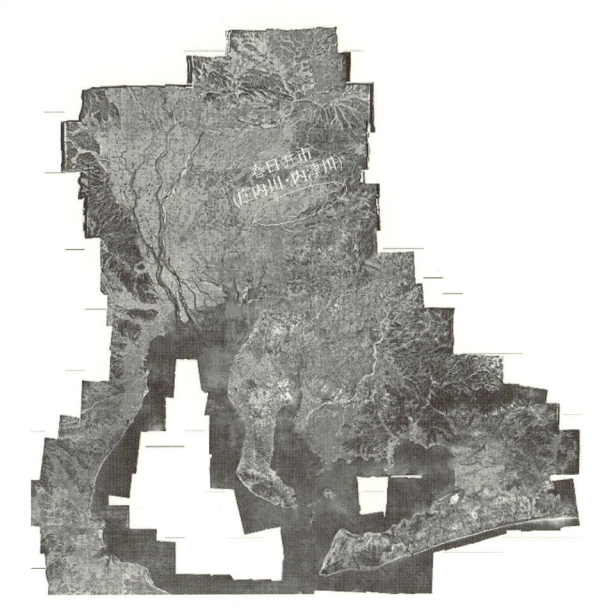

図2　米軍空中写真整備終了範囲

3．空間情報基盤の活用事例　濃尾平野の歴史景観

　この章では、濃尾平野を対象として、とくに米軍空中写真から観察された歴史的な景観を紹介する。また、主に春日井市内における庄内川・内津川周辺を対象として、一部の表層条里を抽出し、流域の地形と水害史との関係を考察した結果についても述べる。特にこれらの条里は庄内川を挟んで志段味の古墳群の対岸に立地しており、古代の生産基盤と古墳立地という観点からも興味深い対象である。

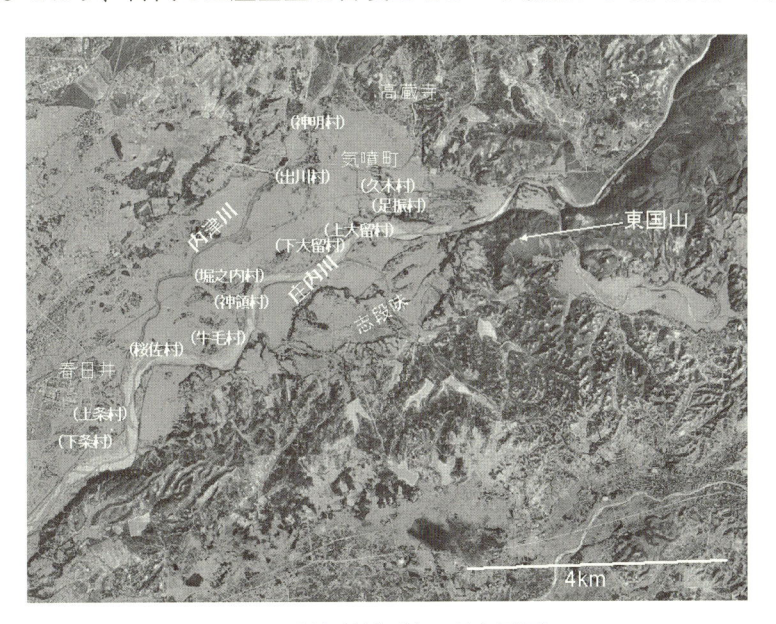

図3　対象地域（春日井市周辺）

3.1. 島畑と掘田

　米軍空中写真から明瞭に認められる濃尾平野の特徴的な歴史景観として、島畑と掘田を挙げることができる。いずれも現在では開発によって多くが消失しているが、写真からはこれらの形態や分布などを明確に判読することができる。これらは、デルタや後背湿地に特有の河川の氾濫や高い地下水位に対応

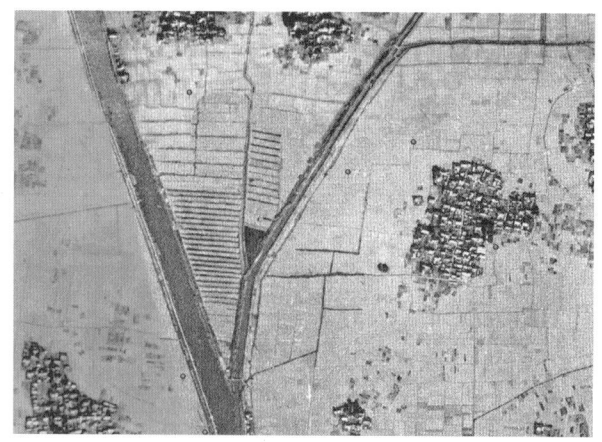

第Ⅱ部　大須二子山古墳と地域史の研究

図4　左：島畑　右：掘田

する過程で形作られた耕作地であり、平野の環境に応じた土地利用やその変遷を考えるうえでの指標的な景観のひとつであるともいえよう。

3.2. 古墳

米軍空中写真から濃尾平野を観察していると、古墳が散見される（図5）。伊藤（2010）が示したように、古墳の復元において地籍図は極めて有効な資料であり、かなり細かい塚まで復元できる可能性を持っている。一方、今回整備した縮尺の米軍空中写真からは、最低でも10m程度の規模がないと明確に古墳として判別することは困難であった。また、古墳が樹木に覆われていたり、影に隠れていたりすると古墳形状は判然としないため、見誤る可能性が高まるので注意が必要である。もちろん条件が良い場合を除き、最終的な判断まで空中写真のみで行うことは難しいが、古墳が消失してしまっている場合などはステレオ写真による実体視も合わせ、判断の一材料として有効であると思われる。

図5
米軍空中写真からみる古墳
左図：断夫山古墳周辺　右図：大須二子山古墳周辺
＊大須二子山古墳は損壊を受けており形は判然としない

図6は遊塚周辺を米軍空中写真とGoogleEarth（現在の状況）で比較したものである。GoogleEarthでは宅地開発で滅失した遊塚も、米軍空中写真では前方後円の形状まで明確に確認できるほか、上方にも方墳のような形状もみえる（ただし、遺跡地図ではこの場所は堤ヶ谷古窯跡となっており古墳は確認できない）。

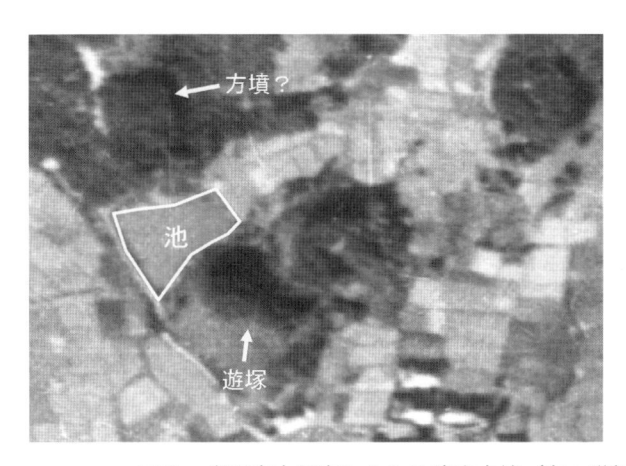

図6　米軍空中写真からみる消失古墳（左：遊塚付近　右：GoogleEarthでみた現在の遊塚付近）

3.3. 濃尾平野の条里

　濃尾平野には広く条里の痕跡が残されていることが知られており、これらの復原研究も行われている。濃尾平野における条里の立地について、金田（1985）は、木曽川による大規模な洪水に見舞われる平野西部よりも東部において分布が多く認められ、また地割形態もよく残存していることを指摘している。米軍空中写真から平野の西部を概観してゆくと、何箇所かに方角の地割が認められ、金田氏の示す条里の分布を概ね確認することができた（図7）。ただし、これらの方角の地割とみえるものの中には一辺の長さは109m前後のものだけでなく、120mや80mなど様々であり、近現代の地割や尺の異なるものも含まれているかもしれない。最終的な確認には地籍図や村絵図、文書などの史資料との照合が必要であるが、少なくとも表層条里の具体的な形態を直接確認できる点で米軍空中写真の利用は有効であった。

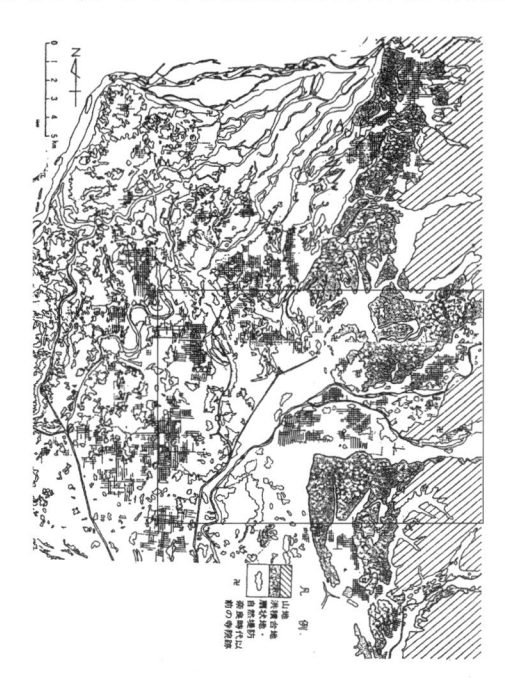

図7
左：尾張平野の条里・条里型地割の分布　黒枠は右図の範囲
（但し右側は範囲外）（金田1985より加筆・引用）
右：米軍空中写真で確認できた条里（一部）

3.4. 春日井市の条里と地形環境
3.4.1. 安食荘の条里

　春日井市史では、日本書紀をひきながら古代の皇室関係御領としておかれた間敷屯倉（後の安食荘）が春日井市域の安食（間敷き）郷周辺、現在の勝川付近にあったと推定している。春日井市域における条里制遺構は松河戸・中切・下条付近で最も顕著に認められるとしており、水野（1971）や金田（1985）

第Ⅱ部　大須二子山古墳と地域史の研究

もまたこの地域に安食荘の現地比定を試みている。金田氏の示した安食荘のうち、現在の勝川付近（松河戸・中切）を切り出したものが図8である。ここに示された条里地割については米軍空中写真中に明瞭に確認することができた（図9）。ただし、これより西側の地割については開発による消失もあって判然としなかった。

図8　安食荘推定値の地割
（金田1985より一部切り出し）

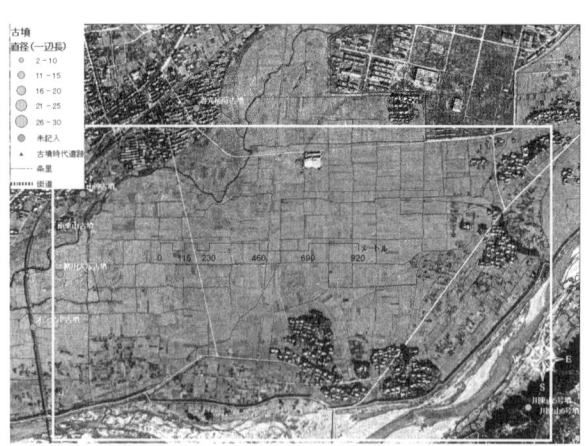

図9　米軍空中写真でみる安食荘条里
（白実線は図8の範囲）

3.4.2. 気噴町の条里

さらに勝川周辺から庄内川を北に遡っていくと、現在の気噴町周辺（旧久木村・足振村近辺）に条里様地割を米軍空中写真中に確認することができる（図10）。前節で示された安食荘の復元条里の東端である中切・上条などよりも北東に位置し、図7中や他の論考などでも具体的な地割を図示したものを確認できなかった。あるいは未報告の条里か、条里形状の復原がされていない条里であるかもしれない。

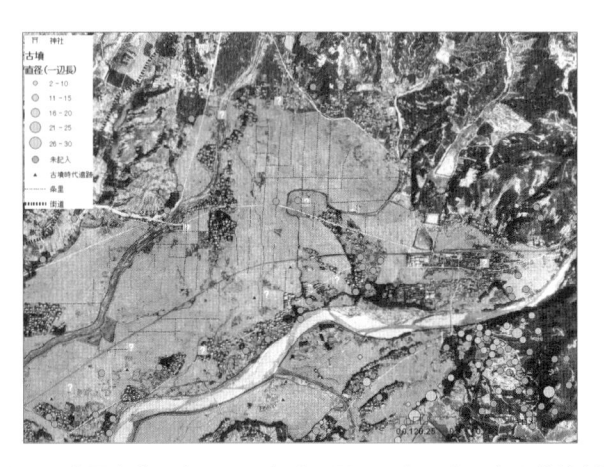

図10　米軍空中写真でみる気噴町周辺の条里中の条里様地割

3.4.3. 米軍空中写真からみる写真庄内川・内津川流域の歴史景観

春日井市域の庄内川・内津川流域について、米軍空中写真と天保十二年および寛政四年に作成された村絵図と、昭和初期の土地宝典との比較を行った。その結果、土地宝典はもちろん、村絵図との対応付けも概ね可能であり、近世に遡る用水路の多くが米軍空中写真内にも残されていることが確認された（図11）。米軍空中写真と村絵図・地籍図を併用することで、旧地形や過去の土地利用などの歴史景観の復元を効果的に進めることができるものと考えられる。

地域における河川水と村落との関わりを調べる目的で、米軍空中写真の判読と村絵図との対比から用水の流路網データの作成を行った。このデータからは、一部の例外を除きほとんどの村落への用水が内

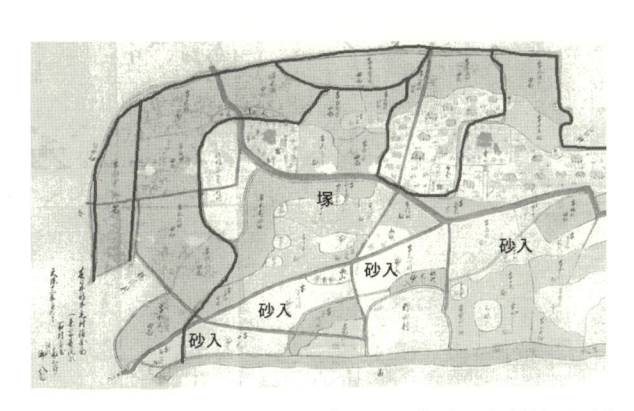

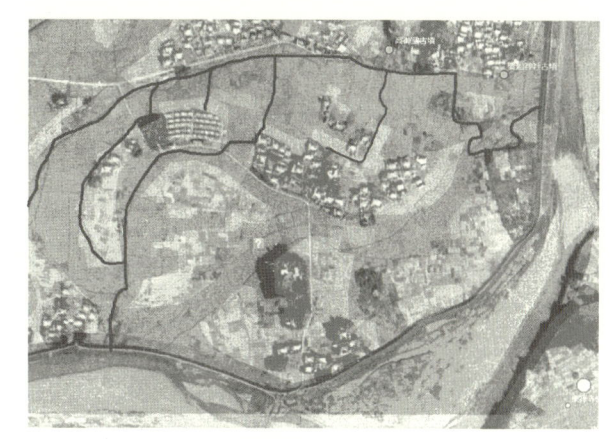

図11　左図：天保十二年村絵図（春日井市史資料編　村絵図に加筆）
　　　右図：米軍空中写真に土地条件図、抽出した用水流路を重ねて表示

津川からのものである様子が明らかとなった。この事は同じく『尾張徇行記』中の村落の田への水がかりについての記述からも裏づけを得ることができた。

3.4.4. 庄内川・内津川流域の条里と水害記録

　条里が残る春日井市内の庄内川・内津川流域の多くは氾濫原であり、歴史時代において水害が頻発していたことは、『尾張徇行記』の記述からもうかがえる。『尾張徇行記』から水害についてみると、ほとんどの村落で水害の記述がみられる一方で、久木村、上大留村、名栗村（ただし疫病によって村が田を維持できずとあり、田の流亡などに焦点をおいた記述が記載されなかった可能性もある）ではこれらの記載がみられなかった。また、足振村では大堀川という異なる水系の洪水が記載されているが、庄内川・内津川の記述はない。神領村では「平岡ニテ地面高ク水潦ノ愁ハナシ、〈中略〉此村ヨリ北ヘ付テハ皆地面高クナレリ、」とあり水害に対して強い土地であることがあえて記述されている点は特筆すべきである。

　村々が受けた水害の被害状況の分布を知るべく『尾張徇行記』をもとに、水害の有無について分布図化を行った（図12）。この図からは、気噴町近辺から上大留の地域と、神領村近辺において両河川からの水害が少ない様子がうかがえる。特に気噴町から上大留にかけては両河川が山地より出てきた箇所であり、周辺よりも標高が高くまた両河川間の幅も広い。この地区では河川敷と土地との比高も大きく、水害に遭いにくい土地であると考えられる。条里様地割の残存状況がよいこともこれを裏付ける。下大留村あたりから水害を受けやすい地域となるが、そのなかでは神領村周辺は台地上の地形となり、かつ北側は土地が高いことから、この一帯は比較的水害の被害を受けにくい

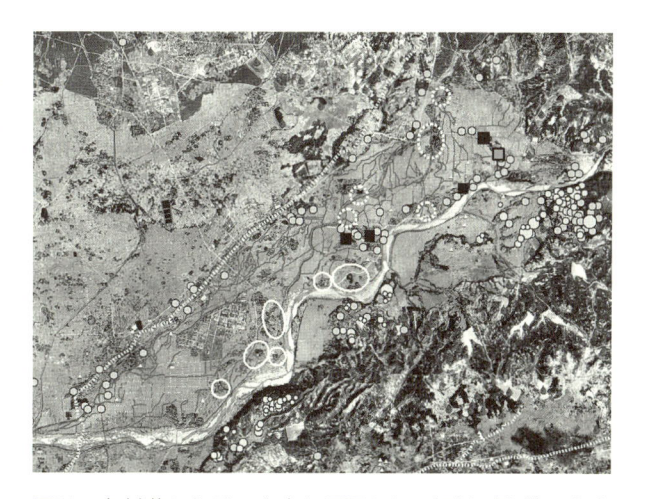

図12　各村落における水害と原因となる河川（点線：内津川の決壊による　実線：庄内川の決壊による　黒四角：水害の被害少ない　丸：古墳の分布）

と考えられる。周辺、特に神領村の南側（旧牛毛村・旧桜佐村）では庄内川の決壊による影響を受けていたことが『尾張徇行記』の記述だけではなく、米軍空中写真で旧河道が多く確認できることからも裏付けられた。

第Ⅱ部　大須二子山古墳と地域史の研究

　このように米軍空中写真オルソ画像からは庄内川・内津川に挟まれたこの流域における基本的な利水と水害の様子を、具体的な空間分布として描き出すことができた。この地域の土地利用の歴史を考えるうえでのひとつの基礎資料としてこうしたデータの活用が期待できよう。

4．活用事例2　東海地方古墳分布の検討

　これまでの GIS をもちいた古墳の研究においては、主に眺望・地形の分析を中心として応用がされてきた。なかでも、可視領域分析（Viewshed Analysis）は、古墳からの眺望とそこから推察される関係領域の把握を目的として盛んにもちいられている。このような可視領域分析は単独でもちいられるだけでなく、地形から農業適地を抽出した生産基盤の推定結果などと合わせた複合的な分析にも応用されている。このように計算処理による新たなデータの生成や、様々なデータの組み合わせを試しながら探索的に対象地域の検討が可能であることも、こうした研究で GIS をもちいる利点である。

　この章では、分布・領域・眺望・地形の分析と空中写真判読を通し、東海地方の古墳の立地の特徴およびその変遷と、大須二子山古墳の位置付けについて検討を行う。なお、古墳のデータは、全国遺跡地図からデジタル空間情報として入力したのち、藤井（2008）の研究に基づき、それぞれの時期区分等の属性情報を入力した。ここでは時系列的な分布の検討も行うため、基本的には藤井氏によって選定され、時期区分が細分されている首長墓のみを分析対象としている。

4.1．古墳分布の分析

　遺跡の分布傾向を把握するため、まず全時期の分布を対象として古墳のグルーピングを行い、次に想定されたそれぞれのグループが占める領域の推定を行った。グルーピングにおいては出土遺物や古墳形状などの属性情報はもちいておらず、単純に距離からみた近接性だけを考慮している。従って、このグルーピングはあくまで古墳群を推定する基本的な目安となるものであるが、それだけにこの結果と大きく異なる古墳の間で関係が認められる場合は、社会的、文化的な背景など、その違いが生じる理由を一考する必要があるかもしれない。

　ここでのグルーピングは、クラスター分析（ウォード法）をもちいて行っている。クラスター分析をもちいる利点は、段階的にグルーピングの過程を観察できることであり、デンドログラムをもちいることでグループ間の関係性を階層性も含めて示すことができる点にある（渡部 2004）。

　グルーピング結果は図13の通りである（色分けはグループを10に分けた結果、太破線はグループを3つに分けた時の境界、細破線は5つに分けた時に加わる境界）。デンドログラムから判断すると、明確に分かれるのはグループが3つないし5つとなる段階である。より多くのグループに分けるには7〜

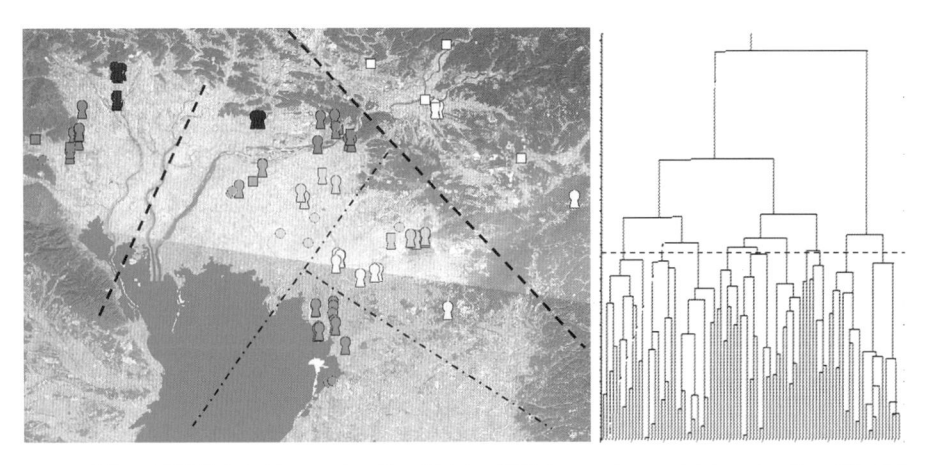

図13　古墳・遺跡分布とグルーピング　（左図：遺跡クラスター　右図：デンドログラム）

13のあたりが境界となろう。デンドログラムの形状と、グルーピングした際の境界と地形との対応などの状況なども合わせて考慮し、10グループに分かれる段階で古墳をグループ化した。

このようにグルーピングした古墳を、その領域と関連付けるには垂直二等分線をもちいて領域を分割するボロノイ分析が有効である（図14）。ここでは、グルーピングした古墳の集団の重心を求め、この点を基点として計算を行っている。ボロノイ分析で示されるそれぞれのグループの領域はもちろんだが、基点（ここでは古墳）がない空白域を示す領域の境界にも注目をすべきである。

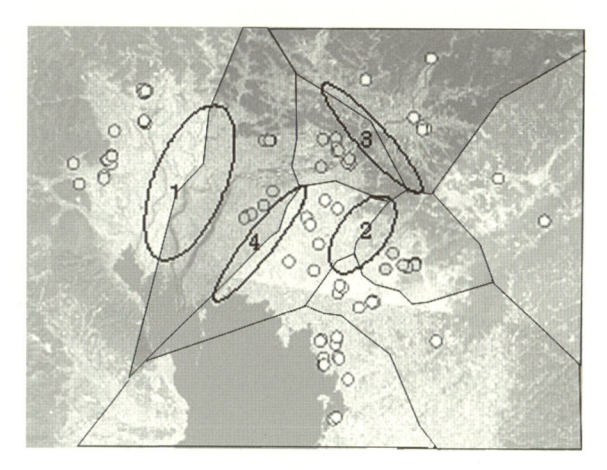

図14　グループ化した古墳の集団とボロノイ分析結果

この地域ではこれらの境界のうちでも図14中の円1〜4で示した地域が特徴的である。1は揖斐・木曽・長良の三河川が集中する平野部、2は平野から台地丘陵地の近縁部、3は平野と平野を隔てる丘陵部、4は平野東部地域の中央付近である。1の地域はおそらく木曽三川による氾濫が多く、利用が困難であったこと、3は平野を隔てる丘陵上であることが大きな理由の一つと考えられるが、2、4の地域について、このスケールから立地が少ない理由を明確にすることは難しい。この地域については次節で、他のデータとのオーバーレイ及び空中写真判読を通して考察することにしたい。

先のクラスター分析では、全時期の分布に対してある程度客観的なグルーピングを行ったのに対し、図15は古墳の分布の特徴的な偏りを主観的に判断し、時期区分ごとに示したものである（黒色実線は該当時期、赤色破線はひとつ前の時期の特徴的な偏りを示す）。

ただし、時期区分の境界にあたる古墳も存在しており、これらはデータ記述の都合上両方の時期に含めている。これらの古墳は表現上、造成時期が二回あるようにみえるため、またがる時期間で比較をすれば必ず分布の偏りが重複してしまう。そのため、時期区分ごとに特徴的な分布を円で囲う際には、該当時期になって古墳が前の時期と被らない形で増えていることを条件とした。なお、時期区分は藤井 (2008) の区分に従い、便宜的に P10-P0 の記号を持って各時期を呼ぶ事とする（表2）。

表2　時期区分と分布からみた時期の括り

前期			中期				後期		終末期
P10	P9	P8	P7	P6	P5	P4	P3	P2	P1	P0

P10-P8にかけては平野の北側の辺縁部に立地している。P9-P8は、P9における分布を基本的にはP8でも踏襲しながら、平野部や熱田台地へも立地を広げていく過程のようにみえる。前期終末 (P7) には分布が多様化し、先のグルーピング結果に従うならば全てのグループが出揃う。P6-P5では熱田台地以北に分布の空白が現れ、平野北側縁辺部と熱田台地という分かれ方をしているかのようにみえる。P7と比べると、平野の北側辺縁部と熱田台地周辺に多く立地がみられるという点は共通している。P4、P3でも基本的にはそれまでの立地と共通しているが、熱田台地周辺で分布の分散が認められるほか、平野辺縁部で減少がみられる。P2-P1にかけては平野部にも分布が広がり、P0ではそれまでと大きく異なり平野の辺縁部の最も外側に分布するようになる。古墳の分布の偏りという点だけからいえば、(P10)-P8、P7、P6-P5、P4-P3（この括りは分けても良いかもしれない）、P2-P1、P0で括ることができそうである（表2　括りを単位に色を塗り分け）。もっとも、他にもP6-P1まで平野辺縁部が減少し

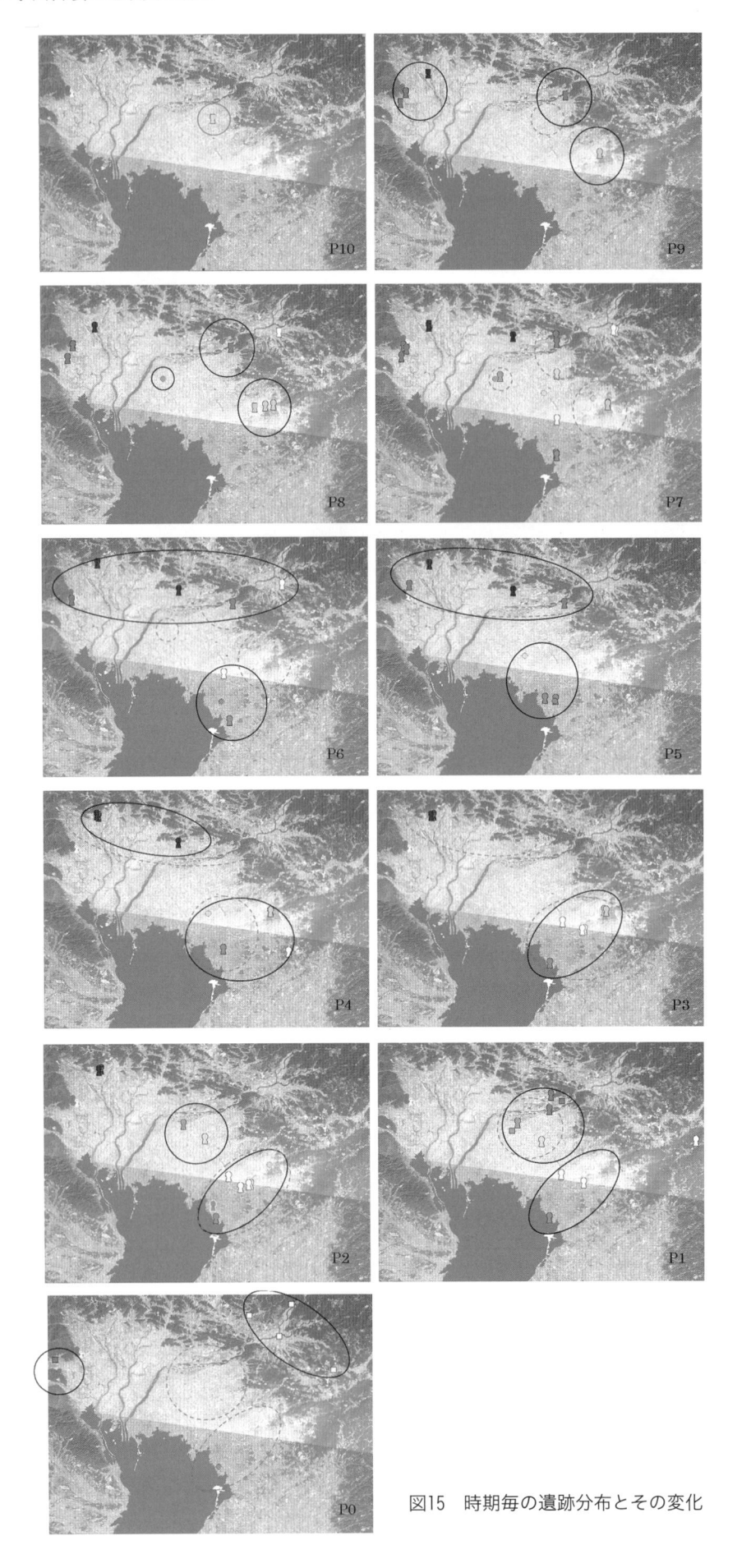

第Ⅱ部　大須二子山古墳と地域史の研究

図15　時期毎の遺跡分布とその変化

ていく傾向が認められ、連続的な変化にも注目する必要があるかもしれない。この平野辺縁部の変化は、古墳を東西方向につながったグループとしてみて捉えたものであるが、この括りは先の遺跡のグルーピング結果とは大きく異なる点も注目される。あくまで分布のみの観点に基づく結果である事には注意を要するが、分布のみから前期・中期、後期・終末期の境界付近に変化が大きい事や、連続的な傾向が読み取れる結果が得られた点は逆に興味深いともいえる。

4.2. 古墳立地と旧地形

次に、前節で指摘したボロノイ分析で得た領域の境界線付近について検討を行いたい（図16）。左図の境界付近では、明瞭に幾つかの旧河川跡と自然堤防を認める事ができる。特に川幅のある旧河川が境界を流れており、このような不安定な旧地形環境の存在が二つのグループ間に空白地帯を作った理由であると考えられる。右図では、空中写真からは違いを認める事ができず、土地条件図でも地形の境界に沿って古墳が並ぶという様子は観察できたが、地域は台地・段丘上であって空白地帯となる十分な理由が認められなかった。そこで、表層地質図を重ねてみたところ、地域は砂礫を主体とする層（図中の斜線部）から成っており、このような層のある地域では古墳時代の遺跡の分布が極めて少ない様子が他の場所でも確認できた。あるいは水はけのよい砂礫層で水が得にくいことなどがこの空白の理由として想定できるかもしれない。

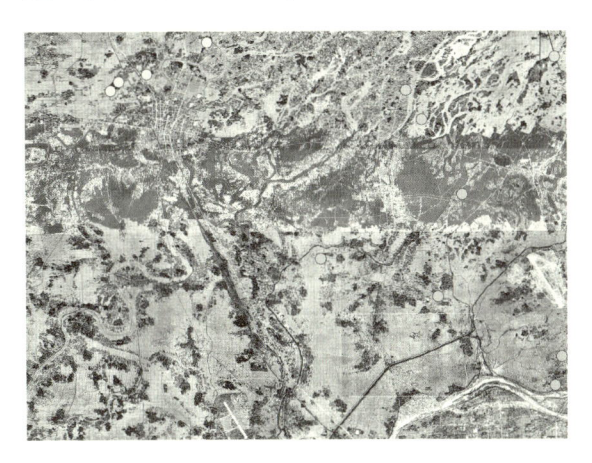

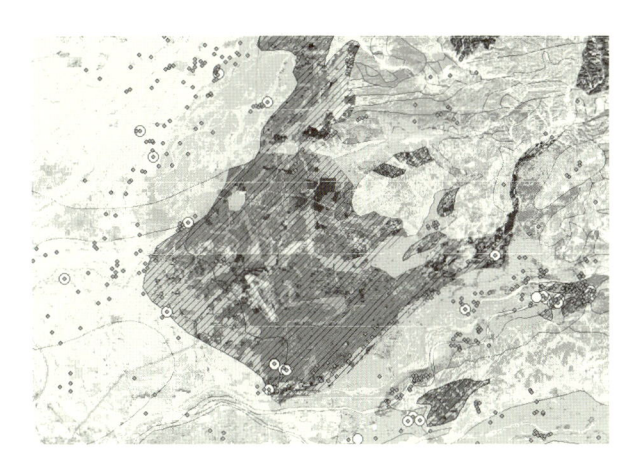

図16 ボロノイ分析結果の境界付近（左図：空中写真でみる境界4付近　右図：空中写真・地形図・地質図のオーバーレイを行った境界2付近　＊破線はボロノイ分析境界）

4.3. 古墳立地環境の変化

ここでは、古墳の立地条件を考慮するため、古墳毎に土地条件図をもちいて周辺地形割合の集計を行った。但し、土地条件図の刊行範囲外にあたる北東部分の古墳は集計から除外せざるを得なかったため、主に台地・段丘・斜面に立地する古墳を除外した。このような古墳を多く含むP8・P7ではこれらが少なめの集計結果となり、半分近くの古墳が除外されたP0は参考程度の集計結果となっている。この結果を合計し、周辺にみられる地形の面積の累積を示したものが図17である。

図17からは、前期後葉から中期初頭（P8–P7）にかけて傾向に顕著な変化を認める事ができる。この変化は台地・段丘への立地が急増したことで生じたものであり、P7以降は低地の微高地の利用が頭打ちとなることも特徴的である。この2つの地形は、それぞれP4–P3、

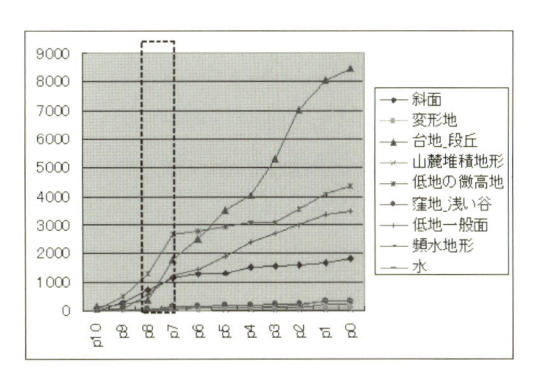

図17 古墳の周辺地形の面積の累積と変化

第Ⅱ部　大須二子山古墳と地域史の研究

P3-P2でも傾向に若干の変化を認めることができる。地形の割合には分布傾向の変化が直接の影響を与えるため、基本的には先の分布の変遷の結果に従う形になっている。それでも、大きくみた P3 と P4 の分布傾向は似ていても立地環境からみると P3 においてより集中的な台地の利用がされているなどの違いがある。

4.4. 古墳からの眺望分析

　古墳を造営するうえで考慮すべき眺望の対象あるいは地域があるとすれば、該当地域は可視領域が重複すると考えられる。この仮定に基づき、古墳毎に眺望の範囲を可視領域分析によって求め、時期毎の可視領域を合計することで眺望の集中する地域の把握を試みた。養老山地と三河山地の西端はいずれの時期においても可視領域となっているが、いずれも多少なりとも平野に面した立地をとる時点で必ず視野に入ってしまう事から、以下のまとめにおいて眺望の特徴としては取り上げていない。

　眺望の特徴を大きくまとめると平野の海岸側の値が高い P10、平野中央と熱田台地の値が高い P9-P8（P8 で平野の西で値が小さいが全体的傾向は似る）、平野の東部を中心に全体的に値の高い P7、平野中央の海岸側の値が高い P6-P3、平野東部と平野西端の値が高い P2-P1、平野部の値が高い P0 となる。全時期の総合をみると、平野東部、平野西端、そして三河山地の西端の値が高くなっている。

4.5. 考察

　最後にこれまでの分析結果をまとめたうえで、大須二子山古墳の位置付けについても検討を試みる。これ

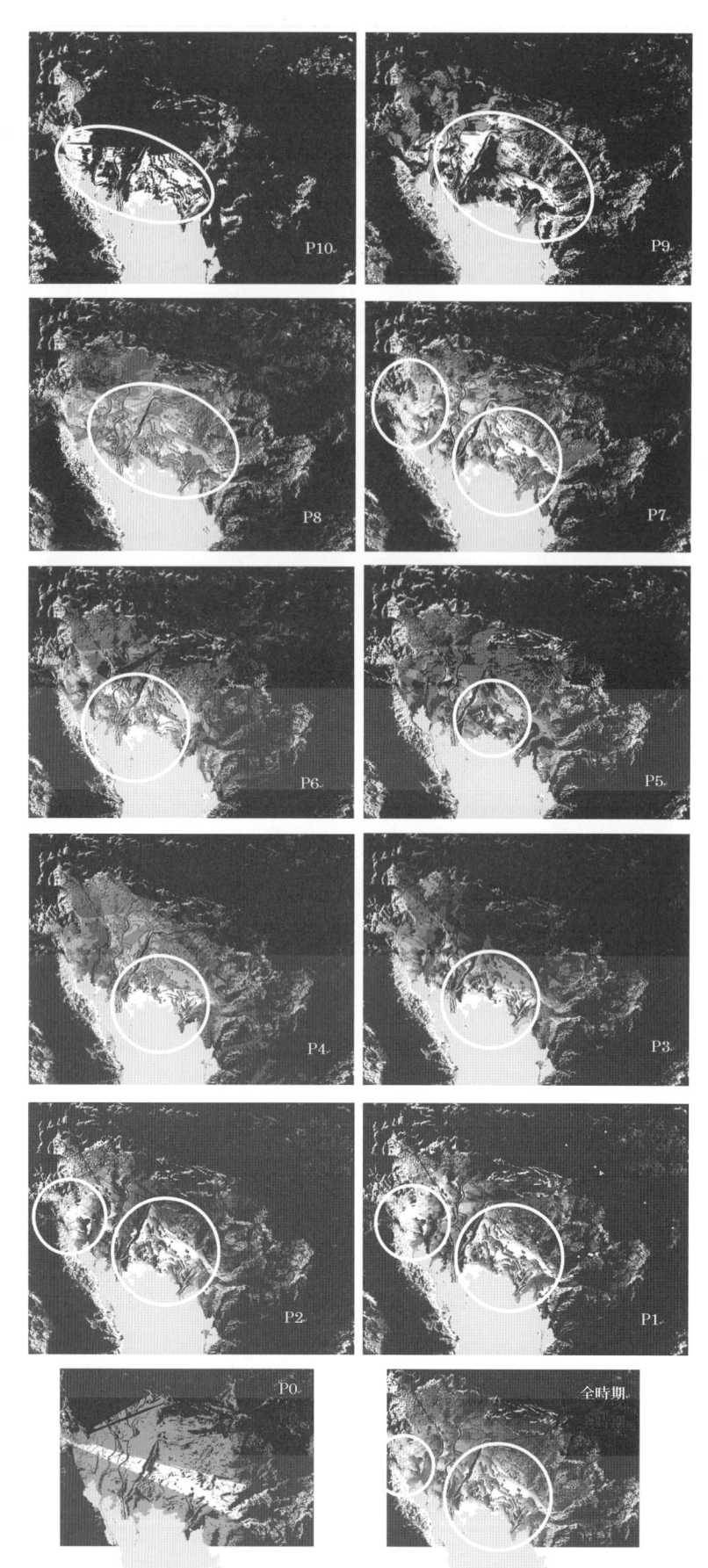

図18　時期毎の古墳からの可視領域の集計結果

までの分析で認められた特徴をまとめたものが表3である。記号の列は、ひとつ前の期の分析結果との変化が幾つ認められたかに応じて4段階の塗り分けを行っている（変化なし：白→3つとも変化：濃灰）。地形とその地域における配置には一定の関係があるため、どうしても遺跡の分布と立地環境は似た傾向を示すことになるが、分布は比較的大きなスケールを、地形はより詳細なスケールの傾向を示す事が期待される。眺望は分布と同じスケールではあるが、分析内容は異なる。実際、P10–P9やP5–P4などでは分布・地形の変化の時期と眺望の変化の時期は異なっている。この表からは、前期と中期の間、そして中期と後期の間にはすべての分析結果において比較的大きな変化が認められ、総じてみれば二つの転換期があるようにみえる。そのいずれもが大きな時期区分に対応する事は興味深い。その中にあって大須二子山古墳は二つ目の変化の画期にあたっている。大須二子山古墳は熱田台地の西側に位置しているが、台地が北に高く、台地の縁が視界を遮るため、立地している台地面以外は南から西側にかけての平野部・養老山地と東側の尾張丘陵が眺望されるという景観となる。また、当時の海岸線が内陸に入り込んでいたこと（大橋1983）、干拓が進む前であることを考えると、熱田台地のかなり近くまで海岸線が来ており、台地・海岸線近辺の平野部の陸化はまだ十分進んでいなかったと考える事が適当であろう。事実、古墳時代の遺跡は大須二子山古墳より南側の平野部ではほとんどみられない。これらの事を考えると、大須二子山古墳の立地は集落や生産基盤を見下ろすには不適当である可能性が高い。これは後期前半（P2）の全体的な眺望が、古墳時代の遺跡の多い平野東部で値が高い事とは異なる傾向である。同じグループに分類され、かつ近い時期に造営された断夫山古墳では大須二子山古墳よりも南側に位置しており同様の傾向を持っている。あるいはこれらの古墳は海側への意識を持って造営されており、他の古墳とは異なる性格を持っていたと考える事ができるかもしれない。

表3　分析から得られた立地に関連する特徴のまとめ

時代区分	記号	分　布	地　形	眺　望	
前期	P10	平野辺縁部		平野海岸側	
	P9	平野辺縁部		平野中央	
	P8	平野辺縁部・平野中央		平野中央	
中期	P7	多様・グループ出揃う	台地が急増	海岸部・熱田台地北部	
	P6	熱田台地・平野辺縁部		平野中央海岸側	
	P5	熱田台地・平野辺縁部		平野中央海岸側	
	P4	熱田台地北東にも分散		平野中央海岸側	
後期	P3	熱田台地周辺に集中	台地がさらに増加	平野中央海岸側	
	P2	平野部にも分布		平野東部・平野西端	◀大須二子山
	P1	平野部・木曽川流域		平野東部・平野西端	
終末期	P0	平野西端・北部		平野	

5．まとめ

以上、本稿では南山大学人類学博物館オープンリサーチセンター東アジア部会で整備した空間情報基盤とその活用事例を紹介した。とくに米軍空中写真オルソ画像からは多様な歴史景観を、場所によっては少なくとも近世まで遡って判読することが可能であり、考古・歴史学研究において極めて有効なデータであることが改めて確認された。米軍空中写真オルソ画像からは、過去の水利や水害に関するデータ作成を行ったが、それ以外にも様々な歴史景観の二次的データの作成が可能であろう。このことは、はじめに紹介したOpen Street Mapの例のように、こうした背景的データをもとに不特定多数の有志の手による二次的な歴史景観データの作成につながる可能性も期待できることを示している。

また、古墳分布の分析ではいくつかの空間分析と集計結果を組み合わせて古墳のグルーピングやその領域のデータを作成し、その特徴や変化と理由についての考察を行った。その際、空間分析の結果だけではなく、こうした空間情報を組み合わせた探索的な地域の俯瞰が、遺跡分布や旧地形との関係などについて仮説の構築や確認を行ううえで効果的であることを示した。基本的には空間情報の多様化が進むほど地域の多角的な検討が可能となり、GIS が得意とする地域の探索的な観察もより効果的となろう。

将来的には、こうして蓄積される地域の空間情報は考古・歴史研究に留まらず過去・現在・未来をシームレスに俯瞰する、自由度の高い地域像の検討を支援する情報基盤として機能していくのではないだろうか。今回構築した空間情報基盤のうち公開可能なデータについては、空間情報配信の標準（WMS）に準拠した形で、いずれ博物館より公開を行う予定である。これらの情報がボトムアップで蓄積される多様な地域情報と融合することで、より幅広く多様な研究テーマの支援に寄与できるものと期待している。

本稿では、空間情報基盤がどのように地域の考古・歴史的なテーマに応用しうるかをなるべく幅広く紹介したつもりである。一方で個々の対象については著者の力不足もあって、十分な裏付けをもって踏み込んだ考察ができたとは言い難く、さまざまなご教示、ご叱責を賜りたい。もし、こうした空間情報基盤の活用の可能性を少しでも感じ取って頂けたならば幸いである。

参考文献

伊藤秋男　2010　『地籍図で探る古墳の姿（尾張編）―塚・古墳データ一覧―』人間社
大橋正明　1983　「遺跡・遺物の分布から観た矢作川下流域沖積地形成過程の研究」『歴史研究』27・28合併号、1-31.
春日井市　1964　『春日井市史　資料編別冊　春日井市近世村絵図集』春日井市
春日井市　1964　『春日井市史　本文編』春日井市
金田章裕　1985　『条里と村落の歴史地理学研究』大明堂
金田章裕　1976　「条里制施行地における島畑景観の形成」『地理学評論』49-4、249-266.
長野県教育委員会編　1968　『地下に発見された更埴市条里遺構の研究』信毎書籍印刷会社
名古屋市教育委員会　1964　『名古屋叢書続編5　尾張徇行記』名古屋市教育委員会
藤井康隆　2008　「大須二子山古墳の埴輪」南山大学人類学博物館オープンリサーチセンター　東アジア部会公開研究会『大須二子山古墳と東アジア』発表要旨
水野時二　1971　『条里制の歴史地理学的研究』大明堂
渡部展也　2009　「歴史・地理学におけるGISの活用と展望：WebGISが育む複眼的な地域観」『情報の科学と技術』59(11)、532-538.
渡部展也　2004　「時間距離に基づくクラスター分析を用いた縄文時代における遺跡グルーピング手法の研究」『GIS理論と応用』Vol. 12, No. 2, 1-10.

（中部大学人文学部）

歴史的「地域」としての関中平原「周原地区」
―― 考古学 GIS の初歩的試み ――

西 江 清 高

はじめに

　南山大学人類学博物館オープンリサーチセンター東アジア部会（以下、「東アジア部会」）が課題としたものの一つは、東海地方に関する考古学 GIS の基盤を整備し、その東海地方や東アジアの歴史空間を対象として考古学 GIS の事例研究を試みることであった[1]。そこで東アジア部会では、考古学 GIS の基盤となる地図情報として、濃尾平野と伊勢湾岸地区の空中写真（1940年代後半、米軍撮影）、および明治期と昭和期の旧版地形図を幾何補正したものを整備してきた。この東海地方の基盤地図情報に、遺跡の位置データや各種の遺跡属性データ等を関連づけて、WebGIS の初歩的なシステムを構築し、今後南山大学人類学博物館の Web ページから発信していく予定である。博物館を仲介として考古学の社会的公共的活動を実践する試みの一つと位置づけている。

　一方、中国考古学を専門とする筆者は、2003年より2010年にいたる間、GIS を専門とする中部大学の渡部展也氏らと協力して、中国陝西省関中平原を対象地域として、新石器時代から西周時代における集落遺跡の分布と地形環境の関係性について調査・分析を進めてきた[2]。中国初期王朝時代の歴史空間を検討するためである。この研究はいまだ入口に立っているにすぎないが、東アジア的視座の中で「地域」を考えなおすという「東アジア部会」の目標と結びついて、連携することとなった。

　筆者は、「地域」を考察する考古学 GIS の実践例として、2010年12月に開催された東アジア部会のシンポジウムにおいて、遺跡分布の解析から歴史的「地域」の成り立ちについて発表した[3]。本稿では、そのときの内容にもとづいて、「地域」の分析における考古学 GIS の有効性について事例をあげて検討する。またあわせて、対象地域とした関中平原の周原地区に関する若干の新見解を述べてみたい。

1. 考古学 GIS の対象としての「地域」

　考古学 GIS[4] で空間分析をすすめる際には、人間行動の空間領域と相関した空間スケールの階層性が意識される。「地域」を扱おうとする本稿の場合、「地域」とは、考古学 GIS における空間スケールの階層のなかで、どの位置にあるのかを意識的にしておく必要がある。

　GIS とは無関係に、考古学の実践上意識される空間スケールの階層として、筆者は次のような5つの階層を考えている。第1レベル：「遺物と遺構」、第2レベル：「遺跡」（「遺物」「遺構」を構成要素とする）、第3レベル：「地域」（「遺跡」を構成要素とする）、第4レベル：「地域関係圏」（「地域」を構成要素とする）、第5レベル：「地球圏」（「地域関係圏」を構成要素とする）の5つである[5]。このような空間スケールの階層は、単に考古学研究の便宜上の区切を示すものではない。本来的に身体的制限をもつ、人間ないし人間の社会的活動の時空間スケールに起因して、さまざまな制約が働いた結果の階層性であり、人間の空間認知のあり方とも深く関わっている。

　考古学 GIS が通常の考古学研究を前提としている以上、考古学 GIS で意識される空間スケールの階

第Ⅱ部　大須二子山古墳と地域史の研究

層性とは、上記と同じ5つの階層に相当するものである。ただし、GIS的分析では、技術的にはそうした空間スケールの階層間を自由に横断して実践することが可能であり、そのような作業から問題解決の鍵が発見されることも期待される。ただしこれまで見られる考古学GISの研究例では、上記の5つの階層のいずれかの階層内で完結的に分析が進められることが多いといえよう。その結果たとえば、考古学GISにおいて、「遺物」は一段階上の「遺跡」レベルの分析では一般に面積・体積をもたない点情報として扱われ、一方「遺跡」は、一段階上の「地域」レベルの分析ではやはり面積をもたない点情報として扱われることが多い。つまり考古学GISでは、考古学研究上一般的に経験される空間スケールの境界を越えるときに、要素の扱い方を切りかえているということになる。以下に紹介する筆者らの研究例では、上記の第3レベル、「地域」レベルにおいて遺跡の分布を中心に扱うが、その際の遺跡とは点情報である。

　ところで、日本の諸地方を対象とした場合とは異なり、本稿で扱う中国大陸のように、外国のフィールドを対象とした場合、対象地の詳細な地形図はむろんのこと、関連する自然資源・地質・土壌等の情報やテーマ図の入手等は困難なことが少なくない。しかし、このように制限をうけざるをえない研究条件のもとでこそ、GIS的な手法が「地域」研究において活きてくることもある。たとえば、利用の制限なく世界的に公開されている各種の衛星画像や、SRTM[6]のようなごく一般的な数値標高データ（DEM）をもちいて解析するだけでも、多くの知見を得ることができる。そもそも衛星画像やSRTMのようなデータ自体が、一般的にいって「地域」的な空間スケールでの地表現象の観察や地形表現を目的に整備されたものであり、したがって近似した空間スケールで実践される考古学GISの「地域」レベルの分析においても、適合的なデータを提供してくれるのである。

　本稿で紹介する中国陝西省関中平原を対象とした研究例では、渡部展也氏が中心になって整備したCORONA KH-4B（コロナ衛星画像）と旧ソ連製1/20万地形図の利用が一つの特徴となる。前者は安価で高い解像度を誇り、さらに近年の土地開発以前の1960年代の地表面が記録されていることにも価値がある。後者は1970年代における集落の立地や土地利用、交通路・用水路等のデータ取得に有効である。これらを含め、筆者らが準備を進めている考古学GISに、現段階で格納している各種の空間情報は表1のようである。

表1　関中平原考古学GISに格納した空間情報

内　容	データ名	縮尺/分解能	時　代	備　考
基盤データ	Landsat ETM＋画像	30m	現代	2000年代の衛星画像
	Terra Aster画像	15m	現代	2000年代年の星画像
	CORONA KH-4B画像	2m	現代	1960年代の衛星画像
	旧ソ連製地形図	1/20万	現代	1970年代の地形図
人文社会	集落分布	1/20万	現代	旧ソ連製地形図より作成
	主要幹線道路	1/20万	現代	旧ソ連製地形図より作成
	一般道路（生活道路）	1/20万	現代	旧ソ連製地形図より作成
	用水路	1/20万	現代	旧ソ連製地形図より作成
	遺跡分布	－	仰韶期〜西周期	中国文物地図集・現地調査より作成
	遺跡グルーピング結果	－	仰韶期〜西周期	遺跡分布より作成
	遺跡分布密度	－	仰韶期〜西周期	遺跡分布より作成
	主要遺跡間ネットワーク	－	西周期	遺跡分布・SRTMより作成
地形・環境	SRTM（DEM）	90m	現代	標高データ
	河川網	90m	現代	SRTMより作成
	地形強調画像	90m	現代	SRTMより作成
	水文解析結果	90m	現代	SRTMより作成
	微地形分類図	－	現代	CORONAの判読より作成
	泉・湧水地	－	古代〜現代	中国文物地図集・現地調査から作成
	年間の植生変化	30m	現代隔月	Landsat ETM＋画像より作成

2．「周原地区」と周の歴史

　殷王朝を倒した周王朝の創始者武王から数えて、3世代さかのぼった古公亶父のとき（古公亶父―季歴―文王（西伯）―武王）、周人は、陝西省北部の淫河流域にあった居住地の豳を離れて南遷し、関中平原の西部、現在の岐山県・扶風県北部の岐山南麓にあった「周原」の地に移り住んだと伝えられる。周と呼ばれることになるその人びとは、こののち「周原」を中心とした関中平原を活動の舞台として政治、経済の基礎を築き、やがて文王、武王の時代に東方の殷王朝に対抗する一大勢力にまで成長した[7]。

　文王のとき、周は「周原」を温存しつつも現在の西安市西南に2番目の拠点としての豊京を建設した。その子の武王は、諸侯を糾合してついに殷王朝を倒すとともに、豊京の東に隣接して鎬京（宗周）を建設したが、まもなく死去したとされる。その後周公、召公らに補佐された武王の子成王の時代には、現在の洛陽市に西周王朝3番目の拠点となる洛邑（成周）を建設した。西周時代を通じて、「周原地区」、「豊鎬地区」、「洛陽地区」の3地点に、首都的中心地が並立するように置かれていたことは、考古学的調査によっても確認されている。

　このうち、現代において都市化が進んでいないこともあり、今後の発掘調査によって首都的中心地としての全貌がとらえられると期待されるのは「周原地区」である。この地域では近代以前より多くの西周青銅器の発見があり、注目されてきたが、20世紀の1970年代以降、扶風県・岐山県県境付近の4km四方ばかりの範囲において、重要銘文をともなう窖蔵青銅器群（土坑に一括埋納された青銅器群）が集中的に発見された。くわえて、この一帯の鳳雛村や召陳村において、宗廟的あるいは宮殿的建築物の大型基壇址が発見されるにおよんで、扶風県・岐山県県境一帯は周原地区の中でも特に「周原遺跡」と呼ばれ、古公亶父以来の周の根拠地そのものの可能性が高いと見なされるようになった[8]。

　ところがその「周原遺跡」から西に約25km離れた、岐山県北部の岐山南麓に所在する旧蹟「周公廟」の付近において、2003年末に偶然甲骨文が発見され、それを発端に翌年から周辺の考古学調査がすすめられ、大型墓多数からなる墓地や高級建築址を含む大規模遺跡の存在が明らかになった。この新発見の遺跡は周公廟遺跡と呼ばれ、「周原遺跡」につづいて確認された周原地区における周のもう一つの中心地と見なされるようになった[9]。この新発見に触発されて筆者らは、2003年以降、現地調査と考古学GISの分析を実践して、歴史的「地域」としての周原地区の再検討をすすめてきた。

　筆者はこれまで、周原地区の全体像を、「周原遺跡」や周公廟遺跡を中心地とする西周王畿の空間と理解して、その政治的空間構成の解明に取り組んできた。そうしたなか最近、西周時代の「都城」について論じる機会があり、首都的中心地たる周原地区を対象に、その「都城」としての性格について、どのように説明すべきかを考えねばならなくなった。そのなかでいくつかの問題が浮かびあがった。その一つは、周原地区ではこれまでに、「周原遺跡」や新発見の周公廟遺跡といった大規模遺跡の内外を含めて、本格的な城壁の存在が確認されていないことである。城壁に囲まれた都城空間というイメージは周原地区では成立しない。そしてさらに重要なのは、周原地区ではこれまでに、「周原遺跡」と周公廟遺跡という少なくとも二つの中心地が見いだされたが、この両者は年代的に重なる期間があると推定されることである。しかも最近この両遺跡以外にも、両遺跡から10km程度しか離れていない近隣に、勧読遺跡、趙家台遺跡などの大規模集落遺跡があいついで発見されている。その結果、周原地区では複数の拠点的集落が隣接するように並び立っていた状況が明らかになってきた。したがって、たとえば「周原遺跡」を一つの完結した「都城」遺跡として考えるとすると、同時に近隣に幾つもの副都的な大規模集落が併存したことになる。国家のような大きな政体の中に、唯一（ないしごく限られた数）存在した政治的中心地を「都城」と考えるのならば、周原地区を対象とした場合、特定の一遺跡（群）を取り上

げてそこに完結的な「都城」のすがたを求めることは適切ではないといえよう。

そこで筆者が提唱しようとしているのは、「都城圏」という見方である。中国古代史研究上、都城研究は考古学的にも文献史学的にも重要な位置をしめるが、これまでおそらく筆者を含めて多くの研究者のイメージでは、都城とは城壁で囲まれた空間内に、主要な都城的（あるいは首都的）機能が凝集された姿であった。ただし殷後期の殷墟をはじめ、西周時代の3つの首都的中心地においても、現在にいたるまで本格的な城壁は発見されていない。この点を筆者は、初期王朝時代にあってはその時々の歴史状況によって、都城空間の構成から城壁が省略されることもあった、というように説明してきた。

この説明が誤っているとは考えていない。しかしそもそも都城空間とは、都城の一要素である城壁に囲まれた空間にだけ注目して説明されるものではないはずである。都城としてより本質的なのは、城壁のあるなしではなく、宗教・祭祀、政治の中核としての宗廟、宮殿といった都城的機能の所在地点と、諸他の都城的機能の所在地点が、一定規模の地域システムによって結ばれている姿ではないだろうか。筆者のいう「都城圏」とは、城壁を都城の一要素あるいは一機能として相対化して考え、城壁の有無とは別に、都城的な諸機能が、ときには広大な「地域」的空間のなかに分散的に配置された、まとまりある一つの関係圏のことである[10]。

3．「周原地区」の地理

関中平原は、その南側を秦嶺山脈（標高2000～3000m）、北側を北山（岐山の山塊を含む）（標高1000～1600m）に挟まれた、東西が約400km、南北が最大で約60kmの盆地状の地形である。平原の中央部を渭河が西から東に流れ、潼関の東で黄河本流に合流する。渭河の南北両岸、とくに北岸には黄土地帯特有の高く平坦な台地状地形である「原」が発達している。新石器時代以降あらゆる歴史時代を通じて、農耕集落の多くがこの平坦な原の平原（原面）に展開した（図1）。

原の名称は『詩経』大雅・緜で初めて登場する「周原」であるが、歴史地理学者史念海はこの「周原」を現代の地理学的な観点から再定義し、関中平原西部における、千河（鳳翔県西）から漆水河（扶風県東）に至る渭河北岸の台地であるとした[11]。本稿でいう周原地区とは、自然地理的にも歴史的にも有意なまとまりが認められる史念海の定義する周原の範囲を指す。

周原地区は東西約70km、南北約20kmの広さがあり、大小の水流が、厚い黄土層からなる元来の「原」面を深く切り刻んで、黄土台地特有の渓谷（溝壑）をいたるところで発達させている（図2）。この周原地区の台地中央部を東西に横切って流れる一筋の水流が后河あるいは漳河と呼ばれる中規模河川で、台地北側の岐山に源流がある小河川の水流は、すべてこの漳河に集まり、周原地区の東端で渭河に合流する。したがって、周原地区の台地のうち漳河より南側部分の台地には、岐山を源流とする河川は一つもない。河川らしい河川をほとんどもたないこの漳河以南の「周原」南部の台地を、「周原」とは区別して「積石原」と呼ぶこともある。

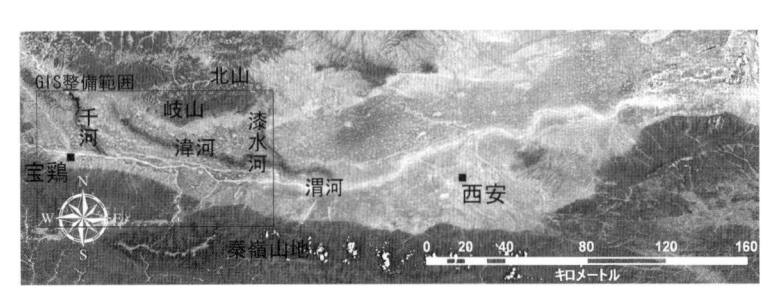

図1
関中平原と考古学GIS対象地域
（周原地区）

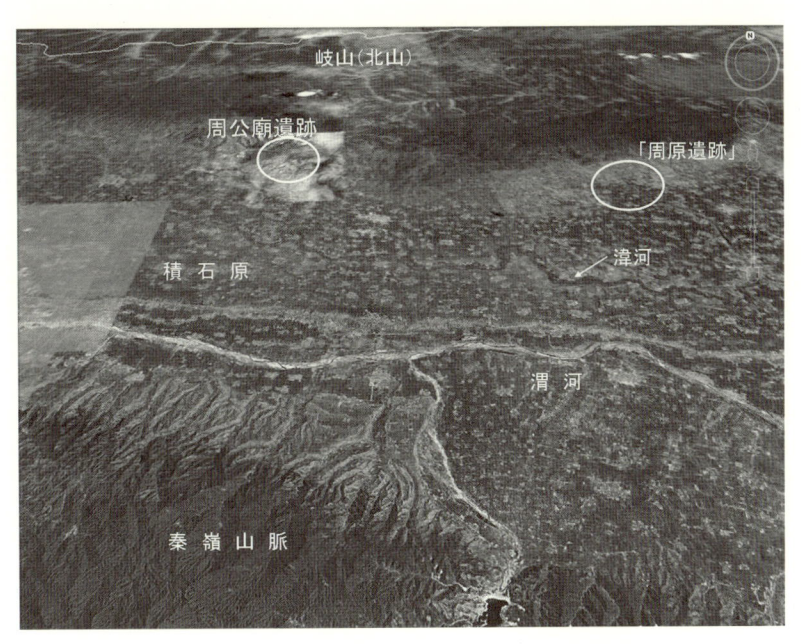

図2　周原地区の地形（Google Earth画像使用）

4．新石器時代から西周時代にかけての遺跡立地と地形環境

　周原地区を対象とした「地域」分析の手始めに、遺跡分布の密度や偏在傾向と地形環境との関係を、新石器時代と西周時代を比較しながら考えてみたい。

(1) 遺跡分布のランダム度と遺跡密度

　渡部展也氏と筆者らは、周原地区を対象に、K関数法をもちいた遺跡分布凝集度の評価をおこなった（図3）[12]。図3の横軸は任意の観測点からの距離、縦軸（L(h)）の値は高いほどランダム度が低いこと、つまり遺跡間の凝集度が高いことを示している。このグラフが示唆することは少なくないが、本稿で指摘したいのは、新石器時代（仰韶期・龍山期）の変化曲線に対して、初期王朝時代（先周期・西周期）の曲線が、明確に高い凝集度を示していることである。このことは新石器時代から初期王朝時代へと移行するなかで、遺跡間の平均的距離が短くなったことを反映しており、遺跡間の関係性に質的な変化があった可能性を示唆する。国家段階に入っていた黄河中流域の歴史状況のなかで、周原地区に筆者の考える「都城圏」が形成したことと無関係ではなさそうである。類似した結果は、遺跡の分布密度を地図

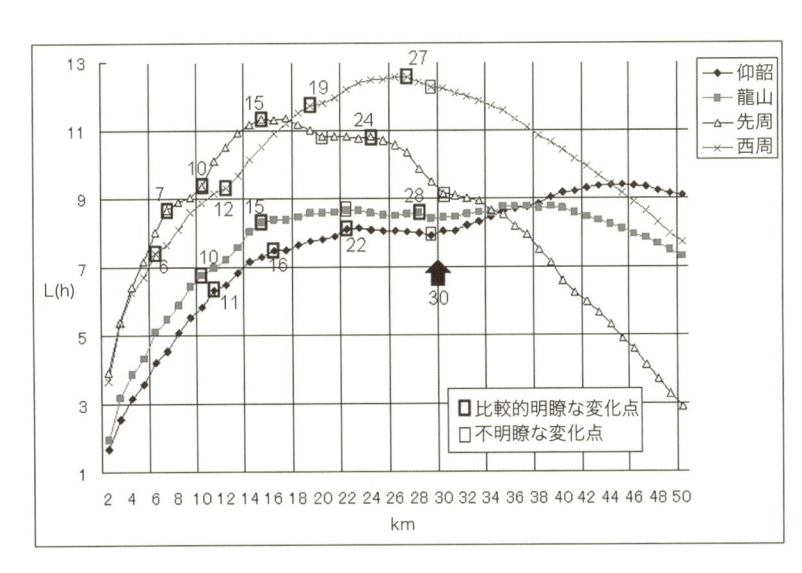

図3
関中平原西部の遺跡分布に対する
K関数法の評価結果

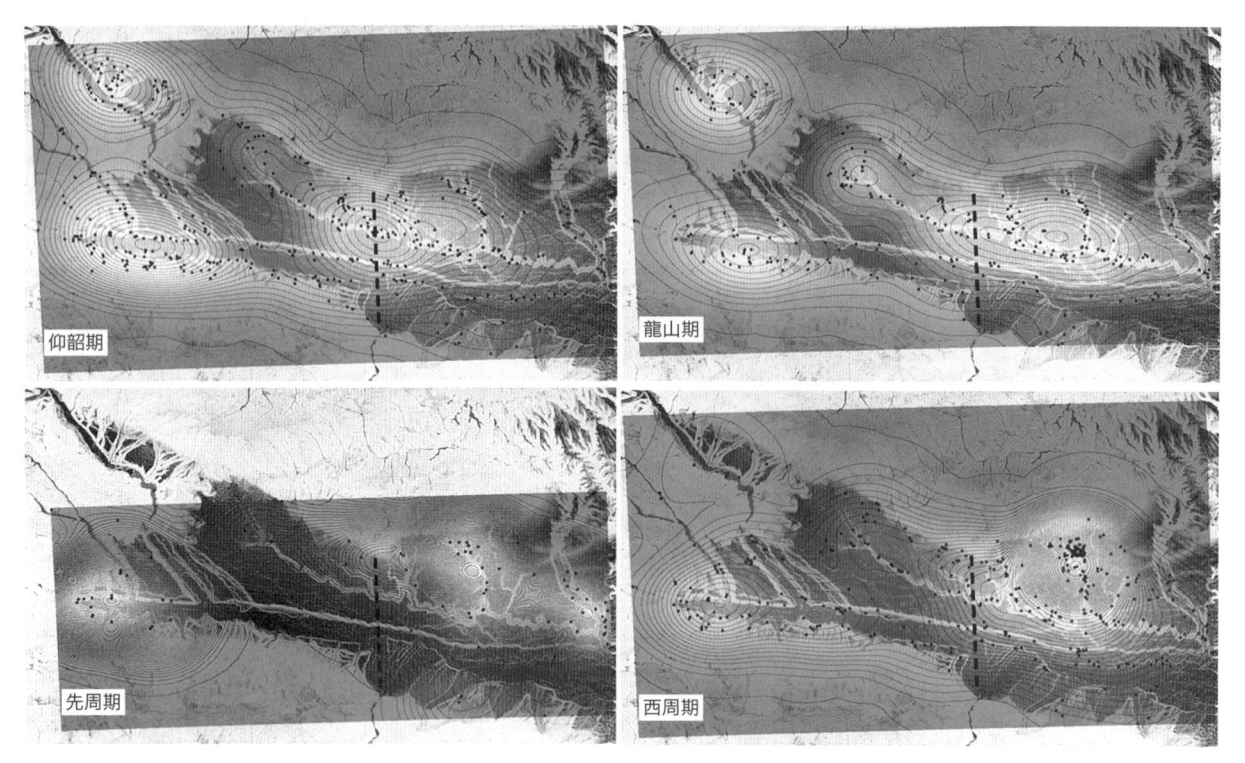

第Ⅱ部 大須二子山古墳と地域史の研究

図4 新石器時代から西周時代の遺跡密度（15kmを閾値とした表示）

上に表示して観察する方法からもうかがわれる（図4）[13]。図4において、西周期の遺跡密度の等値線が間隔を狭めていることが読み取れよう。

このように新石器時代と西周時代の間で、遺跡の密度や凝集度が大きく変化することが認められる。ところが一方、遺跡分布の偏在性あるいは分布のパターンについて見ると、二つの時代間で大きな変化は認められない。つまり遺跡は、その集まり方に粗密の変化があったとしても、集まる場所自体には大きな変化はなかったということである。これは何を意味するのであろうか。

(2) 水資源を中心とした地形環境と遺跡の立地[14]

新石器時代と西周時代を比較して、遺跡（集落）が集まる場所とは、なによりもまず中小河川の河岸付近や湧水地点の近傍といった、水資源の得やすい場所ではなかったかと推測される。このことを考古学GISの分析によって確認しておこう。

i）遺跡と河川、遺跡と集水度

劉建国氏は黄土地帯における新石器時代から歴史時代おける集落遺跡の大部分が、中小河川の河岸から600m以内に偏在するということを、考古学GISをもちいた先行研究で指摘していた[15]。この研究にならい、筆者らは「周原地区」の全域を対象に、新石器時代から西周時代にいたる遺跡の立地を、河川からの距離によって集計してみた（図5）。その結果はほぼ劉建国氏の指摘を裏づけるものとなった。遺跡数は、河川から50m程度の至近距離では少なく、100～400m付近に集中し、600m超では顕著に減少する。この傾向は新石器時代から西周時代の間で変化していないことを確認している。

つぎに筆者らは、DEMを使って地表面の傾斜と表面流水の合流点の密度を計算し、地表付近における水資源の状況を示唆する「集水度」というものを抽出した（図6）。そこから最も顕著に読み取れることの一つは、周原の台地中央を東西に流れる漳河以南の積石原は、広範囲にわたって水資源が得にくい台地だということである。また、拠点的集落が点在する岐山南麓の東西一帯においても、水資源に乏しい環境の土地が断続的に並んでいることが分かる。前者は岐山に源流をもつ中小河川がすべて漳河に

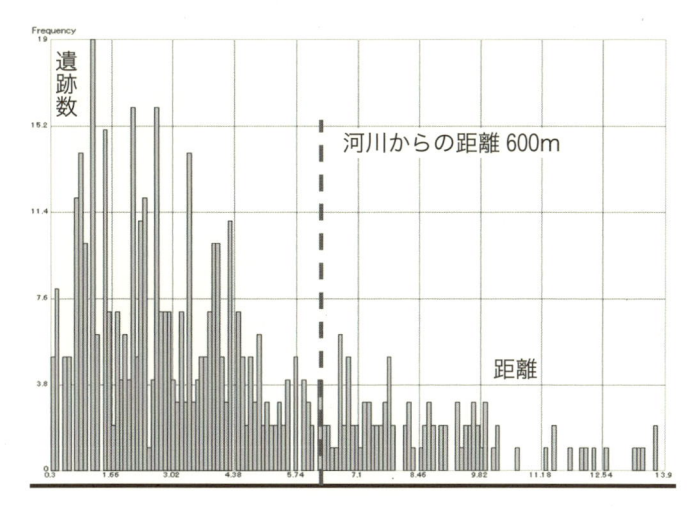

図5
河川からの距離と遺跡数
（新石器時代から西周時代の遺跡）

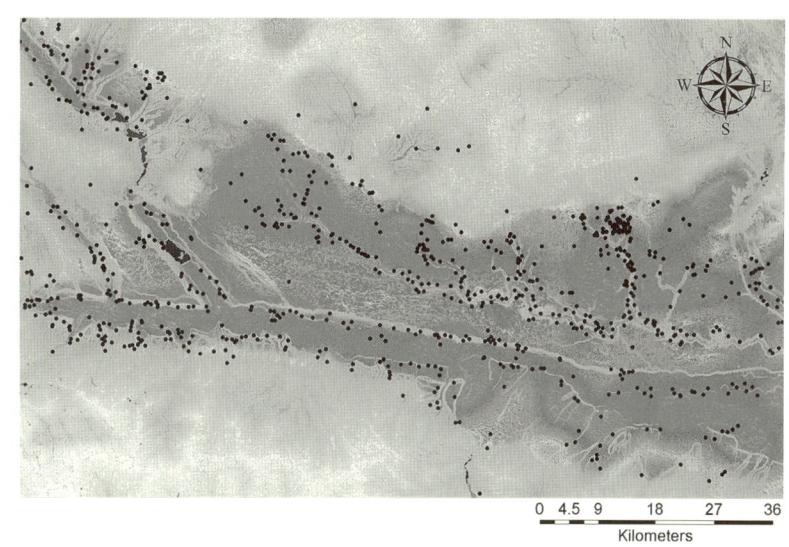

図6　集水度と遺跡分布
（新石器時代から西周時代）

注いで、その南で河川を形成しないことが原因である。一方、後者の水資源に乏しい土地とは、DEMから生成した等高線表示を重ねた衛星画像の観察から、扇状地状地形の扇央部に相当することが確かめられた。

　図6によって、新石器時代から西周時代にいたる遺跡の分布と集水度の表示とを重ねて考察すれば、集水度の低い一帯が遺跡の空白地帯となっていることを明確に指摘することができる。特に広大な積石原において新石器時代から西周時代の遺跡がほとんど皆無に近いことは顕著な現象である。

ⅱ）遺跡と湧水地点

　水資源が得にくいと評価した積石原の南端は、その南側に間近に渭河を見下ろす比高差120〜200mの台地縁辺部の崖面となっている。じつはこの崖面付近にそって東西方向に数多くの遺跡が並んでいる。遺跡のなかには青銅器多数を出土した宝鶏闘鶏台遺跡や、鄠県楊家村遺跡等の重要遺跡も含まれる。筆者らはこの一帯に多数の遺跡が立地している原因として、台地の地下を伏流した水流が崖面で湧出した泉の存在を推定し、地方誌等の文献記録の調査と現地踏査をおこなった[16]。その結果、過去、現在において多くの湧水地点がこの崖面一帯に存在することを確かめることができた（図7）。歴史時代に生活用水あるいは農業用水として利用されたことのある湧水はこのほかに、台地北部の岐山南麓一帯にも点在しており、周公廟遺跡（潤徳泉）や「周原遺跡」の北部にも現存していることを確かめた。生活用水として最も良好な水資源といえる湧水（泉）と西周時代の有力遺跡の立地には相関関係がうかがわれる。

第Ⅱ部　大須二子山古墳と地域史の研究

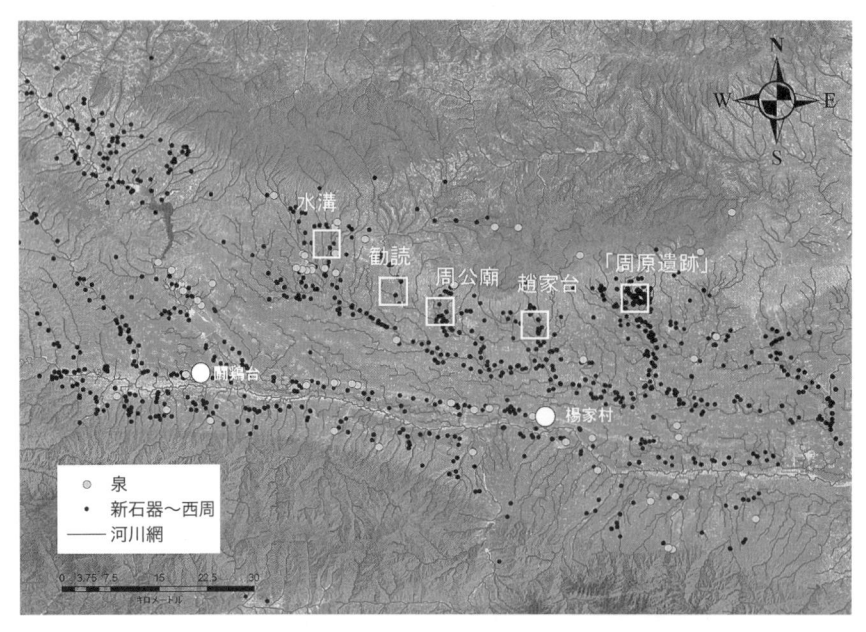

図7　湧水地点と遺跡分布（新石器時代から西周時代）

iii）地形環境の類型と集落の立地

　地形に起因する集落選地上の因子としては、水資源のほかにもさまざまな因子が想定される。筆者らはこれらの因子を総合的に判断して、「周原地区」における集落の立地を、地形環境にもとづく6つの類型（以下の①～⑥）に分けて考えている（図8）。ここでは水資源の因子を中心に簡単にまとめておきたい。

　①岐山南麓では、東から「周原遺跡」、趙家台遺跡、周公廟遺跡、勧読遺跡、水溝遺跡という現時点で知られる周原地区を代表する拠点的集落（群）が、東西に約10kmの間隔をおいて点在している。拠点的集落と拠点的集落の中間部には、岐山南麓の扇状地状地形が介在していて、そこは遺跡の空白地帯となっている。周公廟遺跡と「周原遺跡」の二者を擁する岐山南麓は、仮に「都城圏」として周原地区を見た場合に、主要な都城的機能が集中した一帯であったと考えられる。②台地中央部では、中小集落が主に中小河川に沿って点在する。③台地南部（積石原）は、先述したように、顕著な遺跡の空白地帯となっている。④台地縁辺部では、崖面に沿って点在する湧水を水資源として、中小集落および重要集落が東西に列をなして点在する。⑤渭河北岸低段丘では、大型河川である渭河の河水ないし河岸付近の

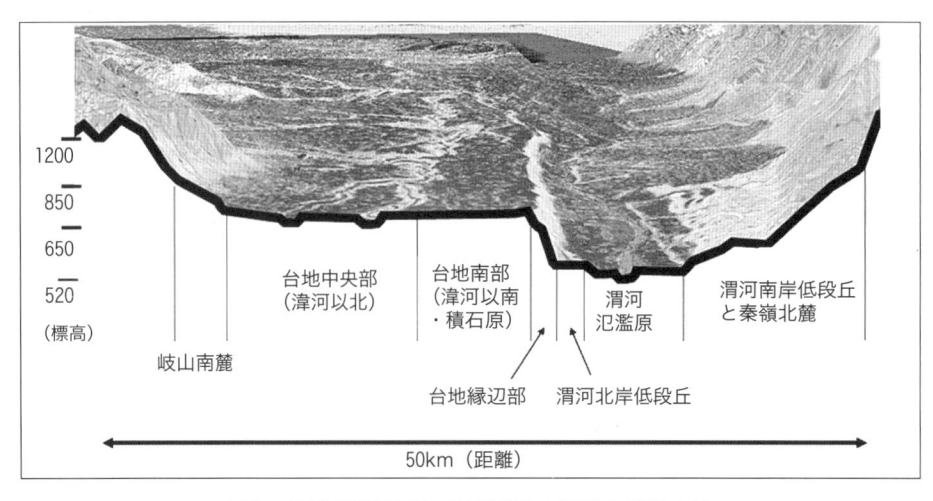

図8　関中平原西部の地形環境の類型と遺跡立地

水位の高い井戸水を利用したと見られる中小集落が分布する。最後に、⑥渭河南岸低段丘と秦嶺北麓では、秦嶺北麓の扇状地状地形の扇端部付近に、中小集落の立地が認められる。なお、④⑤⑥一帯の集落立地条件の一つとして注意すべきは、そのすぐ南側に展開する秦嶺山脈の山地資源との関係や、渭河水運との関係である。

iv) まとめ

　当該地域では、新石器時代の仰韶期から定住的な農耕集落が広がっていたが、初期王朝時代がはじまる二里頭文化並行期には、一度人口稀薄な空白の時代となった。殷代前期・中期の頃、小集団の出入りがあったのち、殷代後期並行期には周の人々が当該地域へ移入して、彼らの農耕集落が新規に開拓されたと考えられる[17]。やがて形成された西周時代の新しい集落分布は、新石器時代とくらべて、分布密度や凝集度が高まるという大きな変化を見せたが、一方で大半の集落が周囲の小環境（特に水資源）に適応した自然村的な立地条件を前提とするという点で変化はなかった。

　西周時代の周原地区に、「都城圏」の形成を読み取るとすれば、「都城圏」の性格の第一として、自然村的な立地条件をもつ、おそらくは自給的な性格[18]の強い中小農耕集落が、その圏内に点在した大多数の集住地点の実態であったと考えなければならない[19]。しかしながら、単にそのような自給的集落が広がっている地域を「都城圏」と呼ぶことはできない。地域としての周原地区の性格には、さらに別の側面が見いだせるはずである。

5. 首都的機能の配置

(1) 首都的機能に関連する集落や施設

　西周王朝の首都的中心地の一つであった周原地区には、上記したような自然村的な農耕集落が等質的に広がる空間のなかに、首都的機能を付与されたと評価できる集落や、特別な機能を有する地点が点在していた（図9）。

i) 城壁

　首都的機能として、まずは城壁の存在が注目される。しかし、すでに述べたように周原地区では、「周原遺跡」や周公廟遺跡に代表される拠点的集落においても、殷代前期の首都的中心地であった鄭州商城

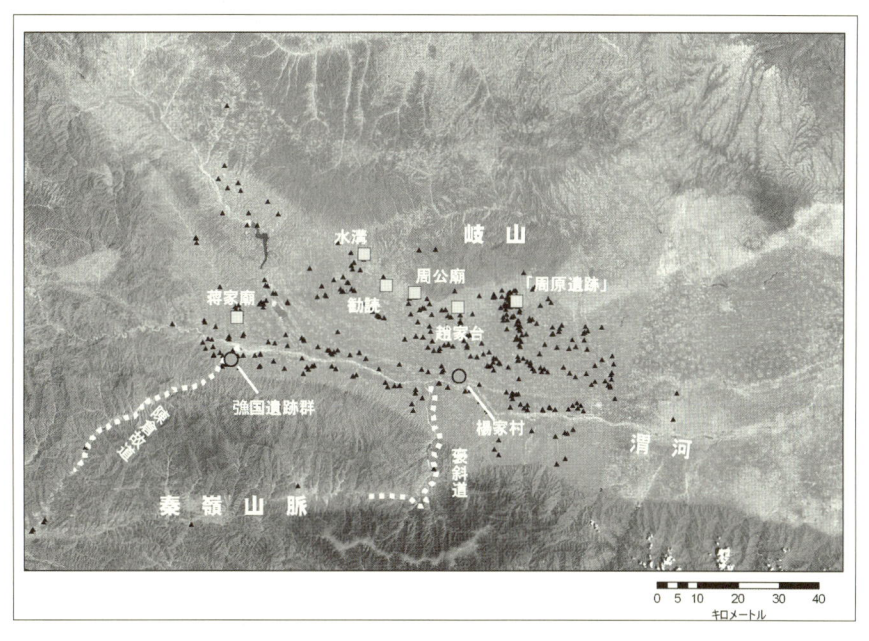

図9　首都的機能を与えられた遺跡の配置

第Ⅱ部　大須二子山古墳と地域史の研究

や偃師商城のような大規模な城壁は発見されていない。筆者は、城壁の欠如自体が周原地区の「都城圏」の特色である可能性が高いと考えている[20]。

ただし、周原地区の西部に位置する鳳翔県水溝遺跡と、その西方に位置する宝鶏市蔣家廟遺跡[21]では、周囲約4km程度の城壁をもつ集落址が発見されている。しかしこれら2地点の集落は一般の農耕集落ではなく、いずれも山麓や台地縁辺部の傾斜地に建設された防衛施設としての性格がうかがわれるものである。周の人びとが西周王朝開始前に、周原地区の西方へと勢力を拡大した時期[22]の一時的[23]な軍事的色彩の濃い集落ではなかったかと推定される[24]。

筆者はこの2地点の城壁をもつ集落を、周原地区の西部に建設された首都的機能を有する2地点として理解している。

ⅱ）大型建築物

大型の建築物には、宗教的施設としての宗廟や、政治的施設としての宮殿、さらには支配層の邸宅などがある。「周原遺跡」の範囲では、岐山県鳳雛村の大型建築址（宗廟的建築）、扶風県召陳村（宮殿ないし支配者の邸宅群）、雲塘の大型建築址（宗廟的建築）等が発掘されており、当時の高級建築部材の瓦なども大量に出土している。周公廟遺跡でも大型建築の基壇址や高級建築部材の瓦、磚などが出土している。またこれらいずれの地点においても、隣接地点にさらに多くの未発掘の建築址が存在することがボーリング調査等で確認されている。

ⅲ）各種の工房

殷周時代の首都的機能としてきわめて重要なのが、祭祀と政治の道具であった青銅礼器の工房（「周原遺跡」の李家村・斉鎮・斉家村、趙家台遺跡、周公廟遺跡）である。また玉石器（「周原遺跡」の斉家村）や骨器（「周原遺跡」の雲塘）などの高級工芸品の工房も注目される。一方、高級建築に用いられた瓦と磚の工房が注目されるが、現在確認されているのは磚（空心磚）の工房で、趙家台遺跡で発見されている。趙家台遺跡は、その西の周公廟遺跡と東の「周原遺跡」からそれぞれ10km程度離れた中間地点に位置して、後述する推定交通路の中継地点にも相当する。同時にまた、周原地区の中でもアクセシビリティ（総合コスト）が最も良好な地点にあたることは重要である。大型建築部材の焼成施設を建設することは容易ではなく、周原地区の適切な位置に一箇所あれば需要に応じることができたと考えられよう。趙家台遺跡の位置は、そのような生産拠点として相応しいものである。

ⅳ）自然資源の利用拠点

周原地区の台地縁辺部に所在する楊家村遺跡で出土した青銅器銘文には、山林資源等の管理に関する官職が記録されている。筆者は楊家村遺跡の立地から、その場合の山林資源とは、渭河対岸の秦嶺山脈の山林資源を指すのではないかと推測している[25]。ほかにも宝鶏市南部のいわゆる彊国の遺跡群も秦嶺の山地資源と無関係ではないと推測される[26]。後述する推定交通路から見て、楊家村遺跡や彊国の遺跡群が、秦嶺を越えて南方地方と結ぶ交通路に関わっていた可能性も注目される。

ⅴ）交通路上の要地

水資源が絶対的に不足している台地南部の積石原に、西周時代の重要遺跡として唯一知られている地点が存在する。宝鶏県北部の西劉遺跡（青銅器出土地点）がそれである。後述する推定交通路上の経由地点に相当している。水資源に乏しく、単なる自然村としては成立しない地点にあって、首都的中心地のネットワークのために確保された地点ではなかっただろうか。

⑵ 交通路の推定とアクセシビリティ

周原地区の集落は交通路によって結ばれたネットワークを形成していたと考えられる。筆者らは周原地区に交通路上のいくつかの結節点（既知の先周期・西周期の拠点的集落遺跡、歴史時代の記録と地形

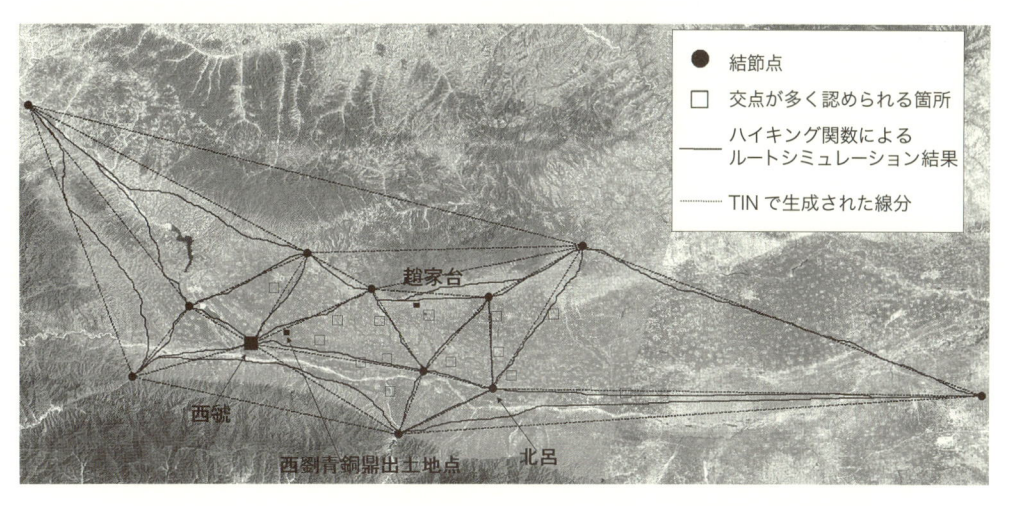

歴史的「地域」としての関中平原「周原地区」（西江清高）

図10 最小コストルート計算結果からTINをもちいて編集した推定交通路

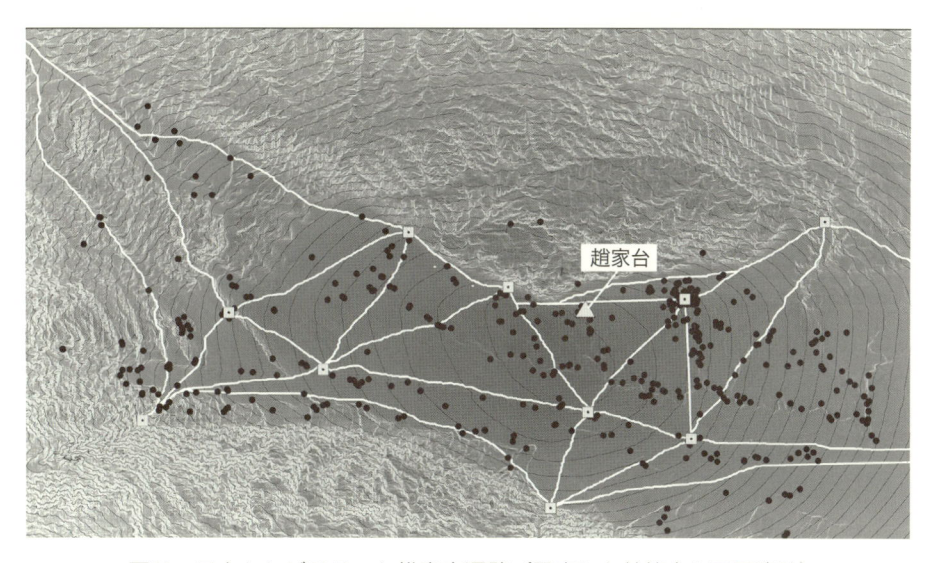

図11 アクセシビリティと推定交通路（設定した結節点と西周遺跡）

条件から存在が確実視できる交通の要地等）を想定した上で、ハイキング関数によるシミュレーションをおこない、最終的に西周時代の交通路を推定した（図10）。それとは別に各結節点を始点としたコストグリッドを合計し、その等値線を作成することで、各結節点へのアクセシビリティ（総合コスト）を示す図を作成した[27]（図11）。

すでに上述したが、西劉遺跡（青銅器出土地点）、趙家台遺跡などは交通路の中継地点として重要なことが読み取れる。趙家台遺跡は図11に表示された等値線を見ると、アクセシビリティにおいて最良の位置にあることが看取される。一方、楊家村遺跡や強国遺跡群など山地資源との関連が想定される地点は、秦嶺山脈内部へとつながる数少ないルート（後代の褒斜道、陳倉故道）と対応的である。

以上のように、首都的機能の諸地点が、周原地区に広がる交通路のネットワークにのって、分散的に配置されていた状況が看取される。

6．岐山南麓拠点的集落からの眺望（可視域）

周原地区の地形環境の分類で岐山南麓に分類される一帯に、東から「周原遺跡」、趙家台遺跡、周公廟遺跡、水溝遺跡が並ぶことはくりかえし指摘した。先に提示した図8の地形断面からも看取されるように、岐山南麓の遺跡は周原地区でもっとも高いところに位置しており（標高700〜900m前後）、その

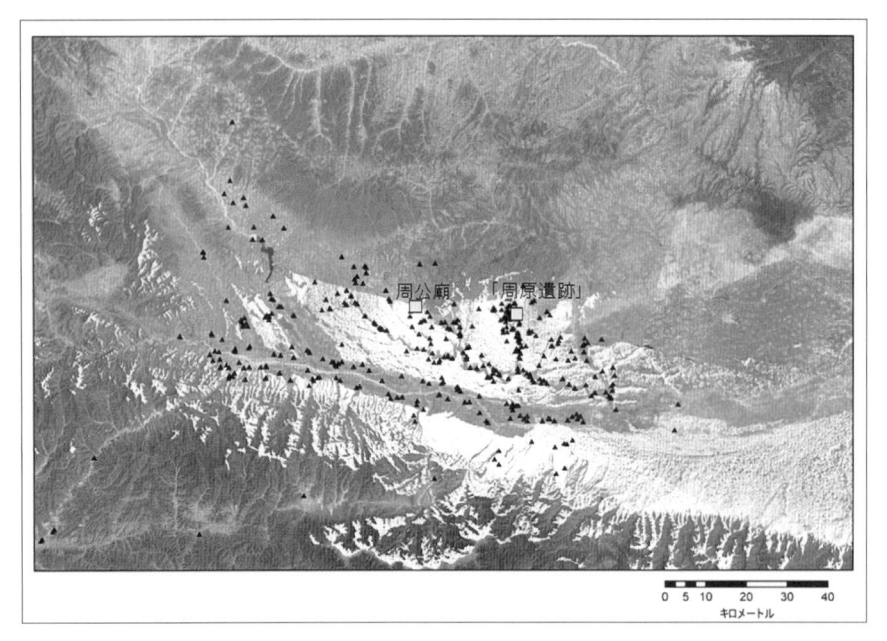

第Ⅱ部　大須二子山古墳と地域史の研究

図12　岐山南麓拠点的集落からの眺望（可視域）（「周原遺跡」、周公廟）

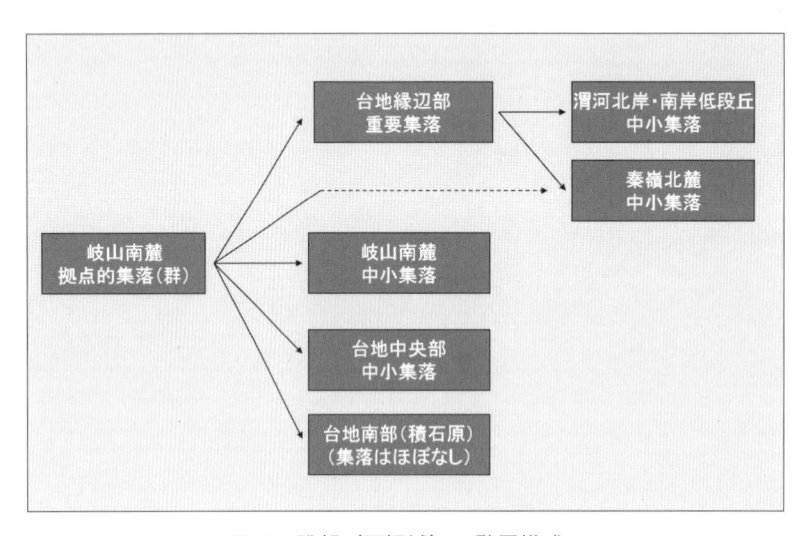

図13　眺望（可視域）の階層構成

　南側に緩やかに下降しながら広がる周原の台地（原面）を、遥かに遠くまで見通すような立地条件をもっている。

　1980年代、現在よりはるかに大気の透明度が高かった時代に、たびたびこの地方を踏査した筆者は、快晴の日に南の秦嶺と北の岐山の両者が眺望できることを経験した。当時の経験から筆者は、西周時代の人びとの意識のなかに、集落からの眺望に起因する集落間の階層性が形成されていたのではないかと推測する。空間の認知に関わるこのようなテーマを実証することは難しい面もあるが、各遺跡からの眺望（可視域）をGISソフトウェアに計算させて地図的に表示することは容易である。

　図12は、周公廟遺跡と「周原遺跡」からの眺望（可視域）を表示したものである[28]。岐山南麓の拠点的集落からは、谷底地形の渭河両岸低段丘地帯をのぞいた周原地区の大部分を目視できることがわかる。さらに現地での経験からいえば、その目視条件に限界はあるものの、遠く秦嶺北麓の一帯までも視野にとらえることができる。地形環境の類型と遺跡立地のグループを単位として、遺跡間の眺望関係を整理すれば図13のようになろう。

　この眺望関係において重要なのは、岐山南麓の拠点的集落に立つと、台地上のすべての集落が、緩や

かに見おろす俯角の範囲に入るということである。このような眺望のあり方が、中心地点（高位の地点）と従属地点（低位の地点）という、階層性を内在させた空間意識に結びついた可能性を指摘したい。

注意すべきは、岐山南麓の拠点的集落からは、渭河両岸低段丘の中小集落が崖下にかくれて直視できない一方で、台地縁辺部の重要集落からは渭河両岸の中小集落を間近に見ることができるということである。水運交通路としても重要な渭河とその両岸地帯は、台地縁辺部の重要集落の視角のなかに入っていたのである。このことから筆者は、眺望と相関する集落間の階層構成として、仮に岐山南麓の拠点的集落（群）を第1階層、台地縁辺部の重要集落を第2階層、岐山南麓から直視できる台地上の中小集落を第3階層、台地縁辺部の重要集落からのみ間近に目視できる渭河両岸地帯と、岐山南麓からほぼ目視限界まで遠く離れた秦嶺北麓の中小集落を第4階層、というように整理しておく。第4階層の集落群は、眺望関係の階層からは、直接には台地縁辺部にある第2階層の重要集落の下位に位置づけられる。

以上では周原地区の地形的特徴から、高低差のある南北方向で考えた眺望を議論したが、周原地区の東西方向での眺望についても興味深い別の問題がある。周原地区の地形は、北部の岐山の山塊が台地の中央部に迫り出している関係で、同じく岐山南麓に寄りながらも、その迫り出しの西側に位置する周公廟遺跡と、東側に位置する「周原遺跡」とでは、遺跡からの東西方向の眺望に大きな違いがある。特に注意すべきは、西の周公廟遺跡からは、「周原遺跡」を含む台地の東部や、さらにその東方地域を目視できないという事実である。これは見方をかえれば、台地の東方から周公廟遺跡など周原地区西部の拠点的集落を直接に見通すことができないということである。周の勢力が台頭した先周期には、周原地区の東方にはなお殷系統の文化集団が展開しており、周原地区西部の拠点的集落の選地にあたっては、そうした敵対的集団から、戦略的にも心理的にも距離をおくという意図が働いていた可能性もあろう[29]。

おわりに

考古学GISによる地域分析の事例として、中国陝西省関中平原西部の周原地区を対象とした筆者らの研究を簡単に紹介させていただいた。また本稿では、「都城圏」という、筆者が提唱する「都城」についての一つのとらえ方についても触れた。「都城圏」の概念については、今後さらに初期王朝時代の他の事例を含めて、その有効性について検討する必要がある。

周と周原地区の歴史は、古公亶父に指導された周人の当該地方への定着に始まる。『詩経』大雅・緜に、古公亶父は岐山の下に至り、「築室于茲」とあるのがそれである。ここに見える「室」とは、それがどのようなものかは知りえないが、周人や彼らとともに周原地区に移り住んだ人びととの最初の拠点ということになろう。現在知られる周原地区の拠点的集落のなかでは、周公廟遺跡が、出土した甲骨文に見える人名・地名の記載や、『詩経』以降の文献史料から見て、その有力な候補地の一つと考えられている[30]。

周は、西周王朝開始前の先周期において、まずは周原地区の西部を中心に、岐山南麓の周公廟遺跡、勧読遺跡などの拠点的集落を建設し、周囲にはつぎつぎと自然村的な農耕集落を形成していったと考えられる。「都城圏」の原型はこの頃形成されたのであろう。やがて周の勢力が東方の殷の勢力に対抗するようになる頃（文王の頃）、周は周原地区西方の宝鶏地区一帯に展開した別の文化的集団へと向かった。周辺地域に緊張が高まったこの時期に、周原地区西部の水溝遺跡や宝鶏地区の蔣家廟遺跡のような、山麓や台地縁辺の傾斜地に城壁を築いた軍事的色彩の濃い集落が建設された。その後、周の勢力は関中平原中・東部へ進出して豊鎬地区（西安市付近）に新たな首都的中心地を建設し、一方、周原地区の東部にも拡張して、新たに「周原遺跡」という、周公廟遺跡につづく周原地区二番目の中心地を形成した。こうして西周時代の周原地区には、「周原遺跡」と周公廟遺跡という少なくとも二つの中心地をもつ「都

第Ⅱ部　大須二子山古墳と地域史の研究

表2　地理情報技術による地域分析の手法と考古学的な意義

	手　法	概　要	考古学的意義
分布分析	密度分析	点分布の密度を計算	特に遺跡分布が集中する地域を把握できる
	K関数法	点分布の凝集度評価	遺跡群としてのスケールを評価できる
	クラスター分析	点群を段階的にグループ化する	遺跡分布を階層的にグループ化できる
	デンドログラム	クラスター分析におけるグループ化過程を示す	遺跡群としてのグループとその階層的な傾向を把握できる
交通路分析	コスト面分析	任意の点からの移動コストを面的に計算	遺跡からアクセスしやすい場所を推定できる
	最小コスト経路分析	任意の点から他の点までの最小コスト経路を計算	遺跡から目的地までの経路を推定できる
	総合コスト面分析	複数の点に対する総合的なアクセシビリティを求める	例えば複数遺跡に対するアクセシビリティを空間的に把握できる
	ドローネ三角網	複数点間で三角形網を生成（TINを生成）	結節点間で仮想交通網を推定できる
地形・環境分析	DEM分析	傾斜・標高・傾斜方位等を求める	例えば地形を強調して遺跡立地との関係を捉えることができる
	水系推定分析	河川流路を推定する	河川データを生成することができる
	水系分析	水の集中する箇所を推定する	水資源の利用がしやすい箇所を推定できる
	多時期NDVI分析	植生活性度の時系列変化パターンの抽出	植生という自然環境面から地域を把握できる
地図作成	衛星画像幾何補正	衛星画像を地図と同様の投影に補正する	地図を入手できない地域の地図を様々なスケールで作成できる
	衛星画像判読	衛星画像から主題図を作成する	地形分類図や遺跡分布図などを作成できる
その他	オーバーレイ	各種データを重ね合わせる	遺跡分布と各種主題図を比較検討できる
	バッファ分析	対象Aから任意の距離にある対象Bを求める	例えば河川からの距離と遺跡数の変化を把握できる

城圏」が成立することになった。

　筆者は周原地区における周人の定着と彼らによる地域の開発が、このように周公廟遺跡を中心とした西部から始まり、西周王朝の開始前後から東部へと拡張されていったと考えている。このような歴史の動向は、筆者らの土器群の動態研究[31]と、いまだ未確定ではあるが周原地区西部と東部の主要遺跡の年代観に、新旧の傾斜傾向[32]が見られることから支持されるが、年代問題の細部は今後の大きな研究課題である。なお、筆者らの考古学GISによる遺跡群のクラスター分析（遺跡のグルーピング）では、周原地区の全遺跡が大きく東西に二分されるという結果が得られているが、この結果も上記の歴史動向との関係から見て示唆的である[33]。

　こうして西周時代の周原地区では、先行して存在した西部の周公廟遺跡に、新たに「周原遺跡」という東部の中心地が加わり、岐山南麓には趙家台、勧読、水溝などの拠点的集落が10km程度の近距離において並存し、周原地区全体には自然村的自給的な中小農耕集落が広がっていた。

　周原地区に大きな城壁で囲まれた、狭い意味での都城空間は発見されていない。首都的機能のうち、宮殿的あるいは宗廟的性格をおびた大型建築は、中心地と推定される周原遺跡と「周公廟遺跡」で発見されているものの、青銅器や高級建築部材等の工房、自然資源（山地資源等）利用拠点などは地域内に分散的に配置され、そうした諸地点を交通路のネットワークで結んで、「都城圏」と呼ぶべき地域システムを成立させていたと考えられる。

　この「都城圏」のもう一つの重要な側面として、遺跡間の眺望（可視域）の格差から生まれる集落の階層性について指摘した。それは岐山南麓の拠点的集落を頂点として構成されたと推測される。遺跡間眺望の問題では、軍事的戦略的な実質面も考えられるが、「都城圏」という政治的空間に階層的秩序を与えた居住民の空間認識という側面も強調されなければならない。

　最後に考古学GISによる地域分析の手法として、周原地区を対象に渡部展也氏と筆者らが試みてき

た具体例を、表2にまとめた[34]。本稿では触れなかった内容も多く含まれている。利用可能な空間データに大きな制約がある諸外国を対象とした考古学GISの地域分析例として、参考になればさいわいである。

注

1) 「東アジア部会」が課題としたのは、第一に、南山大学人類学博物館所蔵の大須二子山古墳、白山藪古墳出土資料の整理と、東海地方古墳時代の諸相を東アジア的視座において再検討すること、第二に、考古学GISの基盤を整備し、歴史的「地域」の事例研究を東海地方の古墳時代や東アジアを対象に進めることであった。前者については、2008年3月1日（南山大学）に公開研究会「大須二子山古墳と東アジア」（南山大学人類学博物館編『南山大学人類学博物館オープンリサーチセンター2007年度年次報告書 付編 研究会・シンポジウム資料』南山大学人類学博物館、2008年）をおこなった。後者については、2010年2月19日（南山大学）の公開研究会「考古学と空間情報―東アジアの墳丘墓・遺跡を事例としたGISの応用(1)―」（同『同2009年度年次報告書 付編 研究会・シンポジウム資料』南山大学人類学博物館、2010年）、および2010年12月18日（南山大学）の公開研究会「考古学と地域分析―考古学GISの事例研究―」（同『同2010年度年次報告書 付編 研究会・シンポジウム資料』南山大学人類学博物館、2011年）において部会としての成果を公開してきた。

2) 現地調査とPCを用いたGIS的分析を繰り返すこの研究では、南山大学人類学博物館オープンリサーチセンターの助成金のほか、福武学術文化振興財団、高梨学術奨励基金、文部科学省科研費補助金（基盤研究(B)）分担研究（研究代表者飯島武次）等の研究助成を利用させていただいた。現地踏査時には、北京大学徐天進教授、雷興山准教授、陝西省考古学院副院長王占奎氏をはじめ、北京大学大学院生劉静氏、路国権氏らにたびたびご同行いただき、また貴重なご助言をいただいた。日本からは筆者と渡部展也氏のほか、久慈大介、茶谷満、成君らの諸氏が現地調査に同行した。

3) 注1)掲、公開研究会「考古学と地域分析―考古学GISの事例研究―」において、筆者は「中国西周王朝の「都城」空間―周原地域の集落分布をめぐって―」と題して発表した。

4) 「考古学GIS」という用語については、宇野隆夫「序文」（宇野隆夫編著『実践考古学GIS 先端技術で歴史空間を読む』NTT出版、2006年）を参照。

5) 注3)掲、発表資料（南山大学人類学博物館編『南山大学人類学博物館オープンリサーチセンター2010年度年次報告書 付編 研究会・シンポジウム資料』南山大学人類学博物館、2011年）参照。また、「東アジア部会」の2010年2月19日（南山大学）公開研究会における新納泉氏の講演「空間情報考古学の試み―ミクロからマクロまで―」（同『同2009年度年次報告書 付編 研究会・シンポジウム資料』南山大学人類学博物館、2010年）を参照のこと。この問題の理論的背景に関しては、津村宏臣氏のレビュー論文「GISと空間解析入門」（宇野隆夫編著『実践考古学GIS―先端技術で歴史空間を読む―』NTT出版、2006年）を参照。

6) Shuttle Radar Topographic Mission（SRTM）は、スペースシャトルにより作成されたもっともよく利用されている全球標高データである。

7) 土器の動態に反映された当時の歴史動向の一側面を読み解く研究として、西江清高「西周式土器成立の背景(上)」「西周式土器成立の背景(下)」（『東京大学東洋文化研究所紀要』第121冊、第123冊、1993年、1994年）（1-136頁、1-110頁）を参照いただきたい。

8) 徐天進・張恩賢「西周王朝的発祥地―周原―周原考古綜述」（北京大学考古文博学院・北京大学古代文明研究中心編『吉金鋳国史 周原出土西周青銅器精粋』文物出版社、2002年）。

9) 西江清高「関中平原と周王朝」（『アカデミア』人文・社会科学編、第81号、南山大学、2005年）。

10) 西周時代の「都城」と「都城圏」については、別の機会に詳しく取り上げてみたい。西江清高「先周・西周期の『都城』―周原地区の集落分布を中心に―」（『日本中国考古学会大会資料集』奈良文化財研究所、2010年12月）に、若干の意見を述べた。

11) 史念海「周原的変遷」（『陝西師範大学学報』1976年第3期）、のちに『黄土高原歴史地理研究』黄河水利出版社、2001年、244-259頁、に収録。

12) 詳細は、渡部展也・西江清高「GISを利用した遺跡分布の空間分析―関中平原における周遺跡を事例として―」（『中国考古学』第九号、2009年）、54-56頁。ここでは数学的背景等の説明は省略する。

13) ARC GISのアドインであるSpatial Analystの密度計算機能によって表現した。

14) 西江清高・渡部展也「関中平原西部における周遺跡の立地と地理環境―水資源の問題を中心として―」（飯島武次編『中国渭河流域の西周遺跡』同成社、2009年）を参照。

15) 劉建国『考古与地理信息系統』（科学出版社、2007年）。

16) 注14)論文、84-90頁の周原泉水表。

17) 注7)論文、参照。

18) 周辺小環境や遺跡間の距離（一つの農耕集落が利用したであろう土地の広さ）などが、どれも比較的似通っている。等質的な集落遺跡が広がっているということは、集落間の分業の程度が高くないことを示唆しており、集落の自給的

な性格を示唆している。ただし、そうした集落の中にあっても、首都的機能を分担したらしい単位が各所に配置されていたことが重要なのであり、後述する。
19) 殷周社会の基本的単位が族的紐帯にもとづく集団であったと考えるならば、周原地区の農耕集落の単位も、そのような族的単位と対応的であったことが考えられる。
20) なお、大きな囲壁は存在しなくても宗廟のような宗教的センターや宮殿のような政治的センターを囲む小規模な囲壁区画が存在した可能性は十分にある。
21) 周原地区の西の境界線を史念海の定義にしたがって千河とすると、水溝遺跡は周原地区内の西部縁辺、蔣家廟遺跡は西方外の近隣地に位置する。
22) 注7)論文、参照。なお、両遺跡の正確な年代観は公表されていないが、表面調査を担当した徐天進氏や劉静氏に現地でうかがった所見、および筆者自身の土器等の観察にもとづく初歩的な所見もこの年代観に矛盾しない。
23) 水溝遺跡、蔣家廟遺跡でこれまで得られている若干の土器片は、筆者が観察したかぎりでは、殷代後期並行期を上限、西周時代前期を下限とする比較的狭い範囲に相当するようであった。
24) なおこのほかに、「周原遺跡」では、宗廟的建築址が発見されている鳳雛村付近で版築城壁の一部が検出されたと伝えられる。また周公廟遺跡では、山麓の大型墓の墓地を囲む版築城壁の一部が発見されている。
25) 注9)論文、一四-一五頁。
26) 西江清高「西周時代の関中平原における『彊』集団の位置」(『論集 中国古代の文字と文化』汲古書院、1999年)。なお、『史記』周本紀、『詩経』大雅には、周人が渭河を渡って秦嶺の木材や石材を利用したことに触れた記載がある。
27) 注12)論文、64頁と73頁注11。
28) 可視域の計算にあたっては、遺跡内のどの地点のどの高さに視点をおくのかという問題がある。ここでは、遺跡内地表付近の任意の地点のなかで、できるだけ眺望が開けた地点を探して代表点とした。微小地形の影響をできるだけ排除しようという考え方である。
29) 注9)論文、一七-二〇頁参照。
30) 飯島武次「中国渭河流域における先周・西周時代遺跡の踏査」(飯島武次編『中国渭河流域の西周遺跡』同成社、2009年) 参照。
31) 注7)論文、参照。筆者が関中平原の土器動態の研究から推定しているのは、つぎのような歴史動向である。すなわち宝鶏地区を中心に筆者のいう土器群B主体の集落が広がっていた。一方、周原地区に定着した周の集団は土器群Aと、また関中平原東部の殷系統の集団は土器群Cとそれぞれ対応的であった。その土器群Aが宝鶏地区の土器群Bの分布域に重なるように拡張した時期が、周勢力の西方への拡張の時期と考えられる。やがて土器群Aは周原地区の東方へと拡張し、豊鎬地区に新たな首都的中心地が建設された。この時期、殷・周王朝が交代する過程で、土器群Aは殷系統の土器群Cを吸収して、「西周式土器」を形成した。
32) 現地の調査担当者から見聞した出土土器や青銅器に関する所見と、筆者自身の土器観察から得た初歩的な見解である。たとえば周公廟遺跡出土遺物の年代は先周期の終わり頃から西周前期頃に集中的で、一方の「周原遺跡」の遺物は先周期から存在するものの、西周中期から後期に集中的な傾向があると考えられる。
33) 注12)論文、58-60頁。
34) 注12)論文、72頁。

(南山大学人文学部)

大須二子山古墳をどのように展示するか

黒 沢　　浩

1．はじめに

　大須二子山古墳は、かつて名古屋市中区門前町に存在した前方後円墳である。この古墳は、戦後まもなくの道路拡幅工事および大須球場とその後のスポーツセンターの建設によって完全に消滅してしまった。しかし、工事の際に出土した遺物を地元の郷土史家らが回収し、完全とはいえないまでも、古墳の状況を知ることができる。そして、現在、その一部が南山大学人類学博物館に収蔵され、また残りが名古屋市博物館に収蔵されている。

　これらの資料は、その歴史的重要性から、2009年度に名古屋市の指定文化財となった。そして、今回、人類学博物館オープンリサーチセンターにおける研究によって、破壊により失われた情報が、部分的にではあるが復原されたのである。

　すでに消滅した遺跡に関する情報を、完全に復旧することはできない。しかし、現在、人類学博物館のリニューアル計画が進行中であり、新博物館においても大須二子山古墳出土遺物は、展示の中心的な位置を占めることになるであろう。

　以上のようなことから、本稿では大須二子山古墳に関する従来の知見を整理し、オープンリサーチセンターでの成果を加味しながら、新博物館で大須二子山古墳がどのように展示されるべきか、について考えてみたい。

2．大須二子山古墳に関する従来の見解の整理

　先述したように、大須二子山古墳は、かつて名古屋市中区門前町に所在した古墳である。現在は、名古屋スポーツセンターとなっている場所である。西側には墳丘西側の削平の原因となった伏見町通り（国道22号線）が通り、南東から南側にかけては西本願寺別院となっている。西本願寺別院と古墳との関係については犬塚康博氏が詳細にその沿革を記している（犬塚1990）。以下の記述については、これまで大須二子山古墳について書かれた主要なものである、伊藤秋男氏（伊藤1978）、犬塚康博氏（犬塚1990）の論文を中心に、破壊の初期段階に報告された山田吉昭氏（山田1949）、田中稔氏（田中1953）を参照しながら、オープンリサーチセンターでの成果として伊藤秋男、原久仁子、藤井康隆、蘇哲、森川祐輔、澤村雄一郎の諸氏の研究（南山大学人類学博物館編2008）を参照して進めていくことにする。

(1) 墳丘

　すでに失われた墳丘に関する見解を整理しておく。論点は、墳形、墳丘規模、築造法、外表施設、周濠についてである。

① 墳形

　墳形については、鳥居龍蔵氏が小栗鉄次郎氏とともに1929（昭和4）年に同古墳を訪れ、前方後円墳であることを確認して以来、異説はない。その3年後にはこの古墳は「二子山古墳」という名称で「愛

第Ⅱ部　大須二子山古墳と地域史の研究

知県内古墳地名表」に登載された（犬塚1990）。犬塚氏はその意義について、「大須二子山古墳の概要をかく活字化し周知した点にあり、…(中略)…西別院後園の山に初めて「二子山古墳」の名称を与えたことにある」と評価している（犬塚1990）。

② **墳丘規模**

おそらく、大須二子山古墳をめぐって最も見解が異なる点の一つが、墳丘規模に関するものであろう。従来の見解を列挙すると、山田吉昭氏は「全長凡そ五十米、後円部直径三十米程もあったらうかと思はれる」と述べ（山田1949）、田中稔氏は「現在西側に見られる断面を前方部より後円部までを実測すると六七米であるが、復原した大きさは前方部および後円部の巾ともに約四〇米、中央部のくびれた部は巾三〇米、前方部から後円部までの全長は七五米……」とされている（田中1953）。

これらの見解を受けて伊藤秋男氏も、「全長75m（当時、残っていた封土の全長は67m）、前方部巾および後円部径約40m、くびれ部巾30mの前方部を南におく前方後円墳」とされていた（伊藤1978）。

つまり、伊藤氏の報告からもわかるように、かつて大須二子山古墳の全長は、破壊されて失われたことを勘案しながらも、およそ75m程度であったと考えられていたことがわかる。また、1989年に刊行された『日本古墳大辞典』においても、75mと記されており（大塚、小林、熊野編1989、田端勉氏の執筆）、古墳研究者の中では「大須二子山古墳は全長75m」ということが事実として受け取られていたということになる。

これに対して、大須二子山古墳は本来100mを越える前方後円墳であることを主張したのが犬塚康博氏であった（犬塚1990）。犬塚氏は、「愛知県名古屋区市街地籍図」「字分図」（昭和前期）「都市計画図」（戦後）の3枚の地図と、更に未掲載の数枚の地図を参考にしながら、大須二子山古墳の墳丘規模の復元を試みたのである。その詳細については、犬塚論文を参照いただくこととし、結論だけ述べれば、あくまでも机上の操作という留保をつけながらも、全長は最大で138m、後円部径72m、前方部幅100mの前方後円墳に復原できるとされた（図1）。この墳丘規模は、尾張地域では断夫山古墳（墳丘長150m）に次ぐ規模である。そして、状況としては、犬塚氏の復原案はあまり賛同を得ることがなかったようであり[1]、大須二子山古墳の墳丘規模だけでなく、その評価についても曖昧さを残したものとなった。

今回、南山大学人類学博物館オープンリサーチセンター東アジア部会では、昭和22～23年にアメリカ軍が撮影した空中写真の解析により、少なくとも大須二子山古墳の墳丘長は100mを超えるものであることを確定することができた。この数値は、従来の75m説をはるかに凌駕するものであり、大幅な変更といわなければならない。しかし、犬塚氏が提案された最大138mとする説については、原久仁子氏も「最大値とみるべき」とさ

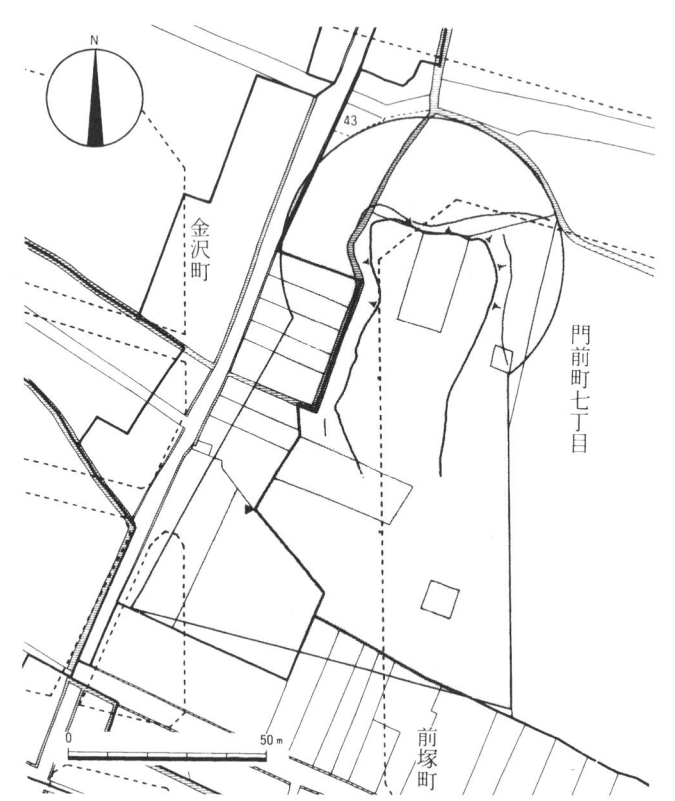

図1　犬塚氏による大須二子山古墳の復原案（犬塚1990）
※原図を一部改変してある

れ（原2010）、なお慎重にならざるを得なかった。すでに墳丘が完全に失われている現状では、100m以上の墳丘規模であることが確定されただけでも大きな成果であり、それ以上の復原は期待すべくもない、ということになる。

③ 築造法

大須二子山古墳の築造法については、工事による削平で墳丘断面が観察できたこともあり、田中稔氏が詳細な観察記録を残している（図2）（田中1953）。

それによれば古墳は、まずA層とされた整地層が整えられ、その上に後円部の墳丘がまず築造されたという。ただし、後円部のみが築造されたのではなく、B層とされた層が前方部側まで延びていることから、「はじめから前方部を造る計画であったことを示唆する……」とされている。このことから、田中氏の認識としてはB層も整地層の一部であったということになる。

後円部はその後、C層、D層、E層、F層、G層、H層、I層の順で盛土され、形が作られていく。田中氏が記録された断面図を見ると、C層とF層がそれぞれ上面をほぼ水平に盛土しており、田中氏はC層の上面が後円部の第一段目になるものとされている。

気になるのは、後円部の南端に堆積したD層とE層である。これらは、F層に先行して盛土され、その内側にF層が充填されるように盛土されていることである。奈良県中山大塚古墳の発掘調査所見によれば、中山大塚古墳の墳丘は、後円部においては竪穴式石室を埋設する墓壙を避けて盛土がなされているため、「後に墓壙となる部分が大きな窪みになるように計画的な盛土がおこなわれた」とされている（豊岡・卜部1998）。この記述と、発掘当時の現場を見た記憶からすると、後円部は石室を置く墓壙の周囲にドーナッツ状に盛土して行くように構築されたことになる。後述するように、大須二子山古墳の埋葬施設も竪穴式石室であるとする意見は強い。

また、粘土槨を有する豊田市三味線塚古墳においても、同様な土堤状盛り土を伴い墳丘を構築しており、竪穴系の埋葬施設を有する古墳の築造法としては広く見ることができる（安城市歴史博物館編2008）。このように考えれば、大須二子山古墳におけるD層・E層は、こうした後円部築造工程の一部として考えることができるだろう。そして、D・E層に対応する盛土が後円部北端に見られなければならないが、その部分はすでに削平によって失われている。

一方、前方部についても、中山大塚古墳での所見によれば、「前方部上面では、先に縁辺部の盛土を積み、その後に中央部に盛土を積んで墳丘が崩れない工夫をしている」という（豊岡・坂1996）。これに相当する盛土層を大須二子山古墳で見出すことはできない。あるいはJ層が前方部北端の盛土に当るかもしれないが確かではない。

田中氏の観察がどの程度詳細で正確なものかは、現状では判断できない。しかし、後円部の盛土状況などは、詳細な発掘調査所見に照らしても納得できるものであり、ある程度の精度は保たれているものと思われる。ただし、いずれにしてもすでに破壊が進行した段階の観察であり、また、田中氏の残された墳丘断面図しかないわけだから、現状では田中氏の所見以上のことは言えない。

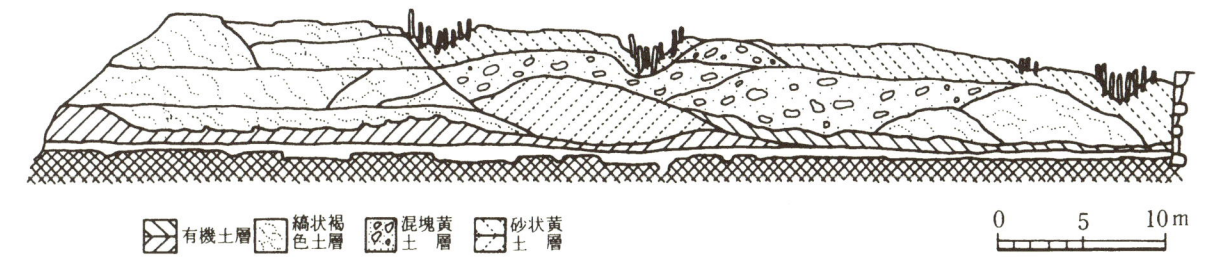

図2　田中氏による墳丘断面の記録（伊藤1978より）

④ 外表施設

　大須二子山古墳の外表施設については、「愛知県内古墳地名表」に「埴輪円筒アリ」と記載されて以来、埴輪については確認済みのことであろう。記載を追っていくならば、山田氏による報文にも「……土師質円筒埴輪が数個、一列に後円部の西側に存して居たし……」とされ（山田 1949）、伊藤氏も円筒埴輪には注意されている（伊藤 1978）。犬塚氏も、大須二子山古墳出土遺物中、古墳に直接属する遺物としては「主体部出土の副葬品の一群と、墳丘外部に樹立された円筒埴輪」とされている（犬塚 1990）。

　しかし、それ以外の外表施設、例えば葺石などについては、これまでそれに関する一切の記述はなく、確認できない。また、出土した須恵器についても、封土中の出土とするもの（伊藤 1978）と、全て後述する下層遺構に伴うものとする考え方（犬塚 1990）、あるいは、大須二子山古墳の埋葬施設が横穴式石室であり、その前庭部からの出土とする見方（藤井 2009）がある。これについては後述するが、少なくとも従来の記録から埴輪以外の施設が墳丘上に設けられていたことは確認できない。

⑤ 周濠

　周濠については、山田吉昭氏の報文に、「古墳の東側に池が、西側に小川が存して居たのは、周湟の残存形態であろうか」という指摘がなされている。伊藤秋男氏も、『尾張名所図会』や『尾張名陽図会』から判断して「周湟をめぐらした前方後円墳」とされている（伊藤 1978）。

　それに対し、犬塚氏は江戸時代の記録から古墳の後円部北半分の裾に蓮池と呼ばれる池があり、それを「周溝の残存と見ることも可能である」としながらも、それが部分的で不安定な印象をもつこと、そして墳丘西側および南側が谷に接するために周溝があったとしても全周するかどうかは怪しいため、不明とされている（犬塚 1990）。

　しかし、藤井氏は独自の復原案の中で、盾形周濠を想定されている（図3）（藤井 2009）。この場合は、

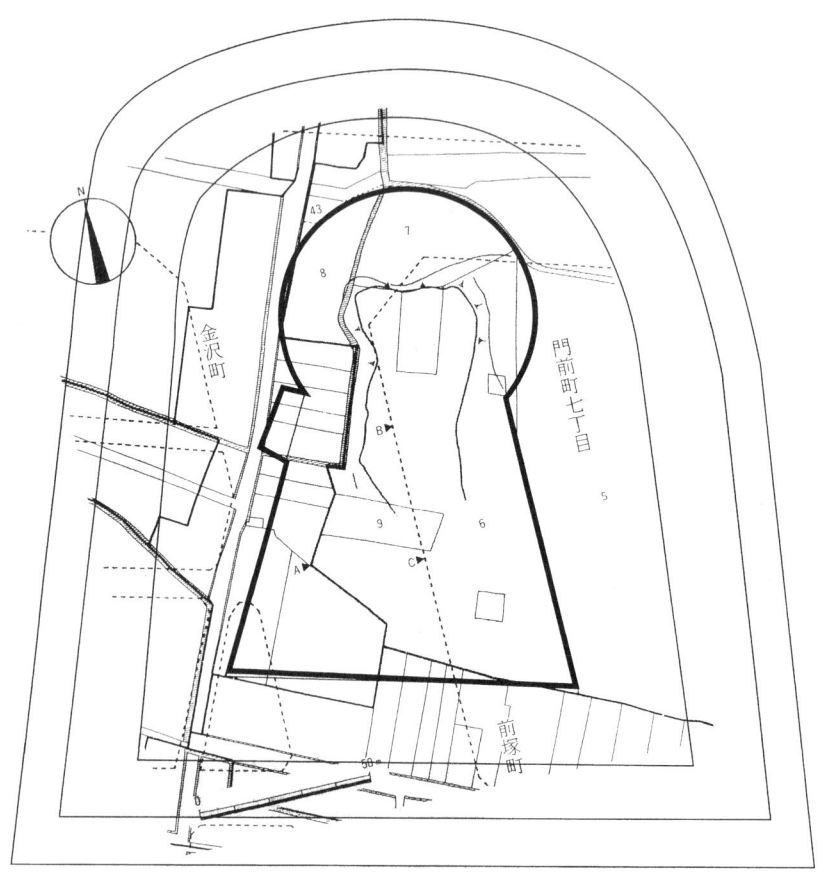

図3　藤井氏による大須二子山古墳の復原案（藤井 2009）

大須二子山古墳が断夫山古墳と相似形であるという前提に基づく復原である。

　大須二子山古墳クラスの前方後円墳であれば、周濠が伴うと考えるのが自然であろう。しかし、犬塚氏が指摘するような地形的制約があるとすれば、それは看過できないものといえる。筆者は、現在の西本願寺別院、名古屋スポーツセンター周辺を歩いてみたが、微地形については現状ではほとんど把握できない。結局、周濠については存在した可能性を認めつつも、現状では不明とする犬塚説に依るしかないのである。

(2)　下層遺構

　大須二子山古墳の下層に、遺物包含層があることは、山田氏が「古墳の下の地盤上に厚さ約一米の土師器、須恵器を包含する黒土層が発見せられた。此れは當古墳と、これに先立つ聚落址の関係を示す重要な事実である」という指摘がなされて以来（山田1949）、夙に知られている。この黒土層は田中氏のA層に相当し、田中氏もこの層が部分的に「ほぼ垂直に基盤層に切込んで層が厚くなっている」ことから、これを竪穴住居址と認定されている（田中1953）。

　伊藤秋男氏も「大須二子山古墳が立地する封土下には、古墳時代の住居址があったらしく、……」とされているし（伊藤1978）、犬塚氏はより具体的に「……大須二子山古墳下の遺物包含層は住居跡と周溝墓から構成される集落跡」とされている（犬塚1990）。

　このように、大須二子山古墳の墳丘下に、何らかの遺物包含層が形成されており、それが古墳時代の集落跡であったという点では大方の一致をみている。今、この包含層を大須二子山古墳下層遺構群（以下、下層遺構と略す）と呼んでおくことにするが、問題は現在知られている遺物群のうち、どれがこの下層遺構に帰属するのか、ということである。

　山田吉昭、田中稔、伊藤秋男の諸氏は、ここからは土師器、須恵器が出たとするが、それが現在残されているどの遺物にあたるのかは明確にされてはいない。田中氏は鉄製品の出土にも触れているが、それについても明確ではない。大須二子山古墳出土の土器類の中で、下層遺構と古墳に伴うものとの分離ができない場合、どの土器を古墳に帰属させるか如何によって、古墳の築造年代に影響を与えることになるであろう。実際に伊藤氏は、柚木和夫氏が古墳の封土中から発見したという器台が、尾張地方で最古の型式に属するという判断から、大須二子山古墳の年代を「5世紀末をさらに降ることは、まずありえない」としている（伊藤1978）。

　それに対し、犬塚康博氏は工事の経過からみて、須恵器は全て下層遺構出土のものとされ、結果として古墳の年代を6世紀前半と考える（犬塚1990）。また、藤井康隆氏は大須二子山古墳の埋葬施設が横穴式石室であるという前提から、須恵器の一部が石室の前庭部あるいはくびれ部での祭祀に使用されたと考えている（藤井2009）。この場合には、出土須恵器を時期的に2分し、その古い方を下層遺構に、新しい方を古墳に帰属するものとして捉えるわけである。

　このように、下層遺構の性格についてはほぼ一致しているにもかかわらず、出土遺物をどのように帰属させるかによって意見が大きく分かれることになっている。

　周辺遺跡の状況を確認すると、犬塚氏も指摘するように、大須二子山古墳より北側に所在する竪三蔵通遺跡、南側の熱田台地の諸遺跡（伊勢山中学校遺跡、正木町遺跡、東古渡町遺跡、高蔵遺跡など）では、初期須恵器が集中的に出土することが知られており（犬塚1990、木村1989）、一部には渡来系の集落とみなす向きもある。そうしたことから考えると、下層遺構に初期須恵器とみなせるTK216型式相当の一群が出土する状況は理解できる。また、藤井氏が新しい段階としたMT15～TK10型式に当る一群が仮に下層遺構に帰属するものであったとしても、集落遺跡という性格から見れば、けっして不自然なものではない。

第Ⅱ部　大須二子山古墳と地域史の研究

ただし、これはあくまでも現状での解釈にすぎず、実態はなお不明なままなのである。

(3) 埋葬施設

埋葬施設については、すでに山田氏の報文中で「竪穴式の石室が後円部のほぼ中心に封土の下約五尺の位置に存在していた。石室の床には、河原石が敷かれ、其の下に全面にわたって粘土があったと云ふ。天井石は見受けられなかった」と記述して以来（山田 1949）、竪穴式石室と考えられてきた。それに対し、伊藤秋男氏はこの「石室」は近世になって墳丘上に築かれた梅昌院の墓室であって、実際には粘土槨であったと考えられた（伊藤 1978）。伊藤氏が粘土槨とされた論拠は、竪穴式石室では古墳の年代と合わないことにあったのであろう。

一方で、犬塚氏は当時の工事関係者への聞き取りから、重要な事実を引き出している。犬塚氏が聴き取りをしたのは工事を直接監督していた伊藤要造氏であった。伊藤氏からの証言として、以下のような情報を紹介している。

「墳丘北の崖端から3メートル程南の東西中央部分、現況地表下から2メートル程の一から、主軸を北西一南東に有する石室が現れた。数枚の天井石があり、それを開けて中にはいった。石室は、長さが約2.5メートル、幅が大人2人が並列して立って窮屈な程度の平面長方形で、深さ1メートル前後であった。中には、細長い腐った木片があり、円周が一抱えくらいの大きさの陶器の皿があった」（犬塚 1990）

この証言によれば、石室の位置は残存後円部墳丘では北寄りに位置し、深さが地表下2mとなる。ここで重要な点は、山田氏が天井石はなかったと報告しているのに対し、「数枚の天井石があり」としていることと、石室が長さ約2.5m、幅が「80cmから1m前後」（犬塚 1990）、深さ1m前後という規模を示していることである。そして、この中には細長い腐った木片があったとするが、これは山田氏も報告されている木棺のことであろう。

木棺については、山田氏の報告当初から一貫して記録されており、また人類学博物館にも「木棺片」が収蔵されていることから、それが存在したことは間違いないのであろう。

このように犬塚氏が伊藤氏より聞き取りをしたことで、大須二子山古墳の埋葬施設は竪穴式石室であるという蓋然性が高まった。しかし、伊藤秋男氏が疑問を示し、犬塚氏も最後に躊躇しているように、大須二子山古墳の年代が5世紀末となるにしろ6世紀前半となるにしろ、一般的にいって、竪穴式石室を中心埋葬とする時期ではないことも確かなのである。

藤井康隆氏が、横穴式石室を想定することは、ある意味では当然のことかもしれない。しかし、伊藤要造氏の証言によれば全長2.5m、幅1m、深さ1mということだから、横穴式石室にしては、ましてや大須二子山古墳クラスの古墳の石室にしては小さ過ぎるのである。

このように、現在出されている案は全て一長一短があり、確定できるものがなく、こうした状況のもとでは、竪穴式石室、粘土槨、横穴式石室以外の埋葬施設を想定することも可能かもしれない。例えば、年代的に言えば、岡崎市経ケ峰1号墳や外山3号墳、東山1号墳などに採用された竪穴系横口式石室も候補となろう（安城市歴史博物館 2008）。ただし、これらはいずれも小型墳であり、かつ前方後円墳ではないという点で、果たしてそうした古墳に採用された埋葬施設が、100mを超える前方後円墳に採用されるかどうか、という根本的な疑問は残るのである。

(4) 年代

以上の整理においても、大須二子山古墳の年代観については再三ふれてきたが、ここではいま少し詳しくみてみよう。

これまで大須二子山古墳の年代の根拠となっていたのは、須恵器の年代である。これに初めて言及し

た伊藤秋男氏は、柚木和夫氏が封土中より採集したという器台を、古墳に供献されたものとみなし、そ
れが尾張地方の最古型式であるとの認識から、古墳の築造年代を「5世紀末をさらに降ることは、まず
ありえない」とされ、また、大須二子山古墳に近接していた那古野山古墳出土の台付坩と大須二子山古
墳出土の器台が編年的には同一のものであって、陶邑のTK208型式と類似していることから「5世紀
後葉の中頃まで遡りうるかもしれない」とされた（伊藤1978）。

　1995年に刊行された石野博信編『全国古墳編年集成』（石野編1995）では、美濃・尾張を赤塚次郎氏
が担当しているが、大須二子山古墳は5世紀後半に位置づけられている（赤塚1995）。

　それに対して、犬塚氏は大須二子山古墳出土の須恵器は全て下層遺構のものであるとし、それらの型
式は「陶邑窯中村浩氏編年Ⅰ形式2段階から同3段階」であるから、必然的に大須二子山古墳の年代は
それ以降の「Ⅰ型式4段階以降、すなわち5世紀末以降」へと修正した（犬塚1990）。さらに犬塚氏は、
大須二子山古墳の円筒埴輪が型式学的に白鳥古墳や断夫山古墳よりも後出であるとみなして、その年代
を「6世紀初頭を含まない6世紀前半」と絞り込んだ。

　さて、二つの年代観は須恵器によるものであるが、副葬品や埴輪の研究からはどちらの年代観が支持
されるであろうか。

　藤井康隆氏は、埴輪の分析から「陶邑・陶器山15号窯（MT15）型式期〜高蔵寺10号窯（TK10）型式期、
6世紀前葉〜中葉とするのが妥当」とする（藤井2009）。森川祐輔氏も胴丸式小札の型式や縅技法から、
大須二子山古墳出土の胴丸式挂甲を6世紀前葉に位置づける（森川2009）。

　大須二子山古墳出土の鈴釧を検討した大川麿希氏は、このような鈴釧（大川氏の用語では鈴付銅器）
を出土する古墳の年代がTK47型式を中心にMT85型式までの時期に限定できるものとしている（大川
1999）。これに従えば、5世紀末から6世紀前半の年代を与えることができることになる。

　以上のように、大須二子山古墳の埋葬に帰属すると考えられる遺物の年代的検討からは、6世紀前半
に位置づけるほうが妥当であると思われる。

(5) 大須二子山古墳の評価と被葬者像
① 大須二子山古墳の評価

　ここまで、従来の見解を整理しながら、明かになったことは、大須二子山古墳は100mを超える前方
後円墳であること、そしてその年代は6世紀前半とすることができるなど、いくつかの重要な修正が必
要であるということであった。

　これらを踏まえて、大須二子山古墳の歴史的評価について言及しておきたい。

　伊藤秋男氏が指摘されるように、大須二子山古墳の周辺には那古野山古墳・茶所山古墳・日出神社古
墳・富士浅間神社古墳・雲龍龍神社古墳・神明社古墳など10基以上の古墳が存在したとされ、「大須古
墳群」と呼んでよい状況にあったようだ。墳丘規模100mを超える大須二子山古墳は、言うまでもなく
その盟主的存在であっただろう。

　また、大須二子山古墳の南には断夫山古墳、白鳥古墳が存在する。断夫山古墳は6世紀初頭に位置づ
けられ、その時期では東海地方で最大の前方後円墳であり、日本書紀で継体の擁立に力のあったとされ
る尾張連草香の墓に比定される古墳である。今回明らかになった古墳の年代から言えば、断夫山古墳→
白鳥古墳→大須二子山古墳という順序になる。断夫山古墳周辺では白鳥古墳の築造に併行し、あるいは
それに後続して方墳を中心とした高蔵古墳群の造営が続くが、規模が小さいことや前方後円墳が含まれ
ないことから、断夫山―白鳥古墳と同系列にある古墳群とはみなせない。白鳥古墳に後続するものとし
ては、やはり前方後円墳である大須二子山古墳を想定すべきであろう。

　これによって、断夫山古墳―白鳥古墳―大須二子山古墳と続く尾張地域の首長墓系列を想定すること

ができる。そして、これらの首長墓は周辺の中小規模の古墳群とは決して同列ではない。むしろ、この大型の墳丘をもつ古墳が中小規模の古墳群の中に築造されるということ自体、それらの首長たちが中小規模の古墳群に埋葬された中小の首長に対して格段に大きな権力を握っていた事を示しているのであろう。

② 大須二子山古墳の被葬者

古墳の被葬者を想定することなど、現実にはできない。先に断夫山古墳の被葬者が尾張連草香であるとする説を紹介したが、それとても確証のない話にすぎない。だが、①で述べたような大須二子山古墳に対する評価をするのであれば、被葬者像についてもある程度のイメージを持つことはできるだろう。ここでは、二つの考え方を紹介しておきたい。

一つは伊藤秋男氏による見解である。伊藤氏は、大須二子山古墳の立地条件から、「往古ここが三重県南勢地方からの海路の終着点としての大泊として機能」していたものと推定する。その上で、大須二子山古墳の副葬品の内容が畿内的性格を示すものであり、「須恵器の部民制生産を統轄するために畿内政権によって入植せしめられた新来の畿内的勢力者として性格づけることができる」とされた（伊藤1978）。

もう一つは、蘇哲氏の見解である。蘇哲氏は大須二子山古墳出土の裲襠式挂甲を分析し、それに金銅装が施されているという事実から、中国北朝に系譜が辿れるという解釈を示した。そして、同様な挂甲は新羅・伽耶にも見られるため、大須二子山古墳の被葬者は「北朝→新羅・伽耶の文化に馴染んだ有力の豪族」という理解を示したのである（蘇2009）。

伊藤氏は、大須二子山古墳の被葬者を畿内王権から送り込まれた人物と想定し、蘇哲氏は北朝・新羅・伽耶に関係ある人物であるとする。

その是非について、筆者には論じることができない。ここでは両氏の見解を示すに留めたい。

3．大須二子山古墳はどのように展示されるべきか

以上の議論を踏まえ、大須二子山古墳をどのように展示すべきかについて考えたい。

(1) 大学博物館における展示

大須二子山古墳をどのように展示するかを論じる前に、大学博物館においては、展示——特に歴史展示をどのように構築すべきかについて私見を述べておきたい。

熊野正也氏によれば、歴史展示の方法には2つあるという（熊野1986）。一つは「通史的展示」と言われるもので、公立博物館の歴史展示にみられるように、時系列に即して資料を配置していくものである。ここでいう時系列とは、旧石器時代―縄文時代―弥生時代―古墳時代といったような大きな時代区分に則ったものである。

もう一つの方法としては「学史的展示」と呼ぶ方法が提唱されている。これは、調査研究の過程で収集された資料群を単位として展示を構成するものであり、時代的な推移よりは調査研究というプロセスのまとまりとして示されるものである。そして、この方法のほうが、大学博物館においては特色を出しやすい。

さらに大事なことは、学史的展示はある調査研究を単位として、その調査研究の動機・目的・経過、そして結論を明示するものである。したがって、それは異なる視点による検証を常に受けるものとなる。

今、熊野氏の議論を参考にして、大学博物館における歴史展示の基礎を「学史的展示」に置くとすれば、大須二子山古墳出土資料は、古墳時代という文脈で展示されるのではなく、大須二子山古墳出土資料という一つの単位として展示されるべき、ということになるだろう。

しかし、大須二子山古墳の資料は、これまで述べてきたように、学術調査によって収集された資料ではない。そういう意味では、調査研究を単位とした展示を構成することは難しい。その場合には、資料を新たな文脈の中に位置づけることが必要となるが、幸いにして、古墳が工事によって破壊される経緯が、関係者の証言と犬塚康博氏による精力的な調査の結果、大略が明らかにされている。こうした点から、大須二子山古墳出土資料を学史的に展示しようとしたとき、再文脈化すると同時に、検証可能な状況をも同時に構成することができるのである。

(2) 大須二子山古墳の再文脈化

　では、大須二子山古墳を再文脈化するというのは、どういうことであろうか。もし、これが学術調査を経て収集されたものであるならば、調査の動機・目的・経過・結論がその文脈として提示されるであろう。しかし、大須二子山古墳は工事による破壊の進行に伴って資料が出土し、回収されたものである。

　そこで、ここでは大須二子山古墳が工事によって破壊される進行状況に合わせて、どのように資料群が再構成され、再文脈化されるのかを検討してみよう。

　犬塚氏によれば、大須二子山古墳が消滅するプロセスと出土遺物は次のように関連づけられる（犬塚1990）。

　まず、江戸時代には西本願寺別院の後園に所在し、梅昌院の墓所となっていた。このころには古墳という認識がなかったらしいが、どの程度墳丘の破壊が進んでいたのかは、史料からは判断できない。少なくとも、その山から何か出土したという記述は確認できない。

　大須二子山古墳の破壊が本格化するのは戦後のことである。その初めは1947（昭和22）年8月の、戦後復興事業に基づく伏見町線拡幅工事であった。このときの工事監督が先に取り上げた伊藤要造氏であった。このときの工事では古墳側の地盤高を道路側の地盤高に揃えるための工事であったが、実際には墳丘西側の裾はすでに道路によって削平されていたはずだから、墳裾や墳丘外表部分を削平したのではなく、墳丘下を掘削したものとみなしたほうが良い。したがって、このときの出土遺物は、その大方が下層遺構出土のものということになる。

　ここで犬塚氏がこのときの出土遺物としているのは、伊藤要造氏が採集された須恵器（甑・高杯）、土師器（高杯）、石杵と、柚木和夫氏が採集された須恵器である。ただし、ここで疑問があるのは、犬塚氏が、柚木氏採集須恵器の採集位置を柚木氏スケッチ中の黒色土最下層としており、それが田中氏の断面図では「上下に接する封土最下層位の黒色有機土層と古墳下遺物包含層に対応するものとみなすことができる」としている点である。伊藤氏の論文に掲載された柚木氏スケッチを見る限り、前方部の黒色土層は最下層にはなく、白青色土の上にある層である。これを田中氏の断面図に対応させるならば、O層・N層に当ることになり、これが前方部の盛土であることは疑いようがない（図4）。したがって、このときの工事で出土した遺物のうち、柚木氏採集の須恵器は、本来はまだ残存していた墳丘外表面に供献されていたものである可能性は残るのである。

　次に墳丘の削平が起ったのは、1948（昭和23）年10月になされた大須球場スタンドの拡張工事であった。このときの工事は球場一塁側にスタンドを設置する工事であり、このときに先述の石室天井石が露見したのである。したがって、このときの出土遺物の中に、埋葬施設出土の副葬遺物が含まれていたことになる。

　犬塚氏が挙げているものとしては、人類学博物館に収蔵されている柚木氏採集による刳抜式木棺、裲襠式挂甲、衝角付冑、画文帯神獣鏡、剣菱形杏葉、心葉形杏葉である。また、このほかに胴丸式の挂甲があったことは、遺物が最初に保管されていた鶴舞公園の事務所で柚木氏が撮影した写真によってうかがえるという。このほか小札・雲珠破片などもこのときのものだという。

第Ⅱ部　大須二子山古墳と地域史の研究

図4　柚木氏による大須二子山古墳のスケッチ（伊藤 1978 より）

　また、名古屋市博物館に所蔵されている画文帯仏獣鏡と鈴釧もこのとき出土したものである。それ以外に刀身の破片、玉類があったらしいが、いずれも現存しない。

　このときの工事では、墳丘もかなり削平されているので、墳丘上にあった埴輪も採集されているが、それは平野清次氏によって採集されたものであり、現在は名古屋市博物館の所蔵である。

　そして、墳丘が跡形も無く消滅したのは、1953（昭和28）年春に、大須球場が撤去され、新たにスケートリンクが設置されたときのことである。このときは完全に墳丘が削平されてしまったのだから、古墳に伴う遺物と下層遺構の遺物の両方が採集されたとする犬塚氏の推論は正しいといえる。

　このときの出土遺物は、人類学博物館で所蔵する須恵器（コップ形、器台）、円筒埴輪などであるらしい。また、田中氏が記録した「鉄パイプ状枝状」とされた円筒状金具などもこのときの出土とされる。現在、人類学博物館で所蔵する埴輪の中に、1点だけ形象埴輪がある。蓋形埴輪の立ち飾りの受部の破片であるが、その存在が気づかれたのは最近のことであり、これがどの時点で出土したものかはわからない。

　以上のように工事による墳丘の破壊とそこでの出土遺物とを関連づけるならば、犬塚氏の整理に基づいて、次のようにまとめることができよう。

	昭和22年	昭和23年	昭和28年
下層遺構	須恵器・土師器・石杵		須恵器・土師器・埴輪
墳丘	須恵器	埴輪	
埋葬施設		刳抜式木棺・裲襠式挂甲・胴丸式挂甲・衝角付冑・画文帯神獣鏡・画文帯仏獣鏡・鈴釧・剣菱形杏葉・心葉形杏葉・雲珠、・刀・玉類	

このように復原された墳丘の破壊過程と出土遺物の関係が、展示における単位となる。つまり、出土遺物を出土年と破壊地点にしたがってカテゴライズすることで、かつてあった資料群の結びつきを再文脈化することができるのである。

もちろん、この中には不明確なもの、確定できない要素は多いといわざるを得ない。しかし、敢えて言うならばそれでも良いのである。将来、新たな証拠が見つかったり、新たな研究の進展によってここで示された見解が修正されたりすることは大いにありうることである。

われわれがなすべきことは、「完全に正しい」「疑問の余地のない」展示を作ることではない。将来の研究の可能性に備えて、可変的で柔軟な展示を構築することである。資料を単位として展示するということは、そのための基本的な仕掛けである。

4．おわりに

オープンリサーチセンターでの研究プロジェクトによって、失われた大須二子山古墳に関する新たな知見がいくつも加えられたことは、きわめて重要な成果であるといえる。

しかし、考えてみたら、墳丘規模の復原や出土遺物の位置確認などの作業は、古墳それ自体が残っていれば無用な作業といえる。ある意味、徒労ともいえる作業を通じて、遺跡を残すことの重要さと難しさを実感する。

そうしたことも展示の中で訴えられれば、大須二子山古墳も浮かばれるのではないだろうか。

註
1）藤井康隆氏は、大須二子山古墳出土の円筒埴輪に大型品と中型品が混在している状況に注目し、そうした状況は尾張地域では大型前方後円墳にのみ見られるあり方だと指摘した（藤井2009）。

参考文献
赤塚次郎　1995　「美濃・尾張」『全国古墳編年集成』石野博信編　雄山閣出版
安城市歴史博物館編　2008　『企画展　三河の古墳』展示図録
安藤義弘　2007　「大須二子山古墳」『伊藤秋男先生古希記念考古学論文集』伊藤秋男先生古希記念考古学論文集刊行会
伊藤秋男　1978　「名古屋市大須二子山古墳調査報告」『小林知生教授退職記念考古学論文集』南山大学小林知生教授退職記念会編
伊藤秋男　2009　「大須二子山古墳出土の青銅鏡」『南山大学人類学博物館オープンリサーチセンター2008年度年次報告書』
犬塚康博　1990a　「大須二子山古墳の復元的再検討」『名古屋市博物館研究紀要』第13巻
犬塚康博　1990b　「付載　大須二子山古墳下遺物包含層について」『名古屋市博物館研究紀要』第13巻
大川鷹希　1999　「鈴付銅器に関する一考察」『明治大学博物館研究報告』第4号
木村有作　1989　「名古屋台地上の集落遺跡について」『断夫山古墳とその時代』第6回東海埋蔵文化財研究会
澤村雄一郎　2009　「大須二子山古墳の馬具を検討する」『南山大学人類学博物館オープンリサーチセンター2008年度年次報告書』
蘇　哲　2009　「大須二子山古墳金銅装裲襠鎧の持つ意味―五胡十六国・南北朝甲冑との関係を中心に―」『南山大学人類学博物館オープンリサーチセンター2008年度年次報告書』
田中　稔　1953　「前方後円墳の築造方法　名古屋市大須二子山古墳の場合」『歴史評論』49
豊岡卓之・坂靖　1996　「第1章　古墳の外形と墳丘の規模・構造」『中山大塚古墳』奈良県立橿原考古学研究所調査報

第Ⅱ部　大須二子山古墳と地域史の研究

　　　告第82冊
豊岡卓之・卜部行弘　1996　「第2章　後円部上部の築造と埋葬施設」『中山大塚古墳』奈良県立橿原考古学研究所調査
　　　報告第82冊
原久仁子　2009　「戦中・戦後の航空写真と大須二子山古墳」『南山大学人類学博物館オープンリサーチセンター2008
　　　年度年次報告書』
原久仁子　2010　「写真と古地図にみる大須二子山古墳」『南山大学人類学博物館オープンリサーチセンター東アジア部
　　　会シンポジウム　考古学と地域分析─考古学GISの事例研究─』当日配布資料
藤井康隆　2009　「埴輪からさぐる大須二子山古墳の築造時期・葬祭・階層」『南山大学人類学博物館オープンリサーチ
　　　センター2008年度年次報告書』
森川祐輔　2009　「大須二子山古墳の甲冑─小札甲を中心に─」『南山大学人類学博物館オープンリサーチセンター2008
　　　年度年次報告書』
山田吉昭　1949　「名古屋大須二子山古墳」『郷土文化』第4巻第4号
渡部展也　2009　「GISを利用した東海地方古墳分布の検討」『南山大学人類学博物館オープンリサーチセンター2008年
　　　度年次報告書』

（南山大学人文学部）

付編　大須二子山古墳出土埴輪・須恵器

黒　沢　　　浩

　ここに報告するのは、南山大学人類学博物館が所蔵する大須二子山古墳出土の埴輪・須恵器・土器である。大須二子山古墳は、すでに述べたとおり墳丘の破壊が進行するなかで遺物の採集がなされたため、その帰属をめぐっては意見の食い違いが見られる。特に須恵器に関しては、いわゆる「下層遺構」とされる墳丘下の遺構群出土のものと、墳丘出土のものが区別可能かどうか、というところに問題があり、そのことが大須二子山古墳の年代および埋葬施設の形式に関する問題に直接関係している。

　例えば、須恵器の一部が古墳に伴うものであるとすれば、埋葬施設は横穴式石室である可能性が高くなる。しかし、横穴式石室という推定は、大須二子山古墳の時代の埋葬施設としては一般的かもしれないが、墳丘取り壊しの際の工事関係者の証言からはその事実を確認することができないし、記録も残されていない。一方、須恵器は全て「下層遺構」の出土であるとみなせば、大須二子山古墳の年代を6世紀前半を遡らせることは難しくなる。

　今回、改めて大須二子山古墳をめぐる言説を整理し、出土遺物を観察する機会を得、筆者としては、須恵器は「下層遺構」出土であるという感触をもつに至った。傍証としては、大須二子山古墳から断夫山・白鳥古墳へと至る熱田台地上には、「渡来系集団」という想定もなされるような遺跡が綿々と続く状況がある。

　一方、埴輪については、100mを超える墳丘規模であることが確認された大須二子山古墳のものとしては、数がきわめて少なく、年代指標以上の考察を加えるのは難しい。しかし、当館で所蔵している円筒埴輪には須恵質のものが確認でき、製作上の差異のバリエーションも認められる資料である。また、小破片ながら朝顔形埴輪の一部や蓋形埴輪の一部が含まれてもいる。

　今回、オープンリサーチセンター東アジア部会の研究報告の総括として、当館所蔵の大須二子山古墳出土埴輪・須恵器・土器を、2・3を除いて、ほぼ全点図化することができた。今後の検討における定点となれば幸いである。

　なお、図化作業は石原憲人氏（現在幸田町教育委員会）、岡田昌也氏（南山大学大学院）が行った。記して感謝したい。

第Ⅱ部　大須二子山古墳と地域史の研究

図版番号	資料名	種　別	資料番号	記　　述	法　量	備　考
図版1-1	埴輪	円筒埴輪	大須二子山 OS75	円筒埴輪の口縁部。粘土紐を積み上げて成形しているようだが、痕跡は明瞭ではない。外面は、タテハケの後にヨコハケ調整を行う。凸帯は一部が剥落しており、剥落部分にタテハケが見える。凸帯の上下にはヨコナデが見られないため、タテハケ後に凸帯を貼付し、その後にヨコハケ調整をしている。凸帯は中央部が凹む。口縁端部は面取りされているが、ヨコナデはされていない。内面は左上がりの方向に指によるナデがなされ、その後に横方向にハケメ調整される。色調は明褐色で、焼成はあまり良くない。外面を赤彩している。図版3-10と同一個体か？	高さ20cm 口縁径44cm	
図版1-2	埴輪	円筒埴輪	柚186 OS73	円筒埴輪の胴部破片。中段の凸帯およびその下に透し孔がある。粘土紐を積み上げて成形しており、内面に接合痕が残る。外面はタテハケの後にヨコハケが施され、その後で凸帯が貼付されている。凸帯上部にはヨコナデが見られるが、下部にはヨコナデが見られない。また凸帯中央部の凹みは、貼付の際のヨコナデによるものである。透し孔は円形。内面は横方向にナデが施されているが、接合痕は消されていない。色調は暗褐色で、焼成は良好。	高さ17cm 復原径30cm	須恵質
図版1-3	埴輪	円筒埴輪	大須二子山 OS77	円筒埴輪基部。粘土紐を積み上げて成形しており、内面に横方向の凹凸が見える。外面はタテハケの後、ヨコハケを施し、その後に凸帯を貼付している。凸帯は中央部がナデによって凹むが、ヨコナデは凸帯の上下にも見られ、凸帯貼付の際のヨコナデによるものである。基部外面の端部はハケメの後にヘラ削りされている。内面は縦方向の指によるナデによって整形され、基部端部は横方向のハケメが施されている。ハケメ原体は目が粗い。色調は明褐色で、焼成は良好である。	高さ21.5cm 基部径22cm	
図版1-4	埴輪	円筒埴輪	大須二子山 OS76	円筒埴輪の基部。粘土紐を積み上げて成形しており、内面に横方向の凹凸が見られる。外面はタテハケの後にヨコハケ調整をしている。ハケメ原体は目が粗い。凸帯最下段が残存している。凸帯の上下にはヨコナデがなされるものの、それほど強いものではなく、ハケメが明瞭に残っている。凸帯中央部はナデにより凹む。基部はハケメ調整に先だってナデにより整形されており、基部端部には敷物の痕と思われる刻印が見られる。内面は横方向のナデが施され、粘土紐の接合部を消している。基部の内面端部は横方向のヘラ削りによって整形される。色調は赤褐色で、焼成は良好。同一個体の破片が1個ある（図版6-36）。	高さ20cm 基部径28cm	図版4-31と同一個体
図版2-5	埴輪	円筒埴輪	3-277 J-576 (1) OS105	円筒埴輪基部。凸帯最下段を含む部分である。粘土紐を積み上げて成形しており、内面に横方向の凹凸が見える。外面の調整は凸帯の上下でやや異なっており、凸帯よりも下部ではタテハケのみでヨコハケは施されないが、凸帯よりも上部ではタテハケの後にヨコハケが施されている。凸帯は上下に貼付時のヨコナデが見え、また凸帯中央部も同じヨコナデにより凹んでいる。基部外面の端部は横方向にヘラ削りされている。内面は左上がりの方向に指でナデられ、接合痕を消している。凸帯にあたる部分では横方向にナデが施され、溝状の凹みが生じている。基部内面の端部には横方向のハケメが施される。色調は明褐色で、焼成は良好である。	高さ24.5cm 基部径30cm	

付編　大須二子山古墳出土埴輪・須恵器（黒沢 浩）

図版番号	資料名	種別	資料番号	記　述	法　量	備　考
図版2-6	埴輪	円筒埴輪	J-576（5） J-576（1） 3-276 OS106	円筒埴輪基部。粘土紐を積み上げて成形しており、内面に横方向の凹凸が見える。外面はタテハケの後ヨコハケ調整が施される。上部に最下段の凸帯がめぐっており、凸帯中央部はナデにより凹む。しかし、凸帯の上下にはヨコナデがみられず、ヨコハケが凸帯の際まで施されている。これらのことから、タテハケ後に凸帯が貼付され、その後にヨコハケが施されたものである。基部にはヘラ削りがなされる。内面は縦方向に指でナデられ、接合部を消している。色調は明褐色で、焼成は良好。	高さ23.5cm 基部径32cm	図版3-10、4-31、3-15、4-27、4-29・30、4-22、4-23、4-21と同一個体
図版2-7	埴輪	円筒埴輪	大須二子山 OS88	円筒埴輪の胴部破片。成形は粘土紐の積み上げによるであろうが、痕跡は明瞭ではない。外面はタテハケの後にヨコハケ調整を行っている。凸帯は一部遺存しているが、大部分は剥落している。剥落部分にはタテハケが見られる。凸帯の上下にはヨコナデが見られないので、タテハケ調整後凸帯を貼付し、その後にヨコハケ調整を行ったものと思われる。内面はヨコハケだが、それほどていねいではない。色調は明褐色で、焼成はあまり良くない。外面を赤彩している。	高さ18cm 幅23cm	図版4-31、3-15、4-27、4-29・30、4-22、4-23、4-21と同一個体
図版3-8	埴輪	円筒埴輪	大須二子山 OS91	円筒埴輪の胴部破片。凸帯の部分である。凸帯の一部が剥落し、剥落部分にはタテハケが残る。凸帯部分の上下は、タテハケの後にヨコハケ調整がなされている。このことから、タテハケ調整後に凸帯を貼付し、その後にヨコハケを施したものと思われる。しかし、凸帯中央部にはナデによる凹みはなく、凸帯の上下にはヨコナデが見られない。内面はナデ調整される。色調は凸帯剥落部分で白色、それ以外の部分は明褐色を呈する。焼成は良好である。	高さ10cm 幅21cm	図版2-7、3-13、3-9、3-10、3-15と同一個体
図版3-9	埴輪	円筒埴輪	大須二子山 OS90	円筒埴輪の胴部破片。凸帯の部分である。凸帯は剥落し、剥落部分にはタテハケが残る。凸帯部分の上下は、タテハケの後にヨコハケ調整がなされている。このことから、タテハケ調整後に凸帯を貼付し、その後にヨコハケを施したものと思われる。しかし、凸帯の上下にはヨコナデが見られない。内面はナデ調整される。色調は凸帯剥落部分で白色、それ以外の部分は明褐色を呈する。焼成は良好である。	高さ6.3cm 幅18cm	図版2-7、3-13と同一個体
図版3-10	埴輪	円筒埴輪	大須二子山 OS96	円筒埴輪の胴部破片。外面にはタテハケの後にヨコハケ調整がなされている。内面にも横方向のハケメが施される。色調は明褐色で、焼成は良好である。	高さ6.5cm 幅12.5cm	図版2-7、3-13、3-9、3-8、3-15、3-11と同一個体
図版3-11	埴輪	円筒埴輪	大須二子山 OS87	円筒埴輪の胴部破片。凸帯部分で、凸帯は剥落している。凸帯の上部にはヨコハケ調整がなされている。凸帯剥落部分にタテハケはみえない。内面はナデ整形される。色調は明褐色だが、凸帯剥落部分は白い。焼成は良好。	高さ8cm 幅10cm	図版2-7、3-13、3-9、3-8、3-10、3-15と同一個体
図版3-12	埴輪	円筒埴輪	大須二子山 OS95	円筒埴輪の胴部破片。外面にはタテハケの後にヨコハケ調整がなされている。内面にも横方向のハケメが施される。色調は明褐色で、焼成は良好である。	高さ6cm 幅10.5cm	
図版3-13	埴輪	円筒埴輪	大須二子山 OS89	円筒埴輪の胴部破片。外面は凸帯が剥落し、その部分にタテハケが残る。凸帯部分以外はヨコハケであり、タテハケの後に凸帯を貼付し、その後にヨコハケ調整を行ったものと思われる。内面はナデ整形される。色調は、凸帯剥落部分で白色、それ以外の部分は明褐色を呈する。焼成は良好である。	高さ7.5cm 幅7cm	注記はOS番号もついているが、判読できない
図版3-14	埴輪	円筒埴輪	大須二子山 OS99	円筒埴輪の胴部破片。凸帯の部分で、凸帯は剥落し、タテハケがわずかに残る。外面にはタテハケ調整ののちにヨコハケ調整がなされる。内面は器面が荒れており、調整の観察ができない。色調は明褐色で、焼成は良好。		図版2-7、3-13、3-9、3-8、3-10、3-11、3-15と同一個体

第Ⅱ部　大須二子山古墳と地域史の研究

図版番号	資料名	種別	資料番号	記述	法量	備考
図版3-15	埴輪	円筒埴輪	大須二子山	円筒埴輪の胴部破片。外面にはタテハケ調整の後にヨコハケ調整がなされる。内面は器面が荒れており、調整の観察ができない。色調は明褐色で、焼成は良好。		図版2-7、3-13、3-9、3-8、3-10、3-11と同一個体　注記は判読できない
図版3-16	埴輪	円筒埴輪	OS87	円筒埴輪の基部破片。粘土紐を積み上げて成形したらしく、裏面に凹凸がある。外面はタテハケののちヨコハケを施し、部分的にその後にタテハケを施している。凸帯は中央部がナデによって凹むが、貼付の際のナデと同時である。内面は、一部にヨコハケを残すが、ナデによって接合部を消している。色調は明褐色で、焼成はあまり良くない。	高さ20cm 基部17cm	
図版3-17	埴輪	朝顔形埴輪	柚185 OS71	朝顔形埴輪の肩部と思われる破片。全体が内側に湾曲している。外面はヨコハケののちにタテハケ調整を行う。内面はヨコハケ調整。色調は明褐色で、焼成は良好。	高さ5cm 幅8cm	
図版3-18	埴輪	蓋形埴輪	柚187 OS72	蓋形埴輪の立ち飾りの受部。ゆるく外反する形で、端部は粘土帯を一枚貼り付け、二重にしている。外面はタテハケの後ヨコハケが施される。口縁端部の段の上は無文で、貼付の際のヨコナデが見られず、ヨコハケが段下部に入り込んでいることから、ヨコハケ整形後に粘土帯の貼付がなされたことになる。内面は横方向に凹凸が見られるが、成形時の痕跡というよりも、ヨコナデが施された際の凹凸であろう。色調は暗褐色で、焼成は良好。	高さ7.5cm 口縁幅10cm	
図版3-19	埴輪	円筒埴輪	柚191 OS74	円筒埴輪の基部破片。粘土紐を積み上げて成形したらしく、裏面に凹凸がある。外面はタテハケののちヨコハケを施している。基部はハケメ調整後にヘラ削りされ、端部も平坦に調整されている。内面は、ナデによって接合部を消し、その後に横方向にハケメ調整を行う。色調はやや赤みがかった褐色で、焼成は良好である。	高さ13.5cm 基部13cm	
図版4-20	埴輪	円筒埴輪	大須二子山 OS58 OS80	円筒埴輪の基部。破片5点が接合する。粘土紐を積み上げて成形しており、内面に横方向の凹凸が見られる。外面はタテハケの後にヨコハケ調整をしているが、基部付近ではナナメハケになる。ハケメ原体は目が粗い。凸帯最下段が残存している。凸帯の上下にはヨコナデがなされる。凸帯中央部は、貼付の際のナデにより凹む。基部はハケメ調整後にヘラケズリされる。内面は横方向のナデが施されるが、凸帯よりも上には横方向のハケメが施されている。色調は淡い明褐色で、焼成は良好である。	高さ20cm 幅23cm	注記はOS58・80以外の番号もあるが、判読できない
図版4-21	埴輪	円筒埴輪	大須二子山 OS85	円筒埴輪の胴部破片。外面はタテハケの後にヨコハケ調整。ハケメの下部がヨコナデされ、また器面がややめくれ上がっているので、この破片の直下に凸帯がついたものと思われる。内面にはヨコナデが見られるが、ナデで消されている。色調は黄褐色で、焼成は良好である。	高さ5.8cm 幅5.1cm	色調・焼成ともに他の埴輪とは異なる
図版4-22	埴輪	円筒埴輪	大須二子山 OS87	図版5-33と同一個体	高さ11.5cm 幅13.5cm	
図版4-23	埴輪	円筒埴輪	大須二子山 OS78	円筒埴輪の胴部破片。粘土紐の積み上げによって成形しており、断面の観察では粘土が内側に下降している。基本的にはタテハケの後にヨコハケ調整をしているが凸帯下部では補足的なタテハケが見られる。ハケメ調整後凸帯の貼付を行い、ナデによって接着している。凸帯は中央部が凹むが、これも貼付時のヨコナデによる。破片の右下部分に透し孔が穿孔されているが、内側から穿孔したらしく、粘土が外面にはみ出している。内面はナデののちに横方向にハケメ調整。色調は黄褐色を呈し、焼成は良好。	高さ10.5cm 凸帯部分幅11cm	

付編　大須二子山古墳出土埴輪・須恵器（黒沢 浩）

図版番号	資料名	種　別	資料番号	記　　　述	法　量	備　考
図版4-24	埴輪	円筒埴輪	大須二子山 OS92	円筒埴輪の胴部破片。外面はタテハケの後にヨコハケ調整を行う。下部に段が見られるので、個の破片の直下に凸帯が付いていて可能性が高い。内面はナデ調整される。色調は明褐色、焼成は良好である。	高さ7cm 幅8.5cm	ハケメの痕跡が他の埴輪とは異なる
図版4-25	埴輪	円筒埴輪	大須二子山 OS82	円筒埴輪の胴部破片。外面はタテハケの後にヨコハケ調整。ハケメ原体は目が粗い。内面は横方向にナデがなされている。色調は外面が淡い黄褐色、内面は淡い赤褐色を呈する。焼成は良好。	高さ8cm 幅8.5cm	色調が他の埴輪とは少し違う
図版4-26	埴輪	円筒埴輪	大須二子山 OS74	円筒埴輪の胴部破片。外面はタテハケ後、ヨコハケ調整をしている。ハケメ原体は目が粗い。内面は横方向のハケメ調整。色調は明褐色で、焼成は良好。	高さ10.5cm 幅11cm	
図版4-27	埴輪	円筒埴輪	大須二子山 OS79	円筒埴輪の胴部破片。外面はタテハケの後、ヨコハケ調整される。内面は横方向のハケメで調整される。色調は明褐色、焼成は良好。外面に赤彩の痕跡がみられる。	高さ6cm 幅8.2cm	
図版4-28	埴輪	円筒埴輪	大須二子山 OS84	円筒埴輪の口縁部破片。外面はタテハケの後にヨコハケ調整を行う。ハケメ原体は目が粗い。口縁端部は面取りされている。内面には横方向のハケメ。色調は淡い明褐色で、焼成は良好である。	高さ4.5cm 幅7cm	色調は図版4-17と似る
図版4-29	埴輪	円筒埴輪	大須二子山 OS93	円筒埴輪の胴部破片。外面はタテハケの後にヨコハケが施されているが、ヨコハケ後に磨り消されている。整形時のものと思われる傷がつく。色調は明褐色で、焼成は良好。		
図版4-30	埴輪	円筒埴輪	大須二子山 OS103	円筒埴輪の胴部破片。タテハケが一部に遺存しているが、全体にハケメが消され、平滑化している。上部のタテハケ部分には横方向に走る微かな粘土の隆起が見られるので、凸帯部分かもしれない。内面は剥落している。色調は明褐色で、焼成はあまり良くない。外面が赤彩される。	高さ3cm 幅8cm	
図版4-31	埴輪	円筒埴輪	大須二子山 OS76	図版1-4と同一個体	高さ5cm 幅11.5cm	
図版4-32	埴輪	円筒埴輪	大須二子山 OS83	円筒埴輪の胴部破片。外面はタテハケの後にヨコハケ調整を行う。ハケメ原体の目は粗い。内面は横方向のハケメ。色調は淡い明褐色で、焼成は良好。	高さ5cm 幅8.5cm	図版4-28に色調が似る
図版5-33	埴輪	円筒埴輪	大須二子山 OS81・87	円筒埴輪の胴部破片。外面はタテハケ後、ヨコハケ調整をしている。ハケメ調整後に凸帯を貼付するが、凸帯の上下にはヨコナデが見られない。凸帯は中央部が凹む。内面はナデの後、横方向のハケメが施されている。色調は明褐色で、焼成はあまり良くない。	高さ16cm 幅32cm	
図版5-34	埴輪	円筒埴輪	柚188 OS107	円筒埴輪胴部の凸帯部分の破片。粘土紐の積み上げによって成形しており、内面に接合痕が残る。外面はタテハケの後にヨコハケがなされ、その後に凸帯が貼付される。凸帯は高く突出し、凸帯上およびその上下を強くヨコナデしている。内面はナデによって接合痕を消した後、ハケメを施している。色調は暗褐色で、焼成は良好。	高さ11cm 幅13.5cm	須恵質
図版5-35	埴輪	円筒埴輪	柚189 OS108	円筒埴輪胴部の凸帯部分の破片。外面はタテハケの後にヨコハケを施し、その後に凸帯を貼付している。凸帯の上にはヨコナデがなされており、凸帯中央部の凹みもこのときのヨコナデによって生じたものである。内面は、横方向のナデの後、横方向のハケメが施される。色調は暗褐色で、焼成は良好。	高さ9cm 幅13cm	須恵質

179

第Ⅱ部　大須二子山古墳と地域史の研究

図版番号	資料名	種　別	資料番号	記　　　述	法　量	備　考
図版5-36	埴輪	円筒埴輪	柚190 OS70	円筒埴輪の胴部破片。粘土紐の積み上げによって成形しているらしい。凸帯の上部はタテハケ・ナナメハケの後にヨコハケ調整を行う。凸帯下部にはタテハケが見える。凸帯は一部を除いて剥落しているが、貼付の際にヨコナデを行っており、上下のタテハケを消している。凸帯中央部が凹むのもその際のヨコナデによる。内面はヨコハケ調整をしているが、指頭によるものと思われる押捺痕を残している。色調は暗褐色で、一部が赤褐色をしている。焼成は良好。	高さ9cm 幅13cm	須恵質
図版6-1	須恵器	器台	3-374 OS44	椀状の受部とラッパ状に開く脚部で構成された大型の器台。受部は粘土紐を積み上げて成形したらしく、横方向の凹凸が見える。口縁部は粘土を1条貼り付けて有段の二重口縁をつくっている。体部には4本歯の櫛歯状工具による波状文を4段いれ、その下端である体部のほぼ中央に3条の沈線を入れている。沈線よりも下にはタタキ目が残る。脚部は1条の凸帯を受部との接合部にめぐらし、波状文を9段にわたって施文し、中央部で3条の沈線文をめぐらしている。最後に方形の透し孔を沈線をはさんで上下に5単位めぐらせている。脚台端部は肥厚し、二重口縁となっている。内面にはロクロによるナデがみられるが、粘土紐を積み上げて成形した可能性が高い。色調は明るい灰褐色である。受部内面に自然釉が残る。	高さ34.5cm 口縁径32.7cm (復原)	
図版6-2	須恵器	器台	柚202 OS45	器台の受部は球形となり、方形の透し孔があけられる。受部上部には凸帯が2条めぐる。受部は円柱状の脚部に接続するが、脚部の上部は円頭形をしており、その外面に接続している。2条の凸帯がめぐる。脚部は柱状をなすがエンタシス状にやや中膨れをしている。中央に2条の凸帯がめぐり、凸帯の上下に方形の透し孔があけられている。おそらく4単位であろう。柱状部分はお椀を伏せたような形の脚台部に接続する。柱状部と脚台部の境界には凸帯が2条めぐる。凸帯より下には、上から順番に三角形の透し孔、2条の沈線、2段の櫛描波状文と方形の透し孔、2条の凸帯がめぐり、内湾してめくりあがるように、脚台部端部にいたる。端部はやや広めの面をとる。内面の観察によれば椀状の脚台部はロクロによるナデが顕著であるが、柱状の脚部にはロクロの痕跡は認められず、粘土紐を積み上げて成形し、横方向にナデたものと思われる。受部もロクロ成形であろう。色調は暗灰褐色で自然釉によって黒色化している部分も多い。焼成は良好である。	高さ40cm 脚台部径21cm	
図版6-3	須恵器	器台	柚200・201 OS46	器台脚部中程の破片。2段の櫛描直線文帯をはさんで、3段の方形の透し孔があけられる。透し孔は間隔が密である。内面はナデ調整される。色調は暗灰褐色。	高さ12.5cm	
図版6-4	須恵器	高杯	注記なし OS110	下端に稜をもつ杯部とラッパ状に開く脚部よりなる。脚部内面にはロクロによるナデが見られる。杯部の底面および体部下半にはヘラ削りがみられ、体部上半はロクロによるナデ調整がなされる。口縁部でやや凹みが生じている。色調は暗灰褐色である。	高さ10.2cm 口縁径13.8cm	
図版6-5	須恵器	椀	OS65	底部からゆるく外反しながら立ち上がり、口縁部で外側に強く屈曲する器形。口縁端部には面を取る。底部にはヘラ削りがなされるが、体部全体は横方向のナデによって仕上げられている。色調は暗灰褐色。	高さ8cm 口縁径22cm (復原)	韓式土器の可能性あり
図版6-6	須恵器	コップ形	注記なし OS109	比較的大きな平底から、ゆるく外反しながら胴部が立ち上がり、口縁部は大きく外反している。口縁部にはヨコナデがなされ、胴部および底部にはヘラ削りがなされる。色調は明灰褐色。	高さ7.3cm 口縁径8.8cm	

付編　大須二子山古墳出土埴輪・須恵器（黒沢　浩）

図版番号	資料名	種　別	資料番号	記　述	法　量	備　考
図版6-7	須恵器	壺	柚197 OS49	壺の口縁部破片。頸部で屈曲し、大きく外反する。口縁端部は直口縁となり、端部を面取りする。口縁下部がナデによりやや膨らむ。口縁端部内面にはナデによって溝状の凹みが生じている。全体にヨコナデによって仕上げられている。色調は暗灰褐色で、外面および頸部内面は黒色である。	高さ3.5cm 口縁径13.5cm （復原）	
図版6-8	須恵器	甕	柚199 OS48	甕の口縁部破片。頸部で強く屈曲し、口縁部が大きく外反する。口縁端部には粘土を貼り付けて二重口縁としていて、面取りをするが、ナデにより中央部が凹んでいる。肩部には縦方向のタタキ目がなされ、頸部より上に施されたナデに切られている。頸部内面には接合痕がみられるが、胴部側の粘土が頸部側の上に被っている。口縁部から頸部にかけては幅広くヨコナデされる。色調は暗灰色。	高さ6cm 口縁径20cm （復原）	
図版6-9	須恵器	甕	柚194 OS63	大甕の口縁部破片。分厚く作られている。比較的直に立ち上がり、口縁部で大きく外反する。端部は面取りし、上端は肥厚し、下方にはやや垂下している。全体にヨコナデ整形で仕上げられる。自然釉が付着する。色調は暗灰褐色である。	高さ11cm 幅38.7cm	
図版6-10	須恵器	甕	柚192 OS47	大甕の口縁部破片。分厚く作られている。大きく外反し、口縁端部はナデによって面取りされる。端部の上端は肥厚し、下端には若干垂下している。全体にヨコナデ整形で仕上げられている。自然釉が付着する。色調は暗灰褐色。	高さ8cm 口縁径22cm （復原） 48.8cm	
図版6-11	土師器	高杯	大須二子山 OS08	土師器高杯の脚部破片。ラッパ状に開き、裾部で屈曲して外側に開く。外面はヘラミガキされ、赤彩されている。内面は絞りがなされている。色調は明褐色、焼成は良好である。	高さ7.2cm	
図版7-12	須恵器	甕	柚196 OS60	大甕の頸部から肩部上部の破片。頸部はゆるく外反しながら立ち上がる。肩部にはタタキ目が縦方向の条線となって見えている。タタキ目を切って頸部のヨコナデが施される。内面には頸部を作りだしたときの粘土の接合痕がみられ、胴部側は板状工具でナデられている。色調は、外面は明灰褐色、内面は黒褐色である。	幅12.5cm	
図版7-14	須恵器	甕	柚180 OS64	大甕の胴部破片。分厚い作りである。外面にはタタキ目が残る。内面はナデ整形される。色調は暗灰褐色。		
図版7-15	須恵器	甕	柚198 OS62	大甕の胴部破片。比較的薄手である。外面にはタタキ目痕が残る。内面はナデ調整される。色調は暗灰褐色。		
図版7-16	須恵器	甕	柚195 OS58	大甕の胴部破片。外面にはタタキ目が残り、粘土が付着している。内面の整形は不明。色調は暗灰褐色。		
図版7-17	須恵器	甕	柚179 OS56	大甕の胴部破片。外面にはタタキ目が残る。内面はナデ整形される。内外面とも光沢がある。色調は灰褐色。		
図版7-18	須恵器	甕	柚178 OS51	大甕の胴部破片。比較的薄手である。外面には格子目文タタキ目が残る。内面はナデ整形される。色調は暗灰褐色。		
図版7-19	須恵器	甕	柚182 OS55	大甕の胴部破片。厚い作りである。外面にはタタキ目が残る。内面はナデ整形。内外面とも光沢がある。色調は黒。		図版7-22と同一個体
図版7-20	須恵器	甕	柚176 OS61	大甕の胴部破片。比較的薄手の作りである。外面には格子目文タタキがのこる。内面はナデ整形される。色調は灰褐色。		

第Ⅱ部　大須二子山古墳と地域史の研究

図版番号	資料名	種別	資料番号	記　　述	法　量	備　考
図版7-21	須恵器	甕	柚175・177 OS53・54	大甕の胴部下半の破片。全面に格子目文のタタキ目が残る。また外面に窯で他の土器と接触していた痕跡かと思われる粘土が付着している。内面の調整は不明。当て具の形態は不明。色調は暗灰色。	幅25cm	
図版7-22	須恵器	甕	柚183 OS59	大甕の胴部破片。分厚い作りである。外面にはタタキ目が残る。内面はナデ整形される。内外面ともに光沢がある。色調は黒。		図版7-19と同一個体
図版7-23	須恵器	甕	OS66	中型の甕の胴部破片。外面には4段にわたる左下がりの平行タタキ目が下から上に施される。最下段のタタキ目は方向の異なるタタキ目と交差して格子目状になる。内面には当て具によるものと思われる凹凸があり、板状工具によってナデられている。色調は内外面ともに灰褐色であるが、外面の下部に黒色の付着物がある。	高さ16cm 幅23cm	
図版7-24	須恵器	甕	柚184 OS50	大甕の胴部破片。外面にタタキ目が残る。内面には当て具によるものと思われる凹凸があり、ナデ整形される。色調は外面が黒で、内面が灰褐色。		

付編　大須二子山古墳出土埴輪・須恵器（黒沢　浩）

図版1　大須二子山古墳出土埴輪(1)

第Ⅱ部　大須二子山古墳と地域史の研究

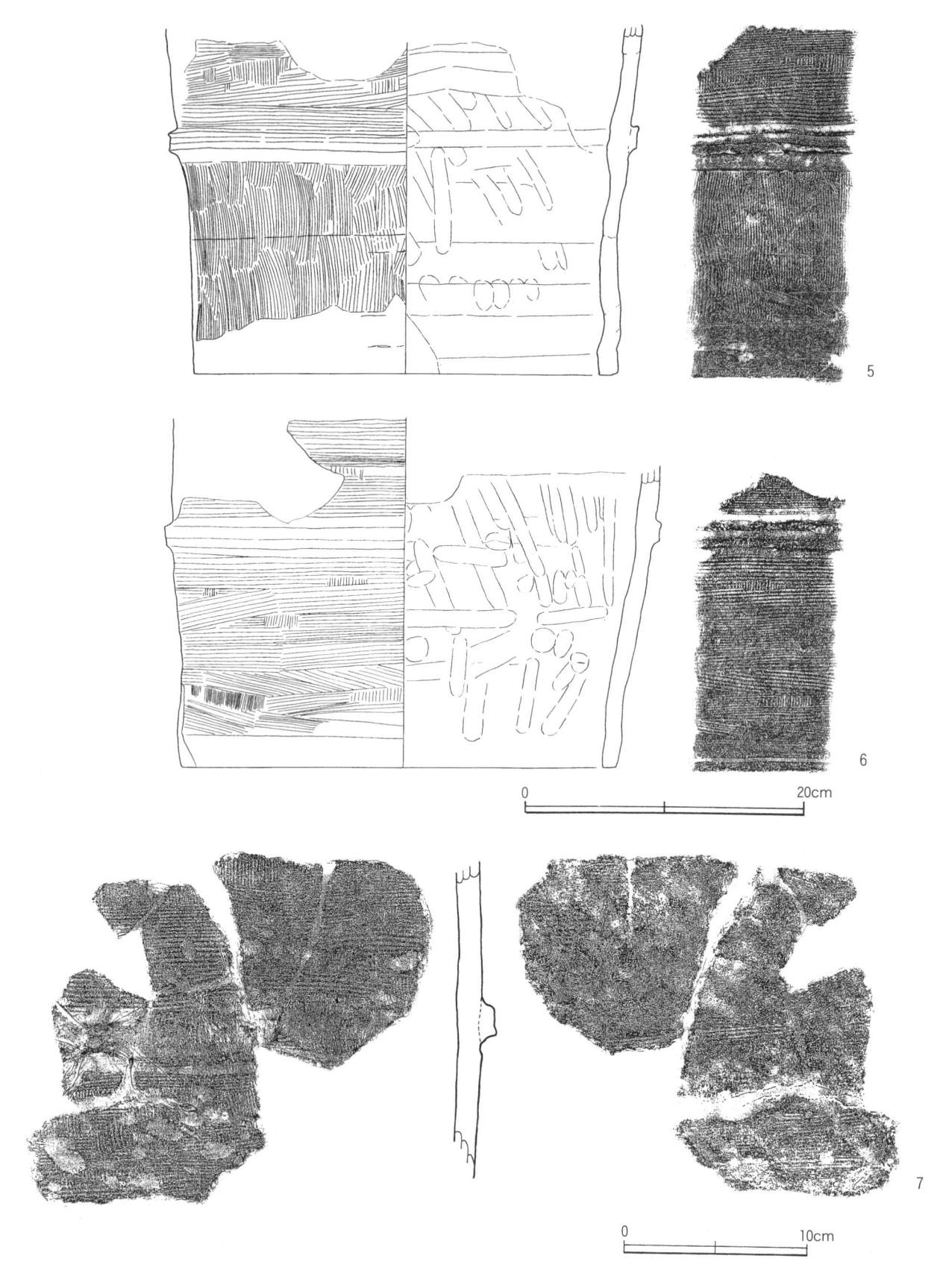

図版2　大須二子山古墳出土埴輪 (2)

付編　大須二子山古墳出土埴輪・須恵器（黒沢　浩）

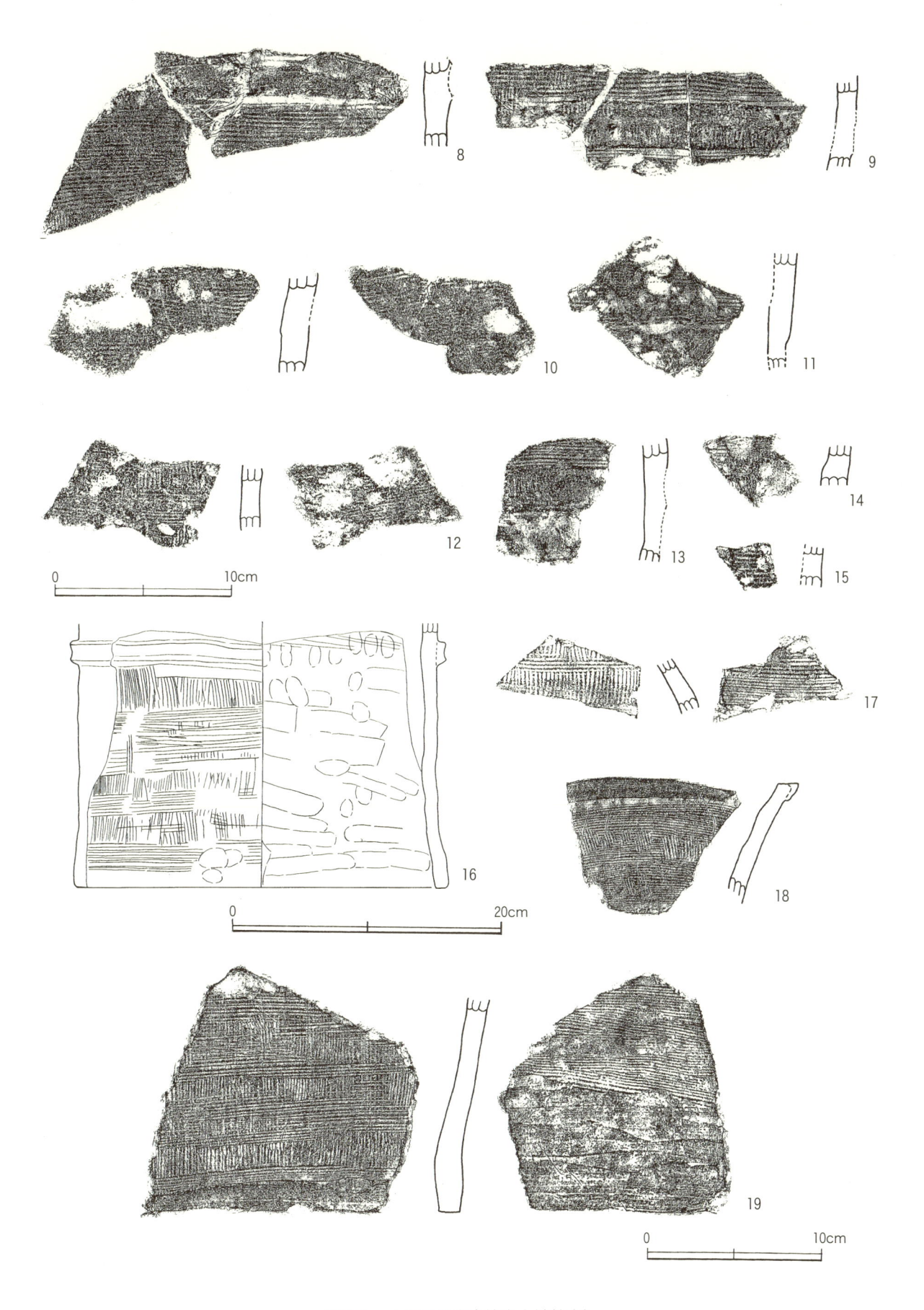

図版 3　大須二子山古墳出土埴輪 (3)

第Ⅱ部　大須二子山古墳と地域史の研究

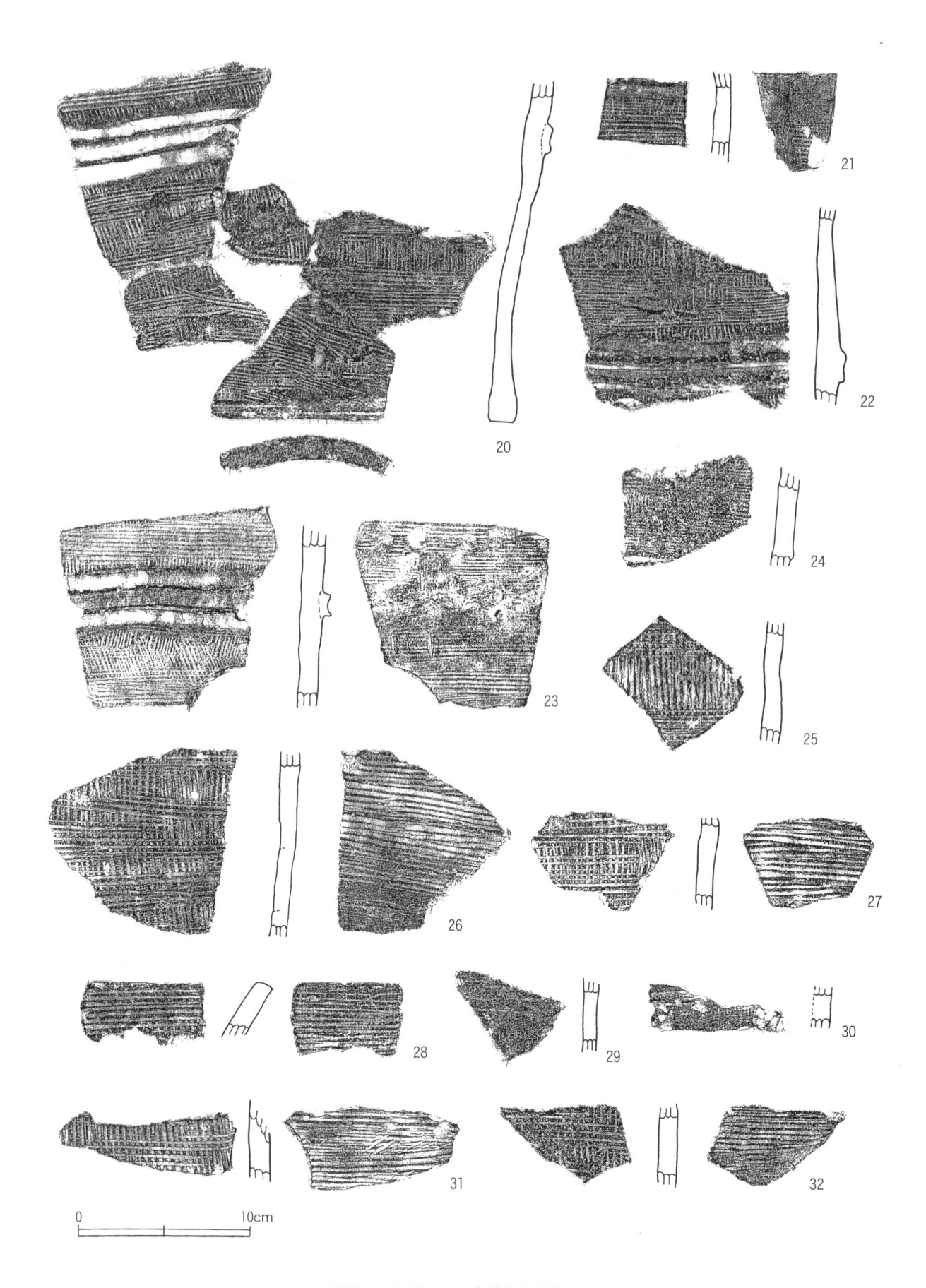

図版4　大須二子山古墳出土埴輪 (4)

付編　大須二子山古墳出土埴輪・須恵器（黒沢　浩）

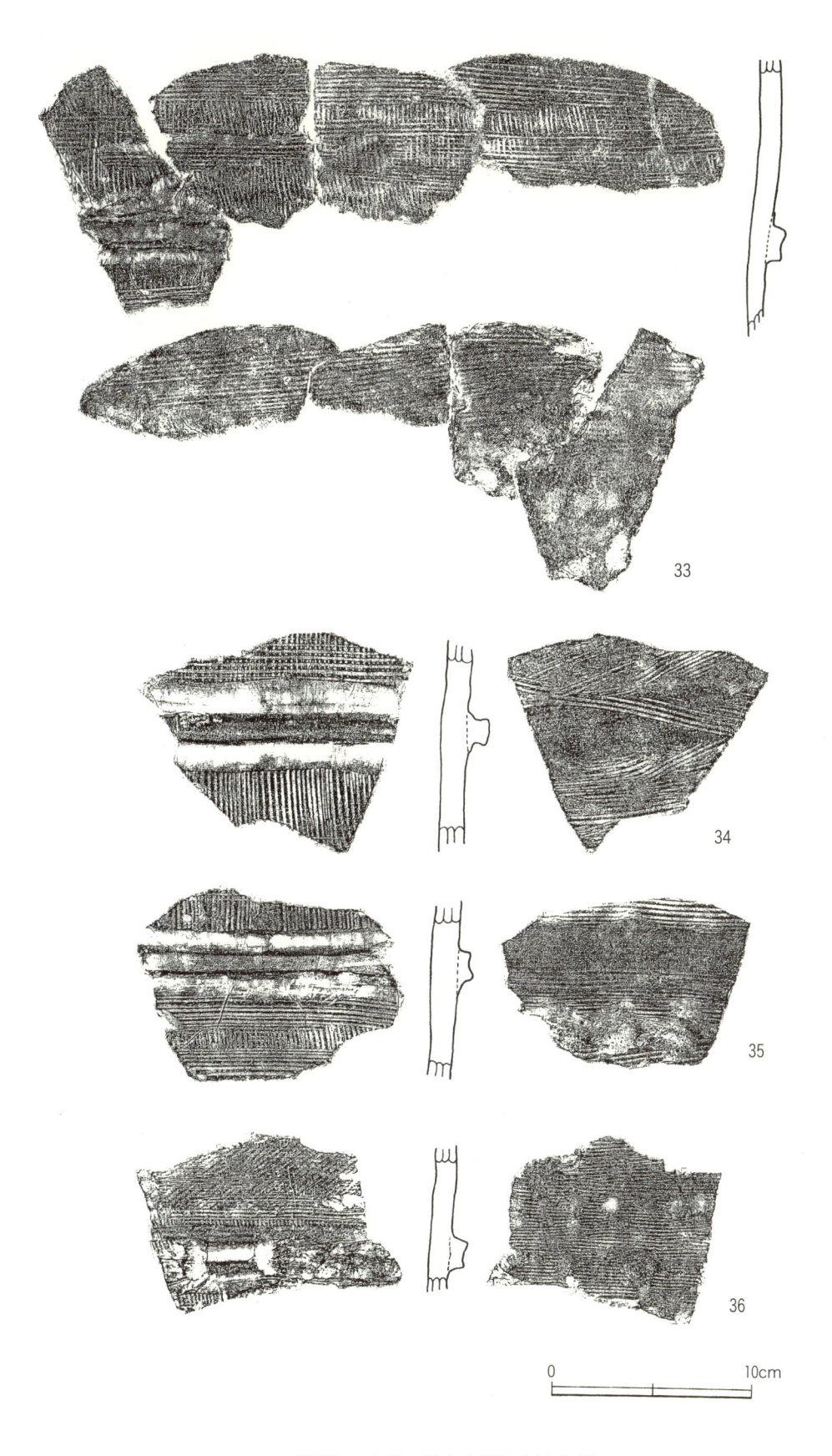

図版5　大須二子山古墳出土埴輪(5)

第Ⅱ部　大須二子山古墳と地域史の研究

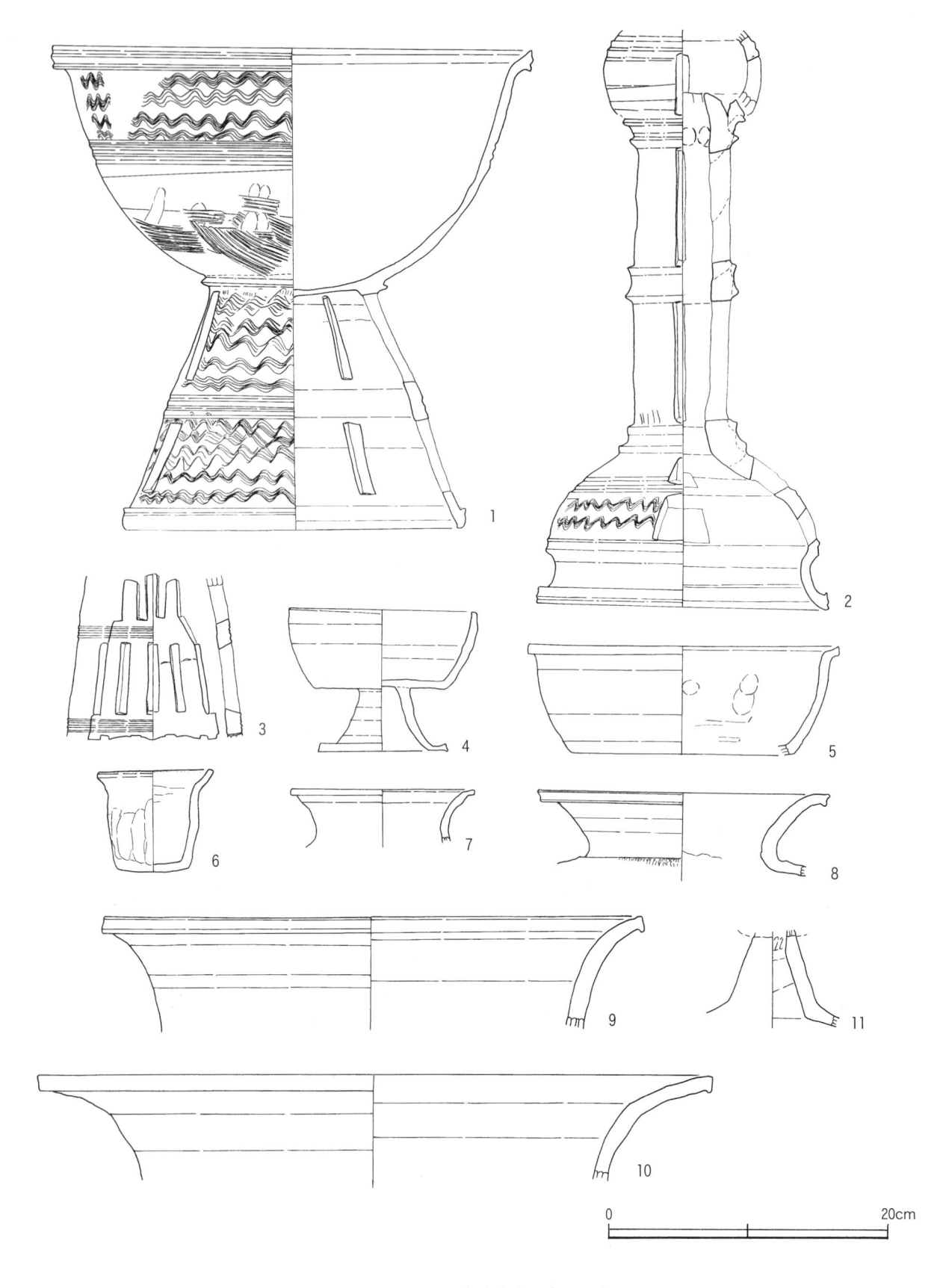

図版6　大須二子山古墳出土須恵器・土器

付編　大須二子山古墳出土埴輪・須恵器（黒沢　浩）

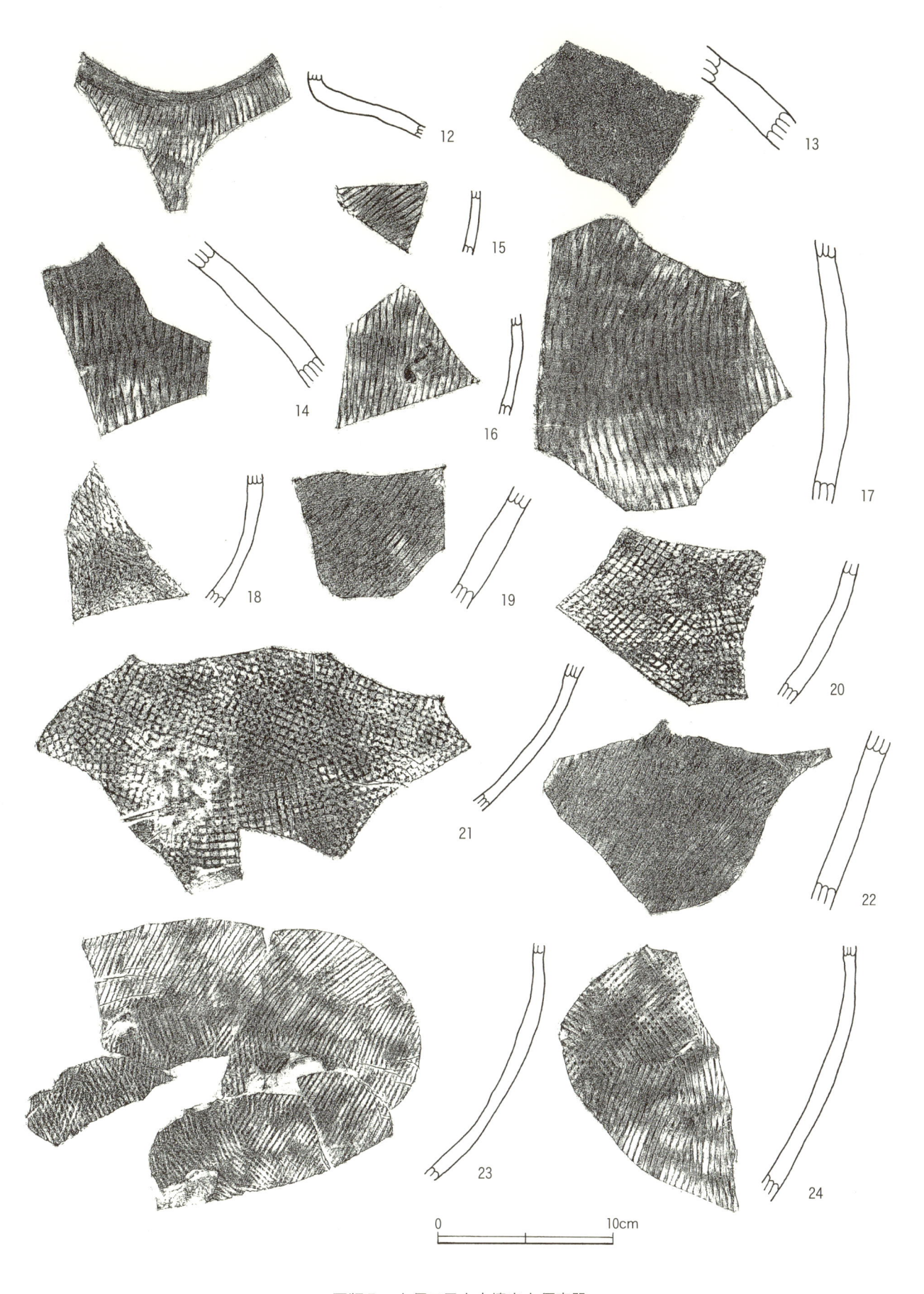

図版 7　大須二子山古墳出土須恵器

本書は南山大学人類学博物館の許可を得て増刷したものである。

南山大学人類学博物館オープンリサーチセンター研究報告第4冊
南山大学人類学博物館所蔵考古資料
高蔵遺跡の研究／大須二子山古墳と地域史の研究

2011年9月1日　初版発行

編　者　黒沢　浩・西江　清高

発行者　八木　環一

発行所　株式会社　六一書房
　　　　〒101-0051　東京都千代田区神田神保町2-2-22
　　　　TEL　03-5213-6161　　FAX　03-5213-6160　　振替　00160-7-35346
　　　　http://www.book61.co.jp　　E-mail info@book61.co.jp

印　刷　勝美印刷株式会社

ISBN 978-4-86445-010-2 C3021　　Ⓒ南山大学人類学博物館 2011　　Printed in Japan